中公文庫

人はなぜ戦うのか

考古学からみた戦争

松木武彦

中央公論新社

目次

人はなぜ戦うのか

考古学からみた戦争

第一章　戦争の根源をさぐる

1　闘争本能と戦争

アインシュタインとフロイトの往復書簡から

最近、おもしろい本が出た。『ヒトはなぜ戦争をするのか？』という、アルバート・アインシュタインとジークムント・フロイトの往復書簡を訳した本だ。アインシュタインとフロイトについては、いまさら説明するまでもないだろう。一九世紀末から二〇世紀の前半にかけて、それぞれ物理学と精神分析学の世界で偉大な足跡を残した大学者である。一九三二年、国際連盟からアインシュタインにこんな依頼がなされた。「今の文明でもっとも大事だと思われる事柄をとりあげ、一番意見を交換したい相手と書簡を交わしてください」。これを受けてアインシュタインがとりあげた事柄は戦争、選んだ相手は精神分析学者のフロイトだった。アインシュタインからフロイトへ、「人間の心底にある破壊の衝動を別の方向に導き、国家間の戦争を避けることはできるのか」という問いが発せられた。

まもなくフロイトから届いた返書には、こう書いてあった。「人間から攻撃的な性質を取り除くなど、できそうにもない！」。当代随一の精神分析学者の答えが、それだったのである。そのあとに続けてフロイトは、文化の発展によって知性が強まり、攻撃本能が内に向けられることで、人間は戦争を拒絶するようになり、それをなくす方向に動いていくことができる、と書いてある。しかし、そのくだりは、あまりにも抽象的で科学性に乏しいリップサービスのように、私には読みとれてしまう。フロイトがいちばん主張したかったのは、やはり、人間は生まれながらにして闘争本能をもっている、ということだっただろう。フロイトのほかの著作からも、この点はほぼまちがいない。

破壊は本能的欲求？

アインシュタインとフロイトとのこの往復書簡は、考古学や人類学の戦争研究の世界ではかつてから有名なもので、しばしば紹介されている。だが、このたび初めて日本語訳が出たことを機にじっくり読んでみると、興味深いことがわかった。それは、戦争をなくすにはどうしたらよいか、と問いを発したアインシュタインのほうがすでに、人間は破壊への本能的な欲求をもっている、と断言していることだ。だから、読みようによっては、フロイトの返書は、このアインシュタインの考えを、精神分析に関するみずからの学説によって説明づけているにすぎないようにも思えるのである。

アインシュタインの認識は、おそらく当時の知識人や市民のそれを代表するものだっただろう。一九三二年といえば、ウォール街の株価暴落に端を発した世界大恐慌のただ中、列強諸国の緊張がふたたび高まり、それぞれの国内でも不安や混乱が広まりつつあったときだ。とりわけこの年は、アインシュタインの住むドイツではナチスが第一党となり、政権掌握に王手をかけていた。日本人もまた、この前年に満洲事変を起こし、一五年にもおよぶ戦乱の火ぶたを切って落としている。第一次世界大戦の災厄《さいやく》から完全な平和をとりもどす暇《いとま》もなく、ふたたび軍靴の響きが近づきつつあったこの時代に、戦争は人間の闘争本能によるものだとする暗い宿命論が、アインシュタインのような最高の知性もふくめ、社会や学問世界において支配的だったのは、当然のことかもしれない。

闘争本能説その後

第二次世界大戦が終わって二〇世紀の後半になると、二つの学問分野で人間の闘争本能、ひいては戦いという行為の根源を解明しようとする作業が進む。一つは心理学、もう一つは動物学だ。

動物学といえば、人類と戦争について提言したもうひとりの大家、コンラート・ローレンツについて触れないわけにはいかない。ローレンツは、動物の攻撃性の研究から、攻撃はその個体や種全体にとっての有益な行動であると位置づけ、人間も動物である以上、同様に攻撃本能をもっていると説いた。しかし、ローレンツがいうような、本能的な攻撃の衝動が動物にあるという説は、現在では疑問視する声が多い。攻撃もまた、生きのびて子孫を残すため、さまざまな選択肢のなかから選ばれる戦略的行為の一つとみる説が有力なようだ。

いっぽう、心理学の分野でも、フロイトが主張した攻撃本能や破壊の衝動は、その存在がいまだに実証されていない。むしろ、認知科学の発達により、人がどのような認知や心的葛藤《かっとう》や動機づけを経て、また外からのどのような刺激を受けて攻撃行為を発動させるのか、というメカニズムが解きあかされつつある。このメカニズムはかなり複雑で、その社会の思想や価値観の差異、攻撃対象や周辺の状況の違い、個人差などによって左右されることがわかってきた。

個人の攻撃本能と戦争は別もの

このように、人が攻撃行動にいたるまでには、きわめて複雑で多様な意思決定の過程がある。万が一、攻撃本能というものの存在が実証されたとしても、その複雑な過程に登場する多様な要素や、それを取りまくさまざまな社会的環境要因のなかで占める比重を考えると、もはや絶対的なものとはみなしがたいだろう。

さらに、この本で問題とする集団間の戦い、ないし戦争というものは、個人の行為ではなく、社会的な集団が一つの意思と目的とをもっておこなうものだ。そこでは、戦いに参加する各個人に対する共通の敵を設定し、それへの攻撃意思を統一し、全体として、社会の思想や規範のなかにその戦いを意味あるものとして位置づけるための、社会的な操作が必要となる。このような意味で、集団どうしの戦いは、ケンカや殺人など個人の攻撃行為とは、別次元の問題といえるだろう。そうしたなかで本能がはたす役割は、ますます微小なものと捉えざるをえない。

アインシュタインとフロイトの意見交換は、人間には闘争本能があるという、いままでは否定的な見解が多い認識にもとづいていた。またそれを、個人的闘争でなく、あくまで社会的な行為である戦争に、あまりにも単純に直結してしまっていた。二人の考えは、現代科学の視点からすると、多くの点で修正や補足が必要だ。だが、二人が書簡を交わす動機を作った戦争の頻発《ひんぱつ》やそれによる災厄という危機から、いまもって人類は逃れていない。二人の問題意識を引きついだうえで、新しい視点と方法から戦争の根源を解きあかさなければ、人類の未来は明るくならないだろう。

戦争研究における考古学の役割

個人的な攻撃行為と集団どうしの戦闘行為とをつなぐものは何か。もともと個人的な行為である闘争が、どのような要因や操作によって集団間の闘争へと組織化されるのか。いま、戦争の根源を解くための決め手は、そのあたりにあるように思う。この点を解くためには、集団的な戦いがいつから始まったのかを明らかにし、そのときの経済状況、生活形態、社会組織、政治体制、思想やイデオロギーなどを観察しなければならない。さらに、それら各要素のうちのどのようなファクターが集団間闘争を発生させたのか、またその発生が、逆にそれらの要因にいかなる影響を与えたかなどの問題についても、ていねいに検討していく必要がある。

もちろん、集団間の戦いの開始や激化は、過去の社会で生じた現象だ。しかも多くの場合、それは文字の出現よりもはるかにさかのぼる。したがって、この現象の時期や内容を明らかにするただ一つの手だては、考古学に求められることになる。

2　戦争はいつはじまったか

戦いの考古学的証拠

それでは、考古学では、どのような方法によって、ある地域のある時代の社会に集団間の戦いがあったことを明らかにできるのだろうか。いいかえれば、どのようなものが出土すれば、そこに集団間の戦いがあったと認定できるのだろうか。この方法に先鞭《せんべん》をつけたのは国立歴史民俗博物館館長（当時）の佐原真《さはらまこと》氏だ。佐原氏は、戦いの「考古学的証拠」として、次の六つをあげている。

まず一つめは、武器。動物を倒すための狩りの道具も「武器」とよぶことがあるが、ここでいう武器とは、人をあやめるための専用につくられた道具と、それから身を守る防具のことだ。剣・刀・ヤリ、そして盾《たて》や甲冑《よろいかぶと》など。さらに、そのような防具をつらぬき、破壊することができる大きくて重い矢、それを飛ばせる強い弓などだ。

二つめは、守りの施設だ。堀、土塁《どるい》や壁、バリケードなどをめぐらした集落や都市。近づいてくる敵をいち早く見つけ、味方に連絡するための見張り台やのろし台など。

三つめとして、武器によって殺されたり、傷つけられたりした人の遺骸。考古学の発掘で出土する遺骸はほとんどが骨になっているが、この骨に、剣や鏃《やじり》の先が突き刺さったままになっていることがある。また、武器によってできた傷が骨に残っていることもあるし、首を切られた遺骸もある。

四つめは、武器を供えた墓。これは、墓の主が、生前、戦闘の場で役割や能力を認められた人物であったことをしめしている。すなわち、戦士の身分や階層があった証《あか》しであり、その社会で戦いが日常化していたことの反映だ。

五つめに、武器崇拝。武器を飾り立てたり、拝む対象として巨大化させたりすること。これもまた、戦う社会ならではの現象だ。

最後に六つめとして、戦いをあらわした芸術作品。戦う社会では、戦闘のシーンや戦団の行列などを描いた絵画やレリーフ、戦士の人形などが、しばしばみられる。

佐原氏によるこの六つの指標は、考古学から過去の戦いにアプローチするときの重要な道しるべだ。ただし、三つめの傷を受けた人骨については、対人用の武器以外の道具や利器《りき》による例もあり、そういう場合はケンカや殺人などの個人的な争いの痕跡である可能性も高い。また、ほかの五つは、闘争が組織化されて集団間の戦いが始まり、それが社会のなかで認知されて初めて、痕跡として残されるものだ。しかし、このような痕跡を残さない戦いも、大いにありえただろう。

私は、傷を受けた人骨以外の五つを、戦いの証拠というよりももっと厳密に、戦いにまつわる思考や宗教がすでに十分に社会に定着していた状況の反映、とみる。つまり、これらの証拠は、ただ単に戦っていたことのしるしではなく、戦いが組織化され、それに対する日常的な備えがなされ、その社会で完全に認知された政治的行為にまで発展していたことの証しというべきだろう。こうした状況にいたった戦いをのみ「戦争」とよぶというただし書きつきで、佐原氏のあげた指標を、あらためて「戦争の証拠」として扱うことにしたい。

農耕社会と戦争

さて、佐原氏によると、いま述べたような戦争の証拠は、世界のどの地域でも、農耕社会が成立したのちに現れるという。ただし、佐原氏も認めているように、少数の例外はある。たとえば、北アメリカの北西海岸の先住民は、サケなどの漁撈《ぎょろう》と狩猟をおもななりわいとしながら、集団どうしで激しく戦っていたと記録されている。四〇〇〇～五〇〇〇年前の東シベリアで「グラスコーヴォ文化」とよばれる文化を営んだ人びとも、狩猟や漁撈で生計をたてながら、人を殺すための武器をもち、その墓には戦死者の人骨もみられる。

そういう例外はあるが、考古学で明らかになった戦争の証拠の九割以上が農耕社会にともなう事実は、佐原氏が説くとおりだ。武器で傷つけられた遺骸が示す戦いの激しさ。人をあやめるための専用の武器を開発してつねに準備し、敵の攻撃を見こして守りをかためるという戦いへの日常的な備え。武器を拝んだり、墓に供えたりすることにみられる、戦いにまつわる儀礼や宗教の登場。これらの要素がはっきりとでてくるのが、農耕社会の特徴といえるだろう。日本列島中央部では、次の章でくわしく述べるように、弥生《やよい》時代に入ってから、こうした戦争の証拠がはっきりと現れてくる。

この点から、戦争の発生についてまず指摘できるのは、農耕にもとづく生産システムや生活スタイルが成立することが、社会のなかで認知された組織的な闘争としての戦争が現れるための経済的な条件となる可能性だ。そうだとすれば、農耕を軸とした生産や生活が、どのようなメカニズムで戦争を生み出すのだろうか。それを考える前に、農耕社会とはどのような社会であるか、確認しておく必要がある。

食べるための植物を育て、その実りを収穫すること、それが農耕だ。そして、農耕の作業が日々の労働の中心となり、それがもたらす実りを大きなかてとして人びとが生きていくようになった社会を、農耕社会とよぶ。日本列島中央部では、弥生時代からが農耕社会とされる。

その前の縄文《じょうもん》時代にも、農耕自体はおこなわれていたらしい。西日本の一部の地域では、米作りさえおこなわれていたと思われる。けれども、縄文時代の農耕は、ドングリを取ったり、シカやイノシシを狩ったり、魚をとらえたり、貝とりをしたり、そういういろいろな食糧源のうちの一つにあまんじていた。ドングリがとれる林を切りひらいてまで水田を作ったり、貝とりにさく人手を犠牲にしてまで田の草とりをしたりはしなかっただろう。縄文時代の農耕はまだ、それだけで人びとの一年間のかてを作りだすにはいたっていない。そういう意味で、縄文時代は農耕社会といえないのである。

農耕社会のもろさ

では、農耕社会になると、なぜ戦争が生み出されるのだろうか。この問いについて、歴史学の世界で古典的になされてきた説明はこうだ。農耕は、狩りや漁撈や採集よりもたくさんの生産物を得ることができる。うまくいけば、人びとが食べてもまだあまる食糧の余裕ができる。これは、そのまま貯蔵されるにせよ、他の品や財貨と交換されるにせよ、富だ。農耕社会ではこうした富ができやすいから、その奪い合いが引き金となって戦いが激化するのだ、と。

これに対し、人類学の世界では、農耕社会になってまず認められるのは、なによりも人口の急激な増加で、それこそが戦争発生の条件になったと考える人が多い。私もその賛同者のひとりだ。ではなぜ、農耕社会に突入すると人口が急増するのだろうか。

まず、農耕社会でおもなかてとされる穀物は、栄養があって消化もよく、成人や老人の余命を長くし、子どもや赤ちゃんの死亡率を低くする。つまり、平均寿命を延ばす。

さらに、穀物からすぐれた離乳食を作ることができるので、赤ちゃんの乳離れが早くなり、結果としてひとりの女性が一生に産むことのできる子どもの数は多くなる。すなわち、出生数が増加する。

また、集団が移動して生活する狩猟社会では、子どもは、足手まといとなって集団の中に多く置いておけないのに対し、年中ひとところに定住して暮らす農耕社会では、幼い子どもたちが何人いても問題はない。しかも、かれらが少し大きくなれば、草とりなどの簡単な作業の担い手として貴重な労働力となる。このことも、子どもの労働にほとんど頼れない狩りや漁撈と大きく違う点だろう。同じことは、老人についてもいえる。つまり、定住がもたらす安定した生活様式が、たくさんの弱者の存在を許すのだ。

右のような要因により、農耕社会に突入した当初は、順調にいけば人口はウナギのぼりでふえる。このことは多くの事例で認められている。人口がふえたからには、それを養えるだけの穀物を得るために、耕地を次々と広げていかなければならない。だが、それには物理的な限界があり、いずれは人口に対する耕地の、つまりは食糧の不足が生じてくる。ある年に日照りが続いたり、洪水が起こったりすると、事態はもっと深刻だ。予定していた収穫ができなくなり、人びとはたちまち飢餓の危険にさらされる。

たくさんの食糧源をもった狩猟・採集の社会なら、そのうちの一つ二つがだめになっても、ほかの食糧源でおぎなうことができる。しかし、穀物の実りにほとんどの労働力をつぎ込んだ農耕社会では、その穀物がだめになったとき、それをおぎなうべきほかの食糧源は、細ってしまっているのがふつうだ。たとえば、縄文人の胃袋を満たしたドングリ類が実っていた森林を、弥生人は切り払って水田にした。かつてはみんなが知っていた狩りや漁撈のノウハウも、限られたものになっただろう。もとへ戻ろうとしても、自然や社会の姿を大きく変えてしまったのちでは、もう無理なのだ。

なぜ戦争は農耕社会に多いか

このように、農耕社会は、短期的にみれば、年ごとにおどろくほどたくさんの収穫が約束される、いっけん魅力に満ちた社会に映る。けれども、何世代ものちのことまで見通せば、土地や水といった食糧生産を支える資源の欠乏や、気候不順による飢餓の危険など、避けられない大きなリスクをはらんだ社会ともいえる。

このような、単一の資源に大きく依存し、環境の変化に対する耐性の少ない生産システムの成立が、農耕社会で始まる戦争の根本的な経済条件を作った可能性が高い。すなわち、農耕社会で生じる右のような危機に面したときのリアクションの一つとして、戦争が始まったとみられるのである。人口増加や凶作によって、長期的に、または一時的に不足した資源を力ずくで押さえることが、農耕社会における、もっとも根本的な戦争の動機といえるだろう。

さらにもう一つ、生活形態の変化からくる戦争の誘因が考えられる。農耕社会は、定住生活を営み、大きな労働力をつぎ込んで、まわりの原野を開拓して耕地にする。耕地は血と汗の結晶であり、命をつないでくれる食糧のみなもとだから、それを守る意識は、狩りや採集の社会のテリトリーを守る気持ちよりも何倍も真剣で強烈なものになるはずだ。つまり、耕地のような明確な不動産が現れたことが、人びとの排他的な防衛意識を強め、争いを激しくさせた大きな原因となったにちがいない。佐原氏も近年、農耕に加えて定住という現象を、戦争発生の要件として重視している。

このように考えると、さきに例外としてあげた、狩りを主とする社会でありながら戦争をおこなっている例についても、多少の説明ができる。四〇〇〇～五〇〇〇年前の東シベリアの例はわからないが、北アメリカ北西海岸の先住民は、非常にめぐまれたサケの漁場のおかげで定住生活を営み、人口密度も高く、またそれがために、漁場に対するそれぞれの集団の排他的な規制も高かったようだ。つまり、定住、人口の多さ、資源の集中とそれに対する排他性、という点で、農耕社会に似かよった条件をもっていたのである。

したがって、戦争が多いか少ないかは、厳密にいうと、農耕社会か、狩猟・漁撈・採集の社会かという違いに決定されるのではない。耕地やめぐまれた漁場のような、かての大半をそこに頼るメインの食糧源をもって定住する社会か、さまざまな食糧源からかてを取得し、あまり定住しない社会かといった、資源や生産のありかたと生活様式のタイプの違いが、戦争の多い少ないに関係している可能性が高い。前者のような社会に農耕社会が圧倒的に多く、後者のような社会に狩猟・漁撈・採集社会の大半が当てはまることが、見かけ上、農耕社会かそうでないかによって戦争の多い少ないが決まっているように映るのだろう。

3　戦争はなぜ起きるのか

戦争を拒んだ縄文人？

以上、生産や生活のありようが、経済的なベースの部分において、戦争の発生に深くかかわっていることをみてきた。しかし、そうした生産面・生活面の条件がそろっていても戦争が発動されない社会もあるし、その逆もある。「例外」として注意されてこなかったこのような事実への注目によって、これまでとは異なった視点から戦争の発生を理解することが可能となるだろう。

たとえば、日本列島の縄文時代の場合、その中頃から後半にかけての本州東半部の社会は、単一ではないが特定の食糧を大量に生産し、多くの人口をかかえ、本格的な定住をおこなっていた。青森県三内丸山《さんないまるやま》遺跡などの大集落の存在がしめすとおりである。また、道具や利器で傷つけられた人骨の例も、縄文社会で一〇例ほどは知られているので、個人的な攻撃の行為はけっしてまれでなかったようだ。こうした条件のもとでは、集団どうしの戦争が発生しても、何ら不自然ではない。

しかし、考古資料から判断するかぎり、縄文社会には戦争はおこなわれなかった。縄文時代の終わり近くに、関東・中部・瀬戸内などで石の鏃《やじり》が大きくなり、対人用の武器になったのではないかとする説もある。しかし、それもまだ確かでないし、戦争の存在を物語るほかの証拠はほとんどない。縄文社会が、弥生社会とくらべてはるかに戦争と縁遠かったことは確かだ。

近年、筑波大学（当時）のマーク・ハドソン氏は、縄文文化について興味深い見方をしめしている。大陸ではすでに紀元前六〇〇〇年頃から農耕がおこなわれており、そことの接触があったにもかかわらず、縄文の人びとが本格的な農耕に数千年間も手を染めようとしなかったことに、ハドソン氏は注目する。そして、そこに縄文社会側のイデオロギー的な「抵抗」があったのではないかと考えたのである。

ハドソン氏のこの考えかたは、戦争についても当てはまるかもしれない。大陸では、縄文時代の中頃に当たる紀元前五〇〇〇〜前四〇〇〇年には戦争が始まり、縄文時代のおしまい頃には、中国は戦国の動乱のまっただ中だ。さらに、その余波がかなり早くから朝鮮半島にまで迫っていることも考古資料から確かだが、縄文社会はそれを受けつけた気配がないのである。次の章で述べるように、本格的な稲作農耕と戦争とは、当時の東アジアの地域では、一つの文化を構成するセットをなしていた可能性が考えられる。

だとすると、固有の伝統を守りつづける傾向が強かった縄文の人びとが稲作農耕を「拒絶」したことが、それと表裏の関係にあった戦争の導入をもはばむ結果につながったのではないか、という想定が浮かびあがってくる。

戦争発動における「思想」の役割

このように考えてみると、ある社会に戦争という行為が現れる根底にはさきに述べたような経済上・生活上の前提があるとしても、その戦争行為が実際に発動される具体的なプロセスには、人びとの意識や思想――ここでいう思想とは、人びとの世界観やものの考え方をさす――のレベルでの要因が、かなりの比重をもって働いていると判断されるだろう。

逆に、このことは、ある程度強力な思想や社会的意識の裏づけがあれば、経済上の前提がそろわない場合、たとえば資源の欠乏がまだ限界に達していない状況下や、外敵によるテリトリーの侵害がいまだ現実のものとならない状況下においても、戦争の発動がありえた可能性をしめす。また、戦争が、その要因となった経済上の矛盾を解消したのちも、思想や意識を動力源としてなお継続することも少なくないだろう。事実、次章以下でくわしく述べるように、日本列島中央部では、資源の欠乏を引き金とする弥生時代の戦いが、そうした当面の経済危機をひとまず解消させても終わりをむかえることなく、古墳時代から古代・中世を通じて連綿と続いている。

戦争を支える意識や思想が、経済上・生活上の動因を乗りこえて戦争状態を保っていくメカニズムを解きあかすのはむずかしい。ただ、戦争という状況がかもし出すイデオロギー環境が、そこで育つ次代の人びとの認知構造や思考形式、問題解決の方法などに決定的な影響をあたえることはまちがいない。戦争への走りやすさ、戦士のイデア、敵意などが世代をこえて受けつがれ、強化され、ついにはそれ自体が戦争の発動要因にまでなることすらあっただろう。支配者の政治的権力が作られ、国家が生み出されていく歩みは、こうした意識・思想が発生し、世代をこえてそれが継続・強化されるプロセスと表裏一体といえる。

戦争をめぐる二つの視点

戦争が、農耕社会のような単一資源の定住社会で発生しやすいという傾向は、さきに述べたように、世界共通だ。ここに、戦争の発生メカニズムに関する人類普遍の法則性が認められる。このことは、もっとも根本的には、戦争が経済的矛盾の解決策としてとられる人間行動の一つであることを物語っている。

ただし、それから派生し、やがてはそれを乗りこえて戦争の発動をいざなうことになる、戦争に関係した意識や思想の内容や展開のありかたは、地域や、そこではぐくまれる民族集団ないしは国家によって大きく異なるだろう。気候や地理条件、隣接する社会のありかたといった自然的・社会的環境の差異から発生する世界観の違いが、それぞれ固有の戦争組織や軍事技術を生み出す。こうした多様性のうえに、戦士のイデア、軍隊の社会的位置づけ、戦争への走りやすさなどの点でさまざまな特質をもった、戦争関連の意識形態が形成されていくと考えられる。

このように考えてみると、戦争の分析と、それを抑止するための学問的実践には、二つの視座を要することがわかる。まず一つめは、戦争発生の基盤にある経済的要因だ。特定の環境のなかで人口と資源との関係がどのような局面をむかえたときに、戦争の勃発が用意されるのか。この分析は、地球規模の長期的な視点で戦争の発生基盤を考え、未来の戦争を予測・回避する際に欠かせない。

二つめは、戦争の発動を決定する意識や思想の要因だ。それぞれの地域や民族、あるいは国家の精神的・文化的・宗教的特性のなかで戦争がいかなる位置を占め、それらの特性がどのような刺激を受けたときに戦争という行為が表面化してくるのか。戦争をじかに発動するのは、政府あるいは王、民会、部族会議などによる政治的な決定だろうが、その決定は、それらの独断によるものではなく、社会の中のさまざまな人びとの、歴史的に形成された、戦争に対する考えや態度や心理によって規定されている。この点についての分析は、国家や民族レベルで戦争発生のメカニズムを捉え、未来の戦争発動を抑制していく際に有効だろう。

これら二つのほか、三つめとして、政治学的な戦争の捉え方がある。戦争を政治・外交の手段とみなし、国際関係のなかで特定の国や民族が戦争を発動する力学を分析するやり方だ。しかし、この三つめの要素は、一つめや二つめの要素を基盤としてその上に形成された、もっとも表面的な事象に関する視座である。また、主として近代以降の戦争に対して有効な分析で、この本で扱う中世以前の戦争の分析視点としては、ややそぐわない。したがって、以下の各章では、資源と人口を軸とする経済的要因、および戦争に参与したさまざまな階層の人びとの、戦いに関する意識・思想上の要因という二つの分析視点から、日本列島中央部の武器や戦闘の歩みを説いていくことにしたい。

第二章　戦士の誕生——弥生時代の戦い

1 日本列島での戦いのはじまり

列島最古の武器は朝鮮半島から渡ってきた

農耕社会への突入、もっと厳密にいえば、「農耕社会に圧倒的に多い生産と生活の様式をもった社会」への移行が、戦争とよべる本格的な集団間闘争の根本的な前提になっていることを、前の章では述べてきた。この章では、日本列島中央部の広い範囲がこうした社会に移行した弥生時代に、どのようなプロセスを経て戦争が発生し、広がっていったのかを確かめてみたい。本格的な稲作農耕が最初に伝わってきた九州北部の玄界灘《げんかいなだ》沿岸地方（いまの福岡県と佐賀県の北部）のようすからみていこう。

海をへだてた朝鮮半島から、この地方の海岸部に、稲作農耕の生活様式や技術をたずさえた人びとがやってきて住みついたのは、紀元前五〜前四世紀頃のことと考えられている。長身で、面長《おもなが》な顔をしたこの人びとは、列島に上陸するや、大きな石の斧《おの》を使って森林を切りひらき、水田を作って、故郷からもってきた種モミをまいた。「最古の水田」として有名な佐賀県唐津《からつ》市の菜畑《なばたけ》遺跡の水田あとは、かれらがひらいたものの一つだ。

いま確認できる列島最古の武器は、実は、かれらの遺跡から出ている。ホルンフェルスとよばれる目の細かい堆積岩《たいせきがん》を磨きだして作った短剣と鏃《やじり》だ。これらの武器は、朝鮮半島の南部で使われていたものと同じで、朝鮮系の磨製《ませい》石剣・磨製石鏃《せきぞく》とよばれている。おそらく、かれらが故郷の朝鮮半島からもってきたのだろう。人を傷つけるための武器は、稲作の文化といっしょに朝鮮半島から伝わってくることによって、はじめて日本列島に現れたのだ。

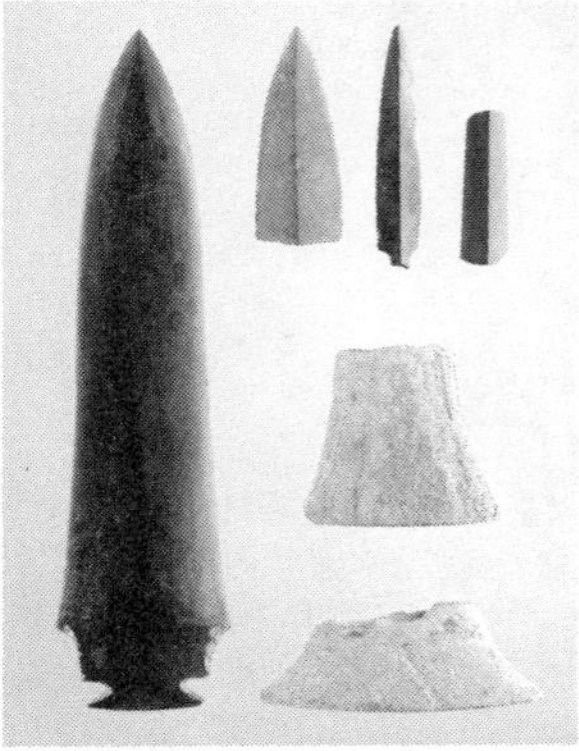

図１　北部九州最古の武器。磨製石剣と磨製石鏃。佐賀県唐津市菜畑遺跡出土（唐津市教育委員会提供）

このうち、磨製石鏃が遺骸に突き刺さった例が、福岡県糸島《いとしま》市の新町《しんまち》遺跡で見つかっている（次頁、図2）。弥生時代初め頃の、木の棺《ひつぎ》に葬られた熟年男性の左足の付け根に、長さおよそ一三センチメートルの朝鮮系磨製石鏃が後ろから貫通し、太ももの骨のいちばん上付近に突き刺さって折れている。背後から矢を射られ、左の尻の下あたりに命中したのだ。これが致命傷になったかどう

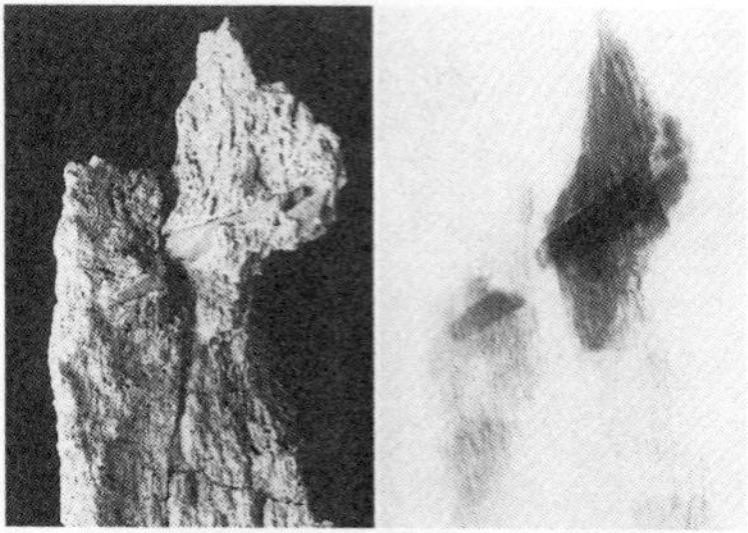

図2 「最初の戦争犠牲者」。大腿骨に突き刺さった磨製石鏃。福岡県糸島市新町遺跡出土（糸島市教育委員会提供）

かはわからないが、刺さった石鏃のまわりの骨に治癒反応が認められないので、この傷を受けるのとほぼ同時に命をなくしたらしい。

さらに興味深いのは、この棺の下に小穴があって、その中から別の人物の歯が見つかったことだ。この穴には別人の頭部がおさめられていたと考えられ、歯の分析によると、少年または青年のものだという。墓の主は、奮戦してこの若者の「首級《くび》」をとったものの、その戦いの傷がもとで死んだのだろうか。それとも、墓の主の戦死に対するかたき討ちとして、同じ集落の者が敵の「首級」をとって供えたものだろうか。

「戦いの思考」の伝来

紀元前五〜前四世紀頃、本格的な稲作とともに、対馬《つしま》海峡をわたって九州北岸に伝わってきたのは、右のような武器だけではない。集落のまわりに堀をめぐらすという慣習もまた、同時に朝鮮半島から伝わった可能性が高い。いわゆる環濠《かんごう》集落だ。福岡市の那《な》珂(か)遺跡や江辻(えつじ)遺跡などは、紀元前五～前四世紀にさかのぼる最古の環濠集落といわれている。

　朝鮮半島では、日本列島よりも古く、紀元前一〇〇〇年頃に稲作農耕社会に突入する。そして、紀元前六世紀頃には、青銅や石で作った短剣や鏃など、人を倒すための武器が現れている。それらを供えた墓もある。これは、農耕社会に入って人口がふえ、そのことが戦いを激しくさせた結果でもあるだろうが、要因はそれだけではない。群雄相争う春秋《しゅんじゅう》時代の中国の動乱が東北部へと広がるなかで、移民や難民とともに、戦争の知識や武器がそこに接した朝鮮半島の北部にまず流れ込み、やがては南部へと伝わっていった。中国を震源とするこのような動きが、朝鮮半島の武器や戦いの始まりに影響をあたえ、その社会を大きく揺さぶったのだ。のちに列島に伝わった朝鮮系の磨製石剣・磨製石鏃や環濠集落も、こうした激動のなかで作りだされたものだ。

　稲作とともに武器をたずさえて対馬海峡を渡り、九州北岸に上陸したのは、右のように、すでに武器や戦争を知った、激動の朝鮮半島で生まれ育った人びとだった。ことによると、かれらは、激動のなかで故郷からはじき出され、新天地を求めて渡ってきたのかもしれない。いずれにしても、道具としての武器だけでなく、集団ぐるみの組織的な武力によってトラブルを解決するという、戦乱社会の思考そのものをかれらはもっていて、これを一つの社会的な行動原理としていたようだ。つねに武器をそなえ、集落のまわりを堀で囲んで警戒するという慣習は、まさにその行動原理の表れといえるだろう。

これに対して、かれらを迎え入れた西日本の縄文社会の人びとは、戦いは知っていても、それを集団ぐるみで組織的におこなう社会的な行動原理はもたず、そういう場面もほとんどなかった。人を倒すための武器もなく、集落の守りもかためていないことから、同じ時期の中国や朝鮮半島とくらべて、そのように考えざるをえない。

紀元前五～前四世紀の九州北部に海をこえて伝わった武器や環濠集落は、このように比較的おだやかだった社会のなかに、戦乱社会の行動原理が突如として入ってきたことの証しだ。国立歴史民俗博物館の藤尾《ふじお》慎一郎《しんいちろう》氏らは、稲作とともに、こうした「戦いの思考」が朝鮮半島から伝わったことが、弥生時代の本格的な戦いの火ぶたをきったと考えている。私も賛成だ。

渡来人と縄文人は戦ったか?

「戦いの思考」をもって渡来してきた人たちは、では具体的に、その武器を誰にむけて、どんな理由で振るったのだろうか。その相手は、縄文時代から列島に住み続けてきた土着の人びとで、先祖代々かれらが守ってきた森林に渡来人が入り込み、切りはらって水田にしてしまったことが、争いのもとになったという説がある。渡来人対縄文人、という戦いの図式だ。

これについて、おもしろいデータがある。さきほど紹介した新町遺跡の人骨だ。朝鮮系の磨製石鏃が左の太ももに深々と突き刺さったこの熟年男性は、骨をみると、列島に土着の、いわゆる「縄文人」の体つきをしている。おまけに、歯には、縄文時代以来の古い因習である抜歯《ばっし》のあとがうかがえるという。身も心も縄文人のようにみえる男に突き刺さった朝鮮系の武器。渡来人が、武器を振りかざして縄文人にせまる状況が目にうかぶようだ。事実、そういう場面もあったにちがいない。

しかし、この新町遺跡の男性は、縄文人の体質や因習を引きずりながら、その墓は、支石墓《しせきぼ》とよばれる、石を組みあわせた朝鮮半島ふうの墓標をもつ集団墓の中にあった。かれは、朝鮮半島ゆかりの新しい葬儀の習わしを取りいれた集団に属していたのだ。それから、かれの棺の下に埋められた若者の頭部である。これは、この集団が、戦いのなかで敵の首を切断するという慣習をもっていたことの証しだろう。そのような慣習は、縄文社会にはなかったことだ。

こうみてくると、縄文以来の土着の人びとからなる集団もまた、渡来人の集団と接触することによって、稲作をはじめとする新しい生活様式や行動原理や慣習を、短いあいだに取りいれていた可能性が高い。「戦いの思考」や、それにともなう武器や戦術、戦場での習わしなども、それに含まれていただろう。そのようにして、かれらも縄文の伝統のいくつかを忘れ、またいっぽう渡来人の集団も世代交代とともに故郷の伝統をうすめ、ともに日本列島弥生時代の農耕民として、溶けあっていくことになる。

渡来人が「戦いの思考」をたずさえて渡ってきた当初は、かれら対縄文人という争いの図式も一部ではみられただろう。しかしまもなく、たがいの変質や同化とともに、それらは弥生農耕民どうしの戦いになっていったのだ。

広がりゆく戦い

紀元前五〜前四世紀の九州北部でおこった以上のような状況は、次の紀元前三世紀頃になると、瀬戸内や近畿など、西日本の各地に広がっていった。

まず、九州北部に現れたのと同じ環濠集落が、この地方でも点々と作られるようになる。神戸市の大開《だいかい》遺跡などをもっとも古い例として、広島県福山市の大宮《おおみや》遺跡・神辺《かんなべ》御領《ごりょう》遺跡、岡山県矢掛《やかげ》町の清水谷《しみずだに》遺跡、香川県さぬき市の鴨部《かべ》・川田《かわた》遺跡、大阪府高槻《たかつき》市の安満《あま》遺跡などがよく知られている。神辺御領や清水谷では、環濠に沿って柵《さく》がめぐるようだ。

環濠集落とともに、人を倒すための武器が、この地方でも出てくる。ただし、この地方の武器は、九州北部のものとは、すこし違う。九州のものが石を磨きだしているのに対して、この地方のものは石を打ちかいて作っているのだ。これら打製《だせい》短剣と打製石鏃の典型的な例が、大阪府の東大阪市と八尾《やお》市にまたがる山賀《やまが》遺跡にある（次頁、図4）。もっとも大きい打製石剣は、長さ二一・一センチメートル、幅五・八センチメートルで、鋭い刃がついている。打製石鏃は、縄文時代以来の三角形のものを大きくしたような例が多いが、柳の葉のような形をしたものもみられる。同じような打製の短剣や大形石鏃は、ほかに岡山・香川・徳島などで、紀元前三世紀頃にさかのぼるものが出ている。

図3　環濠集落跡が発見された岡山県矢掛町清水谷遺跡（読売新聞社提供）

傷を受けた遺骸も見つかっている。神戸市新方《しんぽう》遺跡の墓地では、一列に葬られた男性三人の遺骨のなかから、それぞれ打製石鏃が見

図４　近畿地方最古級の武器。大阪府山賀遺跡出土（大阪府文化財センター提供）

つかった。なかでも、3号人骨とよばれる、壮年から熟年のたくましい男性は、頭から胴と腕にかけて、一七個もの打製石鏃を射《う》ちこまれていた。いろいろな方向から弓矢で集中攻撃されたらしく、これが致命傷になっただろう。そのほか、壮年の1号人骨の胴、壮年から熟年の2号人骨の胸にも、それぞれ一本ずつの打製石鏃があった。確証はないが、一列に葬られていることから想像すると、同じ戦いで命を落とした男たちの墓かもしれない。

九州北部より一〇〇年ほど遅れて、右のような戦いの証拠が出てくるこの地方では、戦いの始まりに渡来者が果たした役割も、それほど直接的ではなかったようだ。事実、朝鮮系の磨製石鏃や磨製石剣など、渡来者ゆかりの人びとがじかにもちこんだ武器はまれにしかない。この地方の武器である打製石剣と大形の打製石鏃は、石を打ちかいて形を整えるという、縄文以来の伝統技術で作られている。

しかし石剣と石鏃、つまり短剣と弓矢という組みあわせ自体は、渡来者がもちこんだ武器のセットと同じだ。いっけん縄文くさくみえる打製石剣と打製石鏃も、用途は朝鮮系の磨製石剣・磨製石鏃といっしょで、同じ戦術をみたすものだ。ためしに打製石剣と朝鮮系磨製石剣とをならべてみると、技法の差は別にして、刃や柄《え》の形や長さは意外によく似ている。大阪府文化財調査研究センター（当時）の村田幸子《むらたさちこ》氏は、打製石剣は、朝鮮系の磨製石剣の形を縄文系の打製の技術でうつすことで生みだされたと説くが、私も賛成だ。また、大形の打製石鏃のうち、柳の葉の形をしたタイプや、矢に取りつけるための出っぱり（なかご）を作りだしたタイプは、朝鮮系磨製石鏃の刃の形や、矢への装着方法を取りいれたものにちがいない。大形の打製石鏃の一部も、朝鮮系磨製石鏃の形を意識したものだろう。

渡来者がもちこんだ武器を、縄文以来の原住民が見る。その形に感じるところがあったのだろうか、はたまた、それで傷つけられて威力を思い知ったのだろうか。具体的な事情は想像するほかないが、確かなのは、かれらが、それを手持ちの技術でうつしとり、使うようになったことだ。九州からやや東へ離れたこの地方でも、原住民は、稲作をおぼえて弥生農耕民へと転身をとげていく数世代のうちに、米といっしょに伝わってきた「戦いの思考」を、みずからの行動原理のなかに取りこみ、そのための道具を生みだした。環濠集落もまた、武器とともに受けいれられたと考えられる。

弥生時代の第一期抗争

このようにして、渡来者がもってきた「戦いの思考」は、九州北岸よりもやや遅れるが、紀元前三世紀頃に東へと行きわたった。もっとも、そのルートは、瀬戸内だけではなさそうだ。日本海に沿った松江《まつえ》市付近から大山《だいせん》のふもとにかけて、この時期からはじまる環濠集落が近年続々と見つかっている。丹後《たんご》でも知られている。太平洋岸では、高知県南国《なんこく》市の田村《たむら》遺跡に、やはりこの頃の大規模な環濠集落がある。

以上にみてきたように、紀元前五〜前四世紀にまず九州北岸に、そして紀元前三世紀頃には中国・四国から近畿・東海にまで、弥生農耕民の戦いが広がった。この戦いは、渡来してきた「戦いの思考」が、稲作をはじめるにあたって少しでもいい場所を占めようとする集団どうしの緊張関係という「火薬」に火をつけることによって、いっきに燃えあがった、と私は理解している。

稲作の初期に九州から東へ広がっていった戦いは、稲作のためのテリトリーを、少しでも有利な場所に設けようとする初期の農耕民集団どうしの争いだった。国立歴史民俗博物館（当時）の春成秀爾《はるなりひでじ》氏は、この戦いを、最初にいい位置を占めた集団と、あとからきてその位置をねらった集団との場所争いだったと考えている。また、玄界灘沿岸の平野部では、テリトリーとなるべき土地が、この頃からすでに不足しはじめていたという説もある。いずれにしても、日本列島で農耕をはじめたばかりの集団が、それぞれ力に応じて場所を獲得し、テリトリーを作り、集団の居どころとして確定するまで、一連の争いが続いたものと思われる。これを、稲作の本格的なはじまりにともなう、弥生時代の「第一期抗争」とよびたい。

2　激化する戦い

九州北部の戦死者たち

第一期抗争のあと、しばらくは、武器の発達や、傷を受けた人骨の増加などが、それほど目立たない時期がおとずれる。戦いがなくなるわけではないが、第一期抗争を経て各集団のテリトリーが安定し、それをめぐる争いが一段落する時期があったのではないかと思われる。

しかし、それから数世代ののち、九州北部では紀元前三世紀から前二世紀に入る頃、ふたたび戦いが激しくなったようだ。おそらく、稲作農耕が本格化して人口が増えるとともに、それを養う土地が不足気味になり、集団どうし土地をめぐって対立を重ねる段階に入ったのだろう。

戦いの激化をしめす証拠として、まず、武器の発達がある。さきの第一期抗争で使われた武器が、ほとんど朝鮮半島系そのものであったのに対し、この頃から、九州北部で独自にアレンジされた石製武器が出てくる。朝鮮半島系の磨製石鏃を太短くした形や、なかごのない三角の形の磨製石鏃は、ここで生みだされたものだ。磨製石剣は、朝鮮系のように把《つか》を直接作りださず、おそらく木などで作った別あつらえの把を着けて使うタイプが出てくる。これらの石鏃・石剣は、それまでの朝鮮系にくらべると、いずれも量産に適した簡素で実用的な形のものだ。

さらに、青銅で作った短剣・矛《ほこ》・戈《か》が、朝鮮半島から新たにもたらされる。金属製の武器の出現だ。これらは、紀元前五～前四世紀に稲作と戦いを伝えた第一波に続く、いうなれば第二波の渡来者が持ちこんだものだが、まもなく九州北部でも作られるようになる。短剣のほか、矛・戈という長い柄《え》をつけた新しい種類の武器が現れた意味は大きい。矛は、根もとのソケットに差しこんで長い柄をつけ、両手でもって相手を突き刺す。戈は、長い柄の先のほうに、柄とほぼ直角になるように装着し、相手を引っかけるように切る。これを石で作った磨製石戈《せっか》も現れた。これら長柄の武器の登場は、戦闘シーンを大きく変えただろう。

武器の発達は、その後もつづく。次の紀元前一世紀頃になると、こんどは鉄で作った短剣や矛、鏃《やじり》などが朝鮮半島などから伝わってくる。そして、青銅以上に強靭《きょうじん》ですぐれた殺傷力が認められたのだろう、すぐに九州北部でも作られるようになる。

これとともに、青銅の武器は、主力実用武器としての短い命を終え、その材質の見た目の美しさを生かして、まつりの道具として発達していく。そのいっぽう、性能も、見た目も金属におよばない石の武器は、紀元前一世紀頃からは、しだいに使われなくなり、ゆっくりと減っていく。

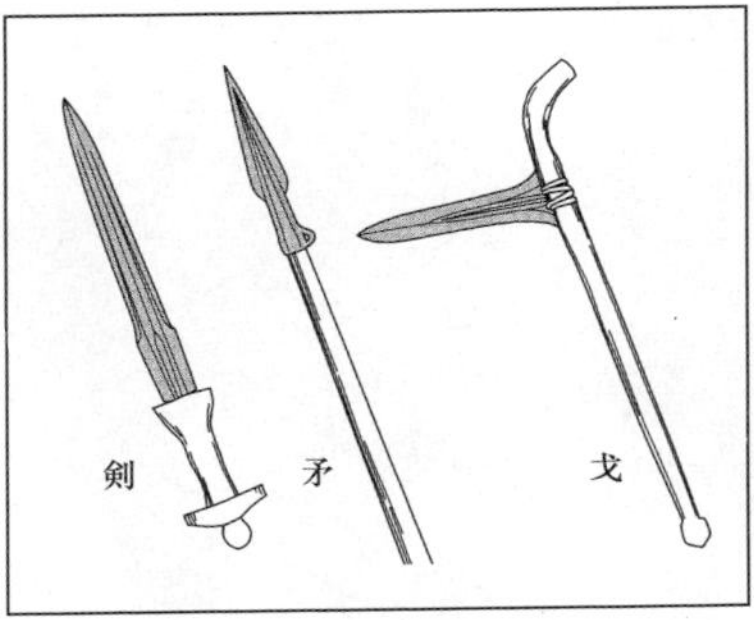

図5　剣と矛と戈（松木武彦『列島創世記』〔全集日本の歴史1、小学館、2007年〕より）

以上のような、めまぐるしい武器の発達に呼応するように、傷を受けた遺骸の数もいっきにふえる。幸いなことに、この地方では、遺骸を大きな甕《かめ》（甕棺《かめかん》）に入れて葬る習慣があったため、人骨はそのなかで守られてよく保存され、武器による傷なども見つけやすい状態で残っているのだ。この方面の研究をリードしている福岡県教育委員会（当時）の橋口達也《はしぐちたつや》氏によると、この時期の戦死者・戦傷者と思われる例はおよそ七〇体。そのな

図6　銅剣の切先が仙骨に嵌入した状態の若い男性の人骨。福岡県筑紫野市永岡遺跡出土（筑紫野市教育委員会所蔵）

かには、新たに登場した青銅や鉄の武器によるものも少なくない。

たとえば、福岡県筑《ちく》紫《し》野《の》市の永岡《ながおか》遺跡にある、紀元前二世紀頃の墓地からみつかった熟年の男性の腰には、後ろから突き上げるような角度で銅剣が刺さり、切先が腸骨に折れこんでいた。形質人類学の中橋孝博《なかはしたかひろ》氏によると、切先のまわりの骨に増殖がみられるので、傷を負ってからも生きていたらしい。また、同じ墓地の若い男性は、後ろから腰に銅剣が刺さり、切先が仙骨《せんこつ》に入って折れていた。さらに、腹から刺されたと思われる磨製石剣の切先も出ている。この若者は、少なくとも二ヵ所の深手を負ったようだ。ほとんど即死だったろう、と橋ロ氏はいう。

また、首を切られたと思われる例も、紀元前三～前一世紀のあいだに、確実なもので四体ある。首の切断は、刀などの鉄の武器でおこなわれたと考えられる。反対に、頭部だけを埋めたらしい例も、二ヵ所で見つかっている。

守りの施設としては、ひき続いて環濠集落が作られる。第一期抗争の時期の環濠集落が、おもに玄界灘に面した福岡平野に作られていたのに対し、この時期には、南の佐賀平野や、そことの境になる三国《みくに》丘陵一帯に分布が広がる。戦いの、面的な広がりを物語るかのようだ。

さらに、武器を墓に供えるという風習もさかんになってくる。供えられる武器は、はじめは主として磨製石剣、ならびに青銅の短剣・矛・戈だ。たとえば、福岡市の吉武高木《よしたけたかぎ》遺跡では、青銅の短剣・矛・戈を合わせて四本と、鏡・玉を供えた木棺墓《もっかんぼ》が見つかっている（次頁、図7）。その主は、この地域をおさめた集団の長だろう。また、同じく青銅の剣や矛や戈を一～二本ずつ供えた墓が、その周囲に八基、近隣の吉武大石《よしたけおおいし》遺跡に一〇基ほどあった。貴重な青銅製の武器を持てるような身分で、なおかつ生前に戦いの場での活躍を認められた、有力な戦士たちの墓だろう。

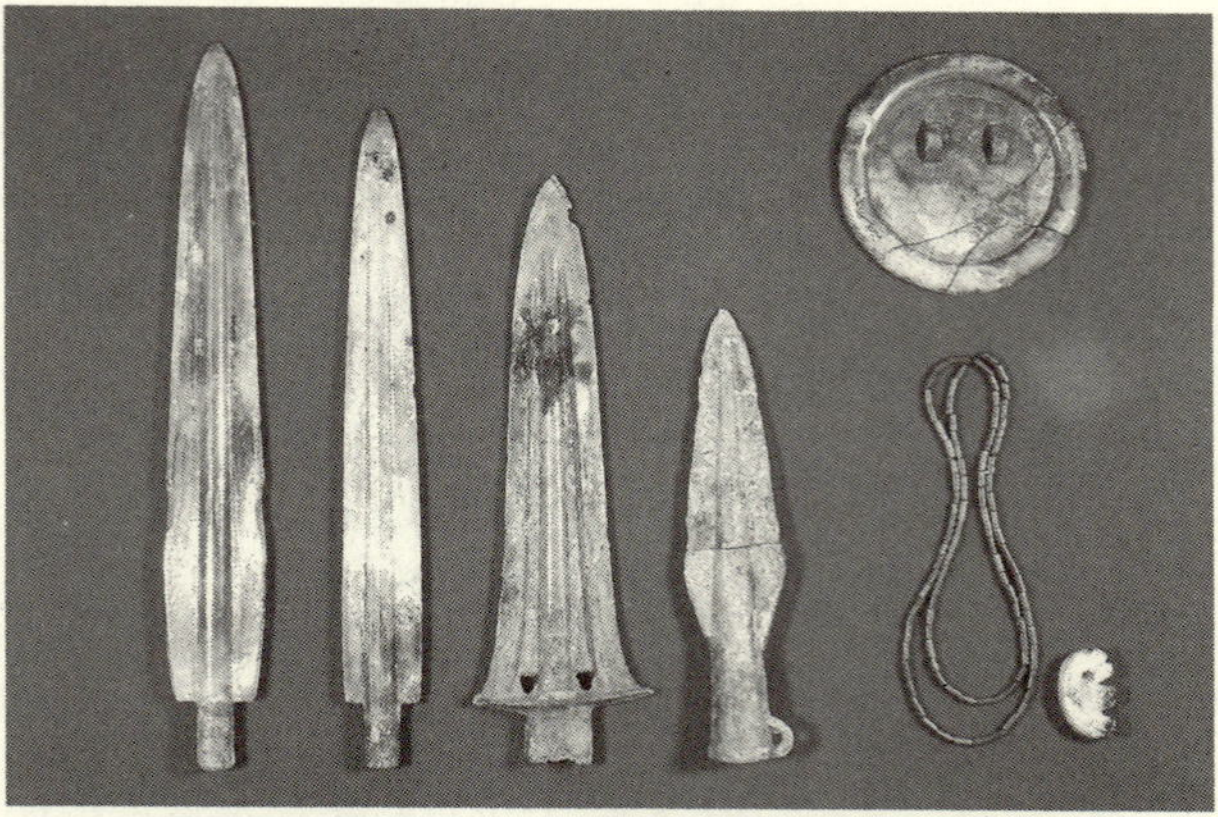

図7　上は福岡県福岡市吉武高木遺跡3号木棺墓の副葬品。左より銅剣2点、銅戈、銅矛。下は3号木棺墓の検出状況（いずれも福岡市埋蔵文化財センター所蔵）

近畿の戦死者たち

いっぽう、中国・四国や近畿・東海で、ふたたび戦いが激しさを増した証拠が出そろってくるのは、第一期抗争から数世代をへた、紀元前一世紀に入る頃だ。もっとも明らかなのは、大形の打製石鏃の発達と増加で、長さが三センチメートル以上、ときには六〜七センチメートルにも達するような大形の石鏃が、一つの集落からときに何百点も出る。また、打製石剣も量産され、磨製石剣も加わる。さらに、九州北部ほどではないが、青銅や鉄の武器が現れ、用いられた痕跡がある。九州と同じように、戈を石で作ったものも出てくるが、九州のものが磨製であるのに対し、こちらのものは打製石戈だ。少しずつ伝わってくる青銅や鉄の武器の影響を受けて、伝統的な打製の技術によりながら、石の武器の開発も続けたようすがよみとれるだろう。石の武器が減り、武器の本格的な鉄器化がはじまるのは、九州北部よりもやや遅れることになる。

この地方では九州にくらべて人骨の残りが悪いため、戦死者や戦傷者の遺骸の例は多くはない。それでも、最近の調査で例がふえつつあり、いまは一〇体ほどが知られている。もっともすさまじいのは奈良市の四分《しぶ》遺跡の例だ。一つの木棺にいっしょに葬られた若い男女の遺骨のそれぞれに、そのあとがある。女性のほうは、胸の部分に打製石鏃が一本。射《う》ちこまれたものだろうか。男性のほうは、背中や腰の左右から、鉄の武器で刺されたり、切られたりした傷が数ヵ所、左の肩甲骨《けんこうこつ》や左右の腸骨に認められる。さらに、左の眼あたりが鋭利な凶器で骨までざっくりと削られている。おそらく顔面はザクロのようになっただろう。惨殺だ。

京都市の東土川《ひがしつちかわ》遺跡では、七〜八本の磨製石剣と、一二本の打製石鏃を体に受けた人物の墓が見つかっている。残念ながら人骨は残っていなかったが、これらの武器の出土位置や割れ方などを精密に検討した結果、やはり人体に刺さったり、射ちこまれたりした可能性が高いことが突きとめられた。この東土川の人物と同じように、矢で集中攻撃を受けたと思われる例は、大阪府四條畷《しじょうなわて》市の雁屋《かりや》遺跡、岡山市の清水谷遺跡（岡山県矢掛町の同名の遺跡とは別）などでも見つかっている。

銅剣で刺された人もいる。神戸市の西端にある玉津《たまつ》田中《たなか》遺跡の木棺に葬られていた、性別はわからないが三〇歳代の人物だ。腹のあたりに長さ四・八センチメートルの銅剣の切先があり、黒っぽい有機質のよごれがついている。人体に刺さっていた可能性が高い。

守りの施設の充実ぶりは、九州以上かもしれない。まず、環濠集落だ。中国・四国の瀬戸内海沿岸や日本海沿岸、近畿の大阪平野や奈良盆地、東海の濃尾平野などに、これまでになく大きな環濠集落が現れる。なかでも、大阪平野の池上曽根《いけがみそね》遺跡（和泉《いずみ》市〜泉《いずみ》大津市《おおつ》）、奈良盆地の唐古《からこ》・鍵《かぎ》遺跡（田原本町《たわらもと》）、濃尾平野の朝日《あさひ》遺跡（愛知県清須市《きよす》～名古屋市《なごや》）は、知名度も含めて、これらの地方を代表する三大環濠集落ということができる。

これらはいずれも、少なくとも二～三重の環濠と、それに挟まれた土塁で厳重に囲まれている。環濠の底と土塁の頂上との高さの差は、三～四メートルもあっただろうか。簡単に突破できるものではなかっただろう。土塁の上には柵があったかもしれないし、環濠の底は、生活の廃水や汚物がどろと混じりあって、さながら、いちど踏み込んだら身動きもままならない、悪臭ふんぷんの泥沼だったにちがいない。環濠はすぐに埋まって役に立たない、という意見がよくあるが、土塁の高さも考えると、掘りたてで底がきれいなときより、むしろ泥や汚物がたまった状態の方が、はるかに効果を発揮したと考えられる。さらに、朝日遺跡では、環濠の外側に、乱杭《らんぐい》や、逆茂木《さかもぎ》とよばれるバリケード状の木の障害物を設けていたことがわかっている。朝日遺跡への侵入者は、乱杭・逆茂木・堀・土塁という何重もの防御線を突破しなければならなかった。

なお、環濠集落は、この時期、太平洋沿いにはるか東の関東平野にまでおよんでいる。多くは丘の上に一重の堀をめぐらせたものだ。ただし、関東地方では、これより前には戦いの痕跡が少なく、ようやくこの時期になって、第一期抗争にあたる農耕初期の戦いがはじまった可能性がある。
以上のように、中国・四国から東の地方でも、九州北部にはやや遅れるが、戦いがエスカレートする時期があり、それを物語る数多くの痕跡を認めることができる。

だれとだれが戦ったか?

北部九州では紀元前の三世紀から前二世紀に入る頃、中国・四国や近畿・東海では紀元前一世紀に入る頃からエスカレートした戦いを、弥生時代の第二期抗争とよんでおこう。ではいったい、だれとだれ、あるいは、どことどこの戦いだったのだろうか。

このことを考える手がかりになるのは、地域による武器の種類や形の違いだ。これまでに説明したことも含めて少し整理すると、九州北部では磨製の石剣・石戈と石鏃、青銅の短剣・矛・戈、そしてこれらに鉄の短剣・矛・鏃《やじり》が加わる。これに対して中国・四国、近畿・東海では、打製の大形石鏃、同じく打製の石剣・石戈と、打製の武器が主体だ。ただし、近畿を中心にして磨製の石鏃・石剣もある。さらに、九州北部ほどで

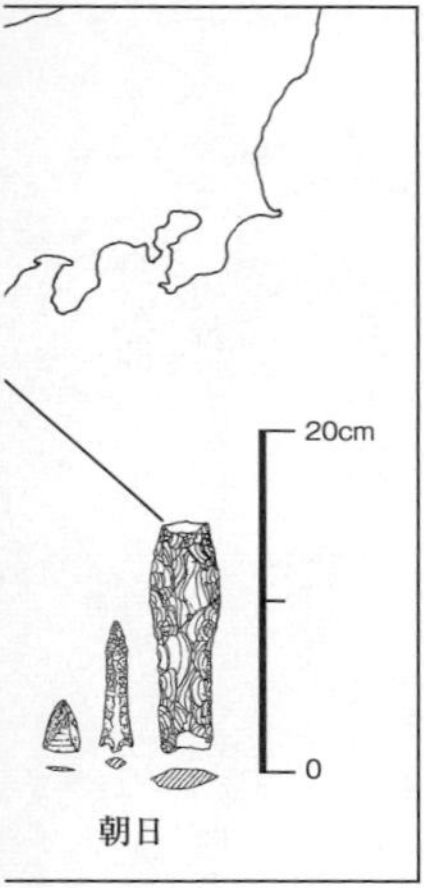

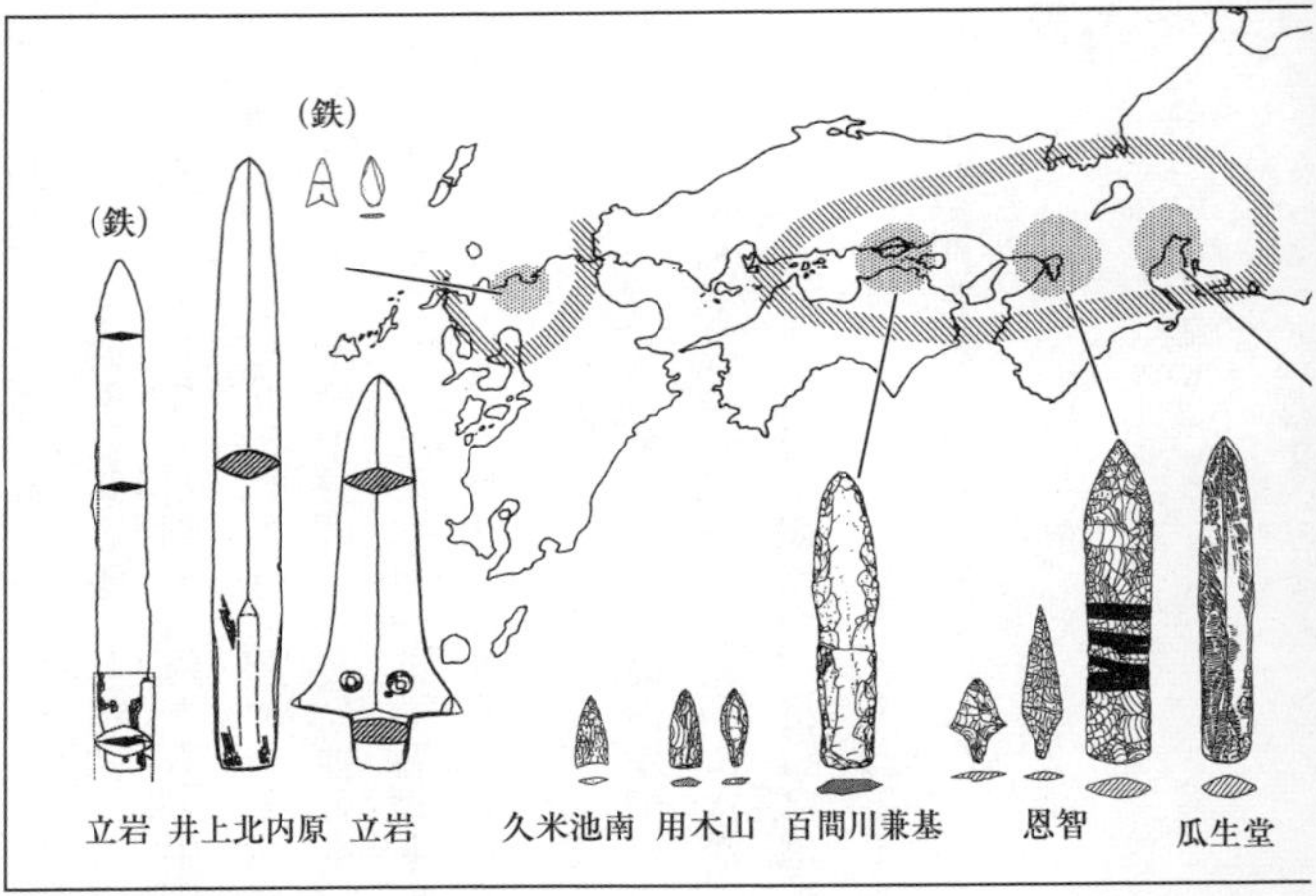

図8　紀元前2世紀～前1世紀頃の武器と戦いの広がり（松木武彦「戦争の始まりと王権の形成」都出比呂志・田中琢編『古代史の論点4　権力と国家と戦争』〔小学館、1998年〕より）

はないが、中国・四国と近畿には青銅や鉄の武器もある。とりわけ鉄鏃はかなり普及している。

もっと細かい地域色も認識可能だ。打製石剣や大形打製石鏃は、地域によって形や材質が違う。たとえば中国・四国のものは、香川県の金山《かなやま》でとれるサヌカイトという安山岩《あんざんがん》の一種で作られていて、その板状に割れやすい性質のため、いちょうに薄い。また、大形の打製石鏃は、岡山平野と讃岐《さぬき》平野でよく発達する。それぞれ形に特徴があり、岡山平野では柳の葉の形になかごがついたものと三角形のものが多く、讃岐平野では底辺がゆるく凹んだ三角形のものが目立つ。

近畿の打製石剣や打製石鏃の材料は、ほとんどが大阪と奈良のあいだにある二上山《にじょうざん》でとれるサヌカイトで、石剣・石鏃とも、中国・四国のものよりも分厚い作りだ。大形打製石鏃は、長い三角形になかごがついたものと、柳の葉の形でなかごがつかないものとが多い。大阪平野の中央部や奈良盆地のものがもっとも大きく丁寧に作られていて、ここが発達の中心だったようだ。打製石剣も、この地域がもっとも多い。北の淀川流域や京都盆地にいくと、大形打製石鏃は、やや形が崩れたものや、この地域独特の菱形のものなどが出てくる。とくに京都盆地では打製石剣は少なく、粘板岩《ねんばんがん》を用いた磨製石剣が主流だ。いっぽう、東海の伊勢湾沿岸では、打製石剣はやや少なく、打製石鏃がよく出る。ロケットを思わせる長い五角形になかごがついた、特徴ある形をしている。

このように、武器の種類や形、材質は地域によって違うので、それがどこで作られた武器であるかを、かなりくわしくしぼることができる。したがって、どこで葬られた遺骸にどこで作られた武器が刺さっているかを調べることで、交戦の相手や範囲がわかるのだ。

近隣どうしの戦い

まず、九州北部の場合、遺骸に突き刺さった武器は、ほとんどが磨製石剣・石戈、または青銅の短剣などの金属製武器だ。磨製の石剣や石戈は、材質や形から、まずまちがいなく九州北部産といえる。青銅の短剣は、中国・四国や近畿にもあるが、圧倒的に普及率が高いのは、やはり九州北部だ。首を切るときに使ったと思われる鉄の刀も、この時期には、おそらくこの地方にしかないものだろう。九州北部の戦死者・戦傷者は、九州北部の人間の手によるものと結論できる。

他の地方はどうだろうか。岡山市清水谷遺跡の木棺に眠る人物に射《う》ちこまれたらしい二〇本の打製石鏃は、柳の葉の形になかごがついたタイプで、香川・金山産のサヌカイト製であることから、岡山平野で作られたものとわかる。射ちこんだのは、おなじ岡山平野の人間だろう。

大阪府四条畷市の雁屋遺跡の木棺から出た一二本の打製石鏃も、この地方によくあるタイプで、二上山のサヌカイトでできている。奈良市の四分遺跡の女性に刺さった打製石鏃もそうだ。さらに、京都市の東土川遺跡の遺骸に刺さっていたと思われる七〜八本の磨製石剣は、刺した相手の出どころを、さらに細かくしぼりこめる資料だろう。磨製石剣を多く使うのは、近畿でも京都盆地あたりにほぼ限られるからだ。東土川の交戦相手は、おなじ京都盆地にいた可能性が高い。

このように見てくると、弥生時代の第二期抗争は、おなじ地域内、ことによっては同じ平野や盆地のなかの、ごく近いところに集落を営んだ集団どうしの争いだったと考えられる。同じ地域のなかの利害を争う、近隣どうしの戦闘だったのだ。

強い集落、弱い集落

では、そうした近隣どうしの戦いは、どんな展開をたどり、どんな結果をまねいたのだろうか。これについては、先述の中橋孝博氏の研究がおもしろい。

形質人類学の中橋氏は、考古学の橋口達也氏らと共同して、武器で傷ついた人骨、つまり戦死者や戦傷者の分布が時期を追ってどのように変化するかを、九州北部で調べた。その結果、紀元前の三世紀から前二世紀に入る頃までは、戦死者や戦傷者は玄界灘に面した平野の中心部に多かったが、紀元前一世紀頃になると、平野の中心部では戦死者や戦傷者がへり、平野の端のほうや、平野と平野のあいだの丘陵地帯などで、逆にその分布がふえることがわかった。これは、まず平野部で戦いは激化し、しばらくしてそれが落ちつくとともに、こんどは周辺におよんでいったようすを示す、と中橋氏は考える。

平野部では、早くに激化した戦いが数世代のうちに一段落する。これは、たくさんの人を傷つけ殺すような激しい戦いのすえに、何らかの秩序ができたということだ。そして、戦いが周辺におよんでいくことは、この秩序がしだいに外へと広がっていった動きの反映だろう。では、この秩序とは何だったのだろうか。それを知る手がかりとなるのは、集落どうしの関係の変化だ。

福岡平野を例にとって見てみよう。まず紀元前三世紀頃は、稲作初期の第一期抗争をへて、二〇個ほどの集団が、それぞれに居どころを定めて集落を営んでいた。紀元前二世紀に入る頃になると、そのうち、比恵《ひえ》・板付《いたづけ》・諸岡《もろおか》・須玖《すぐ》・門田《かどた》の各遺跡群をそれぞれ生活の拠点としていた五つばかりの集団に、青銅の武器をもつ墓が現れる。青銅の武器がまだ少ない頃で、それを手に入れるためには一定の経済的実力が必要だったと考えると、はじめの二〇個の集団が、そうした実力をもつ集団ともたない集団とに分かれたことになる。そして紀元前一世紀には、強力な集団が、さきの五つからさらに一つにしぼられ、須玖遺跡群を拠点とした集団が、福岡平野の青銅武器のほとんどを独占するようになる。

この強力な集団がいた須玖遺跡群は、現在の春日《かすが》市にあり、南から福岡平野に突きだしたゆるい丘陵の上に広がっている。大都市福岡のベッドタウンとして開発が進み、もとのたたずまいはわかりにくいが、紀元前一世紀から次の紀元後一世紀にかけての大集落や、当時のハイテク技術を集めた青銅器や鉄器の工房、集団の長を葬った墓地などが発見されている。

とりわけ、須玖岡本《すぐおかもと》D地点の長の墓は圧巻だ。大きな石の下にあった大形の甕棺のなかから出てきたのは、およそ三〇枚にものぼる中国産の鏡、中国伝来の宝器であるガラス璧《へき》、勾玉《まがたま》と管玉《くだだま》、青銅の矛が五本、剣が数本という、じつに豪華なものだった。これだけの富を集め、鏡や璧に示されるような中国王朝との交流をつかさどった人物は、この集団の長であると同時に、福岡平野一円に権威をおよぼした王とみていいだろう。

戦いが新秩序をもたらした

平野一円に勢力をはった王と、その膝元の大集落。そして、そこで営まれる高度な金属器生産。王を擁《よう》し、ハイテク技術力を誇りつつここに居住した集団は、経済力や政治力のうえで、福岡平野の他集団の上位に立っていたにちがいない。須玖遺跡群では、武器も含め、石の道具にくらべてすぐれた機能をもつ鉄の道具が、まわりの集落よりも早く普及するという。王の政治力や金属器生産の技術力だけでなく、実際の生活レベルでも、須玖の集団は優位を保っていたと思われる。おそらく、王を擁する須玖の集団は、まわりの集落に住む集団に貢納をもとめ、まわりの集落は、須玖の王の配下に入ることとで、鉄器や青銅器や中国の文物などを手に入れる機会をもつという、階層的な関係ができたのではないだろうか。そしてこの関係こそ、紀元前三世紀から前一世紀までの戦いがもたらした秩序の実態だったと考えられる。

もちろん、この秩序を作ったのは戦いだけではない。一定の緊張関係をはらみながらも、石材、木材、山海の産物など、縄文時代以来の日常物資の交換などにみられる平和的な交流が、むしろふつうだった。ムコ入り、ヨメ入りなどの通婚、あるいは縁者や知人の葬儀など、人の行き来もさかんだっただろう。そのような、日常の交流や行き来の積み重ねが作った精神的な一体性があったからこそ、共通の王をいただけるようになったのだ。

クニグニの誕生

だが、この秩序は、明らかに不平等な階層秩序である。そのなかで、現実にどこが上位に立ち、王を出すようになるのか、どこが下位に甘んじるのか、といった集団個々の利害がかかる問題になると、平和的な交渉や話し合いだけで道をひらくのはむずかしい。反戦平和のイデオロギーなど、なかった時代のことなのだ。あまつさえ、稲作初期に「戦いの思考」を受けついだかれら弥生農耕民が、ときとして実力の争いに踏みきるまで、それほどの逡巡《しゅんじゅん》がなかったと考えても不自然ではないだろう。ぜがひでも優位に立ちたいという思いがこのような思考と結びついたとき、武力にうったえて戦ったり、相手に武力をみせつけて脅したりといった行為が現れてくる。

このようにして、平野のなかにある集団の序列が決まり、もっとも強い集団の長が王となって、土地争いを調整したり、水路の整備などの公共事業をおこなったり、大きなまつりをつかさどったりしただろう。また、中国や朝鮮半島と通交して金属やその他の文物を受けいれたり、その見返りとして渡す物資を徴収したり、受けいれた金属や文物を配ったり、金属を加工して道具を作ることを主導したり、さまざまな活動の頂点に立ったと思われる。王を頂点とするこの秩序を、「クニ」とよびたい。

各地のクニグニ

須玖遺跡群を中心とする福岡平野のクニは、中国人からは「奴国《なこく》」とよばれ、紀元五七年には後漢《ごかん》王朝から、当時の王に対して、その地位を認める金印《きんいん》がさずけられた。博多湾にうかぶ志賀島《しかのしま》で、江戸時代に奇跡的に発見されたのがこれだ。このほか、北部九州には、奴国の西のほうに、糸島市の三雲《みくも》遺跡群を中心とする糸島《いとしま》平野の伊都国《いとこく》、唐津湾沿岸の末盧国《まつろこく》があり、東のほうには飯塚《いいづか》市の立岩《たていわ》遺跡群を中心とする不弥国《ふみこく》があった。また、玄界灘にうかぶ壱岐の島には、原《はる》ノ辻《つじ》遺跡を中心とする一支国《いっしこく》があった。これらの国の名がしるされた中国の歴史書『三国志《さんごくし》』（そのなかの魏書《ぎしょ》・東夷伝《とういでん》・倭人条《わじんじょう》、通称「魏志倭人伝《ぎしわじんでん》」）は、ずっとのちの三世紀を主題にしたものだが、それぞれの国の実態は、すでに紀元前一世紀にはできていたことが、発掘の成果から見てとれる。

これ以外にも、筑後平野の北部や、奴国と伊都国とにはさまれた早良《さわら》平野などにも、いくつかのクニがあったらしい。紀元前一世紀頃に、平野の周辺部に戦死者・戦傷者の分布が広がるのは、こうしたクニどうしの勢力争いがはじまったことの反映ではないだろうか。クニどうしの戦いがあったとすれば、それを発令し、指揮することもまた、王の大切な役割の一つだったと考えられる。

いっぽう、中国・四国、近畿・東海といった方面でも、紀元前一世紀に入る頃、それぞれの平野や盆地のなかに、ほかよりもやや大形の集落の存在が目立ってくる。奈良盆地の唐古・鍵遺跡、大阪平野では南部の池上曽根遺跡、北部の茨木《いばらき》市東奈良《ひがしなら》遺跡などがそうだ。これらの大形集落は、規模が大きいだけでなく、ときに「神殿」といわれるような大きな建物や青銅器の工房などをもち、土器や石器の数も多い。おそらく、まつりや技術の中心、あるいは物資の集散地として、地域の核のような存在だっただろう。

九州北部の須玖遺跡群などと似た性格だ。

だが、この地域は、中国や朝鮮半島からの玄関口だった北部九州からみると、この時代はまだ東の辺境といった風情で、きらびやかな舶載の品で身を飾る王や王族はいなかったようだ。また、これらの地方は、北部九州にくらべて鉄の普及が遅れ、その技術も低かったため、それを握ることによって王の権力のみなもとになる金属関係のハイテク集団やその工房も、発達が未熟だったらしい。中国・四国や近畿・東海のクニの秩序のありかたは、北部九州よりもずっとゆるやかで、むしろ地域の諸集団の連合体といった色彩が強かっただろう。

3　弥生の戦いを復元する

戦いの参加者と規模

前の節では、おもに、戦いがもたらした社会的な関係の変化について語ってきた。したがって、具体的な戦術や戦闘シーンがどうだったか、といったことについては、ほとんど説明していない。ここで、当時の戦術や戦闘の組織、まつりとの関係など、戦いの具体的なすがたを、資料がよく残っている九州北部をおもな対象として、ときに大胆な想定もまじえながら復元してみたい。

戦いには、集落のなかのどのような人びとが参加したのだろうか。民族例では、一〇代後半から三〇歳代、つまり青年や壮年の男性が戦いの中心になることが多い。弥生時代もまた、武器で傷を受けた人骨の例がほとんどが青年や壮年の男性であることから、戦いの主体が青壮年の男性だったことは、まちがいないようだ。ただし、例外もある。長崎県平戸《ひらど》市の根獅子《ねじこ》遺跡では、熟年女性の頭蓋骨のてっぺんに、致命傷とはならなかったようだが、青銅の剣の先が折れ込んでいるのが見つかっている。福岡県筑紫野市の永岡遺跡では、下あごの関節に異常のある女性人骨二体があるという。女性もまた、戦いの場に立つことがあったのだ。

若者や大人の男性が戦いの主体になりながら、ときに女性もそこに参加するというシチュエーション。そこから考えられるもっとも可能性の高い戦いの場は、集落だ。おそらく、当時の戦闘は、相手方の集落に攻め込むというスタイルがもっとも一般的だったと考えていいだろう。攻防の場になるからこそ、集落は環濠や土塁をめぐらし、守りを固めているのだ。

集落に攻め込む人数は、どれくらいだったのだろうか。当時の集落の人口から推計してみよう。まず、集落の代表として佐賀県吉野ヶ里《よしのり》遺跡を例にとると、その人口は一〇〇〇～三〇〇〇人くらいと想定されている。あいだをとって二〇〇〇人としよう。うち、男性は半分の一〇〇〇人。さらに、子供と高齢者をのぞいた青壮年の割合が約三分の一弱として、三〇〇人。さらに、留守中の集落をまもる戦力を三割ほど残すとすると、およそ二〇〇人ほどが、敵方集落に向かっただろうか。もっとも、吉野ヶ里などは、クニの中心となる大集落だ。クニを作っていくような段階の、地域内の集落どうしの戦いでは、参加人数はもっと少なく、数十人ていどの場合が多かったと考えられる。

戦術と組織

敵方の集落を攻めに行くときの武装は、どんなものだったのだろうか。実際に出土する武器をみると、手にもつ武器では短剣がもっとも多く、戈がこれに次ぐ。どちらも石製が一般的だが、青銅製もあり、紀元前一世紀には鉄の短剣と短刀が出てくる。矛は、あまり多くない。飛び道具は、石や鉄の鏃《やじり》をつけた弓矢が主だが、石のつぶてもあった。防具は、木の盾と甲《よろい》だ。

ただし、このように各種の武器があることはあるが、たとえば弓隊・短剣隊というような、武器の種類別の戦隊構成などは、まだ現れていなかっただろう。数十人から一〇〇人ていどが敵集落に攻め込むようなスタイルの戦いで、そのように戦隊を分けることが有効とは思えないからだ。武器の種類別の戦隊区分などは、数千～数万人規模の戦団が平原で相まみえる会戦スタイルの戦いでこそ意味をもってくる。したがってこの時期にはまだ、弓矢と短剣、または弓矢と戈といった組みあわせを、各自が手に手に用意して、敵方集落に向かうのが普通だったと思われる。

むしろ、青銅の短剣や戈や矛をもつ人と、石の短剣や戈を手にする人との区別があったことが重要だ。数は、石の武器のほうがはるかに多いが、墓に供えられた確実な例は少数で、普通は集落あとから出る。これに対して青銅の武器は、石の武器よりも数は少なく、ほとんどが墓に供えられた状態で見つかる。つまり、青銅の武器は、石の武器にくらべてもともと貴重で、あまり集落に捨ておかれたりせず、持ち主とともに葬られていることから、個人の財宝とか身分の証しのような意味あいが強かったと考えられる。つまり、それをもつことが、その人の身分を表すような性格が想定されるわけだが、武器であるかぎり、それは戦場における身分だったと考えていいだろう。

ただし、青銅の武器は、単なる身分表示でなく、実際に使われてもいる。橋口達也氏の調べによると、青銅の武器には、しばしば折れたり、折れた部分が研ぎなおされたりしたあとがあるのだ。また、青銅の武器が供えられた墓から、石の武器の切っ先が出ることもある。青銅の武器の持ち主が、戦いで傷を負うことがあったのだろう。青銅の武器の持ち主は、戦場での身分を認められた戦闘リーダーだったと考えられるが、その身分は、生まれや血筋だけによるものでなく、戦いの先頭に立って武器を振るい、その働きを認められることによって、はじめて保つことができたようだ。すぐれた戦闘能力と経験をもった壮年の男が、集落のメンバーの支持をえてこの地位についたと、橋口氏は考えている。

戦闘シーンを再現する

青銅の武器をもった屈強の戦闘リーダー数人を先頭に、手に手に石の武器と弓矢一式をひっさげた男たちが戦隊を組んで、勇躍、集落をあとにする。出陣のときだ。長い柄をつけた矛は、ひときわ高く輝き、隊列の旗印のような役目をはたしたのかもしれない。また女性や子供たちは、祈るような気持ちで、夫や息子や父親を見送っただろうか。民族例では、戦いの後方まで女性がついていく例があるので、あるいはそんなこともあったかもしれない。移動手段は、もちろん徒歩だ。この時代の日本列島にはまだ、車も、馬もないのだから。

敵対する集落が見えるところに来る。相手はまだ気づいていない。慎重に距離をつめ、三〇～四〇メートルと思われる矢の射程距離に。戦闘リーダーの号令一下、めいめいが、まず、弓に矢をつがえ、次々に放つ。石のつぶてを投げるものもいる。柵や土塁の向こうから、相手も応戦してくる。怒号のなか、ひょう、ひょう、と矢音がひびく。相手の矢を受け、苦痛にのたうつものも出てくる。

だが、致命傷を与えにくい弓矢やつぶての応酬では、戦いはなかなか決着しない。そこで、戦闘リーダーを先頭に、勇敢なものが、木の柱を立てて作った集落の門にせまり、あるいは土塁や柵を乗り越え、身をもって相手の守りを突破し、集落に突入しようとする。この攻防に、敵味方からそれぞれ加勢がある。剣をかざすもの、戈を振るうもの。戈には、六〇センチメートルくらいの短い柄がついている。矛を使うものもいる。接近戦のはじまりだ。

骨に残った武器や、それによる傷あとの部位から、接近戦のシーンも、ある程度、再現できる。意外に目立つのは、後ろ傷だ。さきに紹介した筑紫野市の永岡遺跡の男性二人も、腰の後ろから青銅の剣を刺されていた。同じ福岡県の飯塚《いいづか》市スダレ遺跡でも、うなじのあたりから胸まで石剣でつらぬかれた熟年男性の人骨が出ている。後ろから襲うケースがかなりあったようだ。

もちろん、正面から攻撃するのも普通だっただろう。橋口氏や中橋氏によると、腕の外側の骨に折れたあとなどが認められる例がいくつかあり、これは、正面の敵が振りおろしてきた武器に、腕をかざして防御体勢をとるためだという。永岡遺跡には、さきの二人のほかに、右腕外側の骨と、ひたいから右眼あたりに大きな傷をおった熟年男性がいる。腕をかざして防戦したが、かなわず、顔面に深手を受けたのだろうか。

前から向かってくる敵、後ろから襲ってくる敵。接近戦は相当の乱戦だったようだ。ただし、傷の場所で多いのは背中・腕、それから顔面で、腹の例も少しあるが、正面から胸へという傷の、はっきりした例はきかない。いちばんねらわれやすい胸の傷の確実な例がないのは、そこに骨がないという解剖学的な理由もあるだろうが、甲《よろい》で守られていたためかもしれない。

住居にも火が放たれ、炎や煙がもうもうと立ちのぼる混乱のなかで、接近戦の帰趨《きすう》がしだいに決まっていく。倒れた戦士の首が切られたりするのは、この頃だろうか。攻め手の側が優勢な場合、守る側の女性や子供にも被害が出る。おそらく、女性も果敢に応戦したのだろう。頭に剣を刺された根獅子遺跡の熟年女性は、そうした一人だったかもしれない。

どのような形で戦闘が終わったのかについては、考古学では知るすべがない。民族例では、略奪が目的の場合、奪った人間や財産をもって攻め手が引き上げることで、いったんは戦闘が終わるが、守り手の追撃を受けることもあるらしい。怨恨《えんこん》が原因の場合は、襲われた側が、皆殺しに近いような殺戮《さつりく》を受ける例もあるようだ。

一つの社会のなかでも、原因や規模の違いによって、何種類もの戦いの型式が区別されていることが少なくない。弥生時代の戦いも、もっと少人数による奇襲や待ちぶせ、集落以外の場所での会戦などもふくめて、実際にはいろいろなバリエーションがあっただろう。しかし、発掘データをみるかぎり、いま想定したような集落の攻防戦が、弥生時代の戦闘のもっとも典型的なパターンだったと考えられる。

4　「思想」化する戦い

使うための武器、見るための武器

以上のようにみてきた紀元前一世紀頃までの戦いは、当時の人びとの考え方にどのように影響し、思想体系のなかに、どのように組みこまれていたのだろうか。考えや思想という形のないものを復元するのは、物質資料を対象とする考古学がもっとも苦手とする仕事だ。それでも、物質資料のうえに生じた現象を慎重に読みとることによって、当時の人びとの思考や精神内容に触れられる場合がある。その例の一つとして、九州北部の武器の組みあわせや使われ方の変化に注意してみよう。

まず、紀元前三世紀から前二世紀に入る頃、朝鮮半島から、短剣・戈・矛という三種の青銅の武器が伝わってくる。この頃の戦闘リーダーの墓に供えられた青銅の武器の種類をみると、短剣がもっとも多いが、戈や矛もある。短剣をもつ戦闘リーダーのほかに、戈や矛を振るう戦闘リーダーもいたのだ。一般戦士の墓に供えられた石の武器も、剣・戈の両者がある。また、集落から出る石の武器も、短剣を主体としながら、戈も多い。短剣・戈・矛の三種の武器は、いずれも、実用される接近戦用の武器として青銅や石で作られ、その役割に本質的な違いがなかったと思われる。

ところが、紀元前一世紀頃になると、戦闘リーダーの墓に供えられる青銅の武器は、短剣にしぼられてくる。その後、武器が鉄で作られるようになると、三種のなかでは、短剣だけが実用の武器として受けつがれる。

戈や矛はどうだろうか。戈は、紀元前一世紀に鉄でも作られるが、これは武器としてまともに使えないほど巨大な代物《しろもの》だ。青銅の戈も、この頃以降は、実用にならないほど大きいものが作られるようになる。青銅の矛も同じだ。このように、紀元前一世紀よりのちには、戈や矛は使えないほどに大形化し、隊列の旗印、あるいは拝む対象、まつりの道具というような、宗教的な役割をおびたものへと性格を変えていく。使うための武器から、見るための武器への転身だ。

使うための武器としてひとり残った短剣にも、おもしろい現象がみられる。特製の華麗な把《つか》をつけられたり、玉をちりばめた鞘《さや》に入れられるなど、個人の持ち物として非常に大切にあつかわれたあとがあるのだ。紀元前一世紀の王の墓からは、いちどに数本の短剣が出てくるが、通常、このうちの一本が、すこし変わった形をしている。特別な短剣として、王のかたわらに置かれていたものだろう。このように、紀元前一世紀頃、短剣は、実用の接近戦武器としてさかんに用いられるとともに、「俺の剣」「あいつの剣」「王様の剣」というような、持ち主との個別的なつながりが生じてくる。すこし堅い言葉でいえば、属人性が高まるのだ。

短剣が選ばれた理由

実戦用武器のラインナップから外れ、集団のみんなが仰ぎ見る精神的なシンボルへと姿を変えていった戈と矛。実戦用武器の主力として活用され、手柄を重ねるごとに、それをもつ戦士との個人的なきずなを深めていった短剣。この役割分化が生じた理由は何だろうか。それを考えることは、当時の人びとの戦闘観や、戦士の理念を読みとることにつながるだろう。

一般論からいえば、戦士の身体にもっとも近いところで作用するのが短剣で、戈、矛の順に、身体との距離は遠ざかる。さらに遠いのは投げヤリ、いちばん遠いのは矢だ。このように、短剣は、戦士にとって、物理的・心理的にいちばん近しい、手の延長ともいうべき武器だ。相手の体をつらぬいたとき、その手ごたえをもっともじかに体感できる武器、ともいえる。身体からの距離という点からすると、短剣は、それを振るう戦士とのあいだの一対一のきずなが、もっとも生じやすい武器だ。

同時に、短剣を振るって相手を倒すためには、危険をおかして、そのふところ深く飛びこんでいかなければならない。大胆さが求められる武器だ。それだけに、短剣をきらめかせて相手を倒すシーンには、自分自身にとっても、それを見る者にとっても、心根にうったえるところがあっただろう。

体からの距離の近さにもとづく属人性と、それを振るうときの相手との距離の近さがかもしだす英雄性。このような特質から、短剣は、もっとも「絵になる」武器として、日本列島中央部だけでなく、世界の多くの地域で、あるべき戦士の理念型と深く結びつき、武器のなかでも独自の位置づけを獲得しやすい性格をもっていたといえる。短剣が短刀になったり、技術的に発達して長い剣や刀になったりもするが、じかに手にもつ武器として、その性格に大きな変化はない。

これに対して、戈や矛など、長い柄をもった武器が、剣や刀以上の決定的な効力を発揮し、またそれゆえに「絵になる」のは、馬や車を用い、そのスピードを利用しつつ、おたがいの間の距離を十分にとって攻撃をかけあう機動的な戦術がおこなわれる場においてだ。これらの発祥の地、中国では、戈が車上で、矛が馬上で使われることが多く、それに対抗するためだろうか、歩兵もまた長い柄をつけた戈をもっていた。このようなダイナミックな機動戦術がおこなわれる場では、剣や刀が英雄的性格を保つのはむずかしいだろう。じっさい、北方の騎馬勢力の南下につねに恐れをいだき、その戦術の影響をこうむっていた朝鮮半島南部では、あとでみるように、剣のかわりに矛がその地位をえて、戦闘リーダーの墓に供えられるようになる。

中国の大規模な機動戦術のなかで練り上げられてきた戈と矛は、車も馬もなく、集落を舞台とした数十人の白兵戦《はくへいせん》を主とするような弥生時代の戦いでは、本来の性能を発揮しづらかった。土器に描かれた絵や実際の出土品をみると、弥生時代の戈の柄は、長さ六〇センチメートルほどの短いものだ。もとの機能を失い、小規模な白兵戦にかなう形になり変わった姿といえる。こうして、戈と矛が、やがて実戦用武器の主力ラインナップから外れていくいっぽう、短剣はその位置にとどまり、新たに加わった短刀とともに戦士の理念型と結びついて、次の鉄製武器の時代に入っていく。

なお、短剣がこのような特別な位置を占めた状況は、わずかの資料からではあるが、九州北部以外でも見てとれる。ていねいに作った木製の鞘におさめた打製石剣が唐古・鍵遺跡から出ているのはその例だ。「俺の剣」として、持ち主が大切にあつかっていたようすがうかがえる。

戦いのまつり

実戦用武器のラインナップからは外れたが、しかし、戈と矛は、旗印やまつりの道具に姿を変え、戦いの宗教的な側面で主役を演じるようになる。その舞台は二つあった。一つは、弥生時代の宗教行事のハイライト、青銅器を用いるまつりだ。九州北部では、実用から外れた青銅の戈と矛が巨大に作られ、とくに矛は、まつり用の青銅器として、あるいは集団やクニの旗印としてたっとばれたようだ。長い柄の先で日光を受けてきらめき、戦いにおもむく隊列や戦場のなかでひときわ目をひくという特徴が、このような役割を矛に与えた要因になったのだろう。

武士の魂として一人一人の腰に下げられた江戸時代の刀と同じ性格をもつのが短剣だとすれば、矛は、毛槍《けやり》として飾られ、大名行列をいろどる権威の象徴としてあおぎ見られたヤリに似たものといえるだろうか。そのようなアナロジーが当をえたものかどうかは別としても、武器の形をしたものが集団やクニのメンバーからあおぎ見られ、それをいただくことが、かれらの気持ちの一体感を高めただろうことは容易に想像できる。当時の思想や宗教の内容に、武器や戦いが大きくかかわっていた可能性は高い。

もう一つは、木で作った武器を打ち振るう慣習だ。よい状態で遺物が残っている集落の遺跡を掘ると、これまで説明してきた石や金属の武器とは別に、それと形は同じだが、木で作られた武器がしばしば出土する。これらは実用の武器ではなく、武器をかたどった木製品という意味で、武器形木製品とよんでいる。

その用途については、いろいろな考え方ができる。たとえば、戦いの動作をする舞踊に使われたものとみる説、いまの竹刀《しない》みたいなけいこ用の武器だとする説、民族学の例にあるような軽い戦闘に使われたのだという説、悪邪と戦って打ち払うまじないの道具だとする説など。いずれをとるにしても、それが戦いとかかわる慣習や儀礼のなかで用いられたものだということは疑いない。

この武器形木製品の種類をみると、短剣とともに多いのが、戈だ。そして、右に想定したような儀礼の行為のなかで戈が好んで使われていたことを示すのが、弥生土器に描かれた絵である。片手に盾をもち、もう片手で短い柄をつけた戈を振るっている人物像を描いた土器が、九州北部から近畿にかけての数ヵ所で見つかっている。弥生土器の絵画は、実生活より、儀礼やまつりの場面を描いたものが多いので、戈を振るう人物像もまた、そのようなものと考えていいだろう。

戈を振るう人の像をくわしく調べた奈良国立文化財研究所（現在、奈良文化財研究所）の深澤芳樹《ふかさわよしき》氏は、そこに、戈を多用する中国の文化との深いかかわりを読みとった。弥生土器の絵画には、龍や、屋根の端が反りかえった望楼《ぼうろう》など、中国の思想や文物を反映したものが登場することがある。そう考えると、戈をもつ人もまた、中国伝来の思想や儀礼の一端を示すものだという可能性が浮かんでくる。

戦いをたたえる「思想」の誕生

以上にみてきたような、使う武器への思い入れ、見るための武器の出現、木の武器を振るう儀礼などは、弥生時代に生きた人びとの思想体系のなかに、戦いという概念が深くインプットされていたことを反映している。しかもそれは、戦いを憎んで平和を築いていこう、というような方向をもつものではない。どちらかといえば、戦いをたたえ、武器をあがめるという、現代の私たちの多くがよしとするものとは、逆の方向をもつものだっただろうと考えざるをえない。

紀元前五～前四世紀に、「戦いの思考」、すなわち、武力によってトラブルを解決するという行動原理とその道具である武器が、稲作とともに伝わってくることによって、本格的な集団どうしの戦いが列島中央部ではじまった。稲作農耕が軌道にのって人口がふえ、土地が足りなくなりはじめると、集団は、生き残りをかけてなお激しく争うようになる。このような状況に直面した人びとが、自分の集団に生存と豊かさをもたらしてくれる戦いや、そのなかで活躍する戦士や戦闘リーダーを、たたえるべき対象と見たてるようになっても何ら不思議ではない。借り物だった「戦いの思考」は、もはや思想体系の一つの軸となり、こんどは自分たちがオリジナルに生み出した戦場での慣習や、戦いにかかわる儀礼、戦いを織り込んだまつりや神話などを、その軸のまわりに分厚く貼りつけていったのだ。

弥生農耕民が生まれながらにして好戦的だということは、けっしてないだろう。しかし、かれらが生まれて育つ社会は、明らかに、戦いをたたえる思想体系や行動原理をもっている。子供たちは、父や兄が戦場におもむく姿を見、戦いにかかわる儀礼に参加しながら、成長して次の世代を支えるのだ。このようにして戦いの思想が再生産されるかぎり、戦いをまねくような実質的な条件がかりに軽減されたとしても、それによって戦いがすぐさまなくなったり、下火になったりすることはなかっただろう。ある社会が容易に戦いをおこなうか、そうでないのかは、その社会を支える人びとがどのような思想環境で育ってきたか、という点に、大きくかかっているのだ。

次の章では、こうした弥生社会のなかで戦闘リーダーが人びとの信望を集め、「英雄」とよべるような存在に育っていったようすを描き出してみたい。

第三章　英雄たちの時代——弥生から古墳へ

1 「プレ古代」としての「英雄時代」

ホメーロスが描いた英雄の世界

紀元前八世紀、ギリシアの吟遊詩人ホメーロスが残したといわれる『イーリアス』『オデュッセイア』の二大作品を中心とする、数々の叙事詩。紀元前一四〜前一二世紀の地中海を舞台にしたこれらの叙事詩は、すぐれた文学作品であるのみならず、ギリシア文明以前の古代社会を復元する歴史学の研究のうえでも、大きな役割をはたしてきた。そのキーワードの一つが「英雄」だ。たとえば、『イーリアス』に登場する、ギリシア軍をまとめてトロイア攻略におもむくミケーネの大王アガメムノンや、勇猛果敢な部将のアキレウス。武勇にすぐれ、人びとの先頭に立って戦い、傷つき、ときには命まで失うかれらの姿が、そこにはいきいきと描きだされている。

いっぽう、一九世紀の後半、科学的な人類学や民族学が産声《うぶごえ》をあげかけた頃、同時代の「未開」社会のなかに、やはり、人びとの先頭に立って武勇をふるう有力者の姿が見つけだされた。たとえば、近代人類学の基礎を築いた一人といわれるルイス・H・モーガンは、北アメリカ先住民の社会に分け入って、その生活や制度や歴史をくわしく観察し、部族間のたえまない戦いのなかで、武勇をもって人びとから推される軍事指揮者が現れるにいたったようすを記録している。

モーガンは、当時の北アメリカ先住民のような「未開」社会を、人類社会の進化のなかで、すでに過去のものとなったギリシアやローマの古代社会と同じ段階にある、いわばその「生きた化石」とみなしていた。つまり、北アメリカ先住民の社会を観察することによって、かつてのギリシア・ローマ古代社会の具体像が復元できると考えたのだ。

このような考え方は、現在では、かならずしも全面的には賛成されていない。民族の個性や多様さに光をあてることに注目が集まっているいま、人類社会がたどってきた道に、地域や民族をこえた同一性や普遍性を確信するようなものの見方は、いくぶん古めかしいと思われているからだ。また、モーガンの時代の人類学者たちが記録した「未開」社会のすがたの多くは、実は当時の文明社会との接触によって変質してしまった後のものではないか、という疑いもある。

しかし、世界の発掘資料をみると、青銅器時代や鉄器時代の初め頃など、まさに古代の国家制度が出現する直前の時期に、武器がいちじるしく発達し、それらを副葬した墓が多数現れるという現象を、国や地域をとわず、かなり普遍的に見つけることができる。

ちょっと思いつくところをあげてみても、北ヨーロッパ青銅器時代の闘斧《とうふ》（バトルアックス）とその副葬、ルリスターン文化の名で知られるイラン青銅器時代の銅剣や闘斧の副葬、中国最初の王朝「商《しょう》」が始まる頃のものとされる二里頭《にりとう》文化の銅戈《どうか》の副葬、朝鮮半島南部・三韓《さんかん》時代の鉄製武器や甲冑《よろいかぶと》・馬具の副葬などなど……、といったぐあいにきりがない。日本列島の弥生時代から古墳時代に特徴的に目立つ武器副葬墓も、もちろんその例の一つだ。

このようにぞくぞくと並ぶ武器副葬墓の主人公を、生前に武勇をもって活躍した軍事指揮者とみることが許されるならば、世界のどこの地域も、古代国家制度が作られる一歩手前の段階で、そのような性格をもった人びとが活動する時期をかなり普遍的にくぐっているとみていいだろう。かれらを英雄とよべるなら、考古学の見地からは、古代国家成立直前に「英雄時代」を設定する古い考え方も、いまいちど再考してみる値打ちがあるように思われる。

ヤマトタケルと古墳

こうした「英雄時代」が、日本列島の歴史上にも存在したのかどうかという問題は、いまから半世紀も前の一九五〇年前後に、古代史学界で大論争をひきおこした。火付け役は、戦後歴史学の基礎を築いた一人といわれる石母田正《いしもだしょう》氏だ。

石母田氏は、ドイツの哲学者ゲオルク・ヘーゲルが一九世紀初めに展開した英雄についての考察を道しるべとして、『古事記』や『日本書紀』に出てくるヤマトタケル（日本武尊）や神武《じんむ》天皇に、古代ギリシアのアガメムノンやアキレウスらと共通する英雄の姿の、残映を見てとった。あえて「残映」というのは、『古事記』や『日本書紀』の作者や、かれらが属する八世紀の天皇制古代国家がもっていた統治の思想によって、ヘーゲルのいう英雄としての本来の性格がゆがめられているとみるからだ。

もちろん、ヤマトタケルという人物が実在した可能性は低い。しかし、『古事記』や『日本書紀』が書かれた八世紀をさかのぼること数百年、日本の古代国家がしだいに形づくられていく道筋で、民衆の利害を代表して戦いを勝ちぬいてゆく軍事的な有力者がいきいきと躍動する時代は実在した、と石母田氏はみる。そして、このような英雄たちの記憶が八世紀の貴族の脳裏に残っていて、かれらは、その記憶のイメージを、皇室中心の統治の思想で色づけし、ゆがめながらも、歴戦の英雄・ヤマトタケルの姿を書きのこしたというのである。

この、石母田氏の英雄時代論は、だが、あまり積極的に評価されることなく多くの反論を浴び、石母田氏自身、ついには「英雄時代」という言葉をしまいこんでしまう。その原因はいろいろあるのだが、ごく大づかみにながめると、哲学者ヘーゲルの英雄論を天秤《てんびん》として、はるかギリシアの古代英雄との比較を試みるというそのスケール自体が、皇国史観を克服していっきに科学性を増し、考証面でも理論面でも細かく厳密になりつつあった一九五〇年頃の古代史学の精巧な箱庭のなかに、収まりきらなかったからだろう。

しかし、そのいっぽう、石母田氏の想定で英雄時代にあたる四〜五世紀の古墳の多くに、鉄製の甲《よろい》や冑《かぶと》、剣や刀、鏃《やじり》といった武器が多量に副葬されていることも、しだいに明らかになってきた。武器に囲まれて眠るその主人公は、おそらく、生前においても戦いの場で権威を認められ、甲や冑といった軍装を身につけることで社会的なステイタスが表されるような、軍事指揮者としての性格を色濃くもった有力者だっただろう。甲《よろい》冑《かぶと》に身をかためて戦うかれらは、ヤマトタケルの姿に石母田正氏がその面影をわずかに感じとったような、古代国家の夜明けを告げる英雄たちのイメージと、たしかに重なるところがある。

英雄割拠の時代としての古墳時代

英雄という概念を用いて歴史を描き出していくに先だって、注意しておきたいことがいくつかある。

一つめは、科学的で民主的な歴史学がスタートをきった敗戦後のまさにそのときに、石母田氏が英雄時代論を唱えた意図を読みとっておくことだ。その意図とは、日本の古代国家は当初から天皇を中心とした一体のものとして生みだされたのではなく、各地のたくさんの有力者たちがせめぎ合う激動のなかから形成されてきたことを主張すること、つまり、万世一系の皇国史観の克服だったのである。いま、そのことに思いをはせつつ古墳をみると、田中琢《たなかみがく》氏が強調するように、エジプトのピラミッド、すなわちファラオの墓や中国の皇帝陵とちがって、古墳は九州から東北南部までのどこにでも築かれている、ということに注意がむく。墳丘の長さが二〇〇メートルを超える前方後円墳《ぜんぽうこうえんふん》は、奈良県などの近畿中央部でも大王陵《だいおうりょう》や天皇陵に準じるクラスといえるだろうが、このクラスの古墳は、岡山県・群馬県・宮崎県などの「地方」にも存在するのだ。

ところが、現在の古墳時代研究では、そのことはあまり評価されないで、「大和政権」や「大王政権」といった用語がたびたび出てくる点からもうかがわれるように、古墳時代のおよそ四〇〇年間を通じ、一貫して中央としての近畿地方の優越性が強調される傾向がある。やはり、近畿の勢力や大王をはじめから軸として古代国家が造られていったかのような図式が、そこに見てとれるだろう。

近畿だけでなく、それ以外の地方にも築かれた大古墳。そこには、甲冑・刀剣・弓矢などの武器や武具が大量に副葬されている。たくさんの武器・武具とともに眠る英雄が、古墳時代には日本列島のあちこちに君臨して、しのぎを削っていた。そのなかの一人が大王と名のっていたとしても、かれと同じほどの武器をもち、同じ形や大きさの墓に入るような権威をもった英雄が、ほかにもいたのだ。これら英雄どうし、いいかえれば近畿も含めた各地の地方勢力どうしで繰り広げられた競争や協力の、複雑な関係が織りなすダイナミックな躍動を抜きにして、弥生時代から古墳時代への歴史像は理解できない。躍動する英雄たちのすがたを浮き彫りにすることで、これまでの近畿中心史観では見えてこなかった、古代国家形成過程の動的な側面に光があたるようになるだろう。

英雄はなぜたたえられるのか

英雄という概念を用いるうえで注意したい二つめの点は、なぜ、英雄がたたえられるのか、崇拝されるのかという、人びとの心の問題だ。

私たちは、英雄が好きだ。英雄の代名詞のようなナポレオンについて、これまでに何万人が研究し、何千万人が伝記を読んで心を躍らせてきただろうか。ナポレオン以外にも、国ごと、民族ごとに英雄がいて、熱く語られ、たたえられる。日本にもいる。源《みなもとの》義経《よしつね》、織田信長《おだのぶなが》、大石内蔵助《おおいしくらのすけ》……。かれらは何億回、人びとの口の端《は》にのぼり、演じられてきたことか。劇や映画だけでなく、英雄を題材にした画や音楽も多い。

芸術や芸能の世界で、私たちはいまでも英雄を描き、演じ、それを見て共感し、あこがれる。それは古代の人びとが叙事詩で英雄を描写し読み継いだことと、心根において共通するところがある。またそれは、英雄として君臨した自分たちの頭領のために大きな古墳をつくり、たくさんの武器とともにかれを葬り、見送った古墳時代の日本列島の人びとが抱いていた心根とも、たぶんつながっているだろう。

だとすると、考えなければいけないことがある。それは、英雄はつねに争いや戦争を背景として現れるという事実だ。戦いという背景なしには、英雄は存在しない。古代人や私たちの胸を熱くするのは、武器をもち、困難を乗りこえ、敵を撃ち倒していく英雄の姿だ。だから、英雄に共感することは、戦いを肯定することである。理屈では反対しても、感性では、戦いという殺戮の行為を受け入れていることになる。考えようによっては、英雄は殺戮者だ。英雄のもつ影の側面である。

英雄はシンボル

ホメーロスの叙事詩をみると、英雄は人びとを率い、人びとの利害を代表して戦いの先頭に立っている。人びとは英雄を、自分たちの理想像としてシンボルとしていただき、かれにつき従って戦っている。これまでの歴史学では、国家形成期の武力は、権力を握った有力者が、配下の人びとを抑圧するための強制力として貯えてきたものと捉えられがちだったが、叙事詩から読みとれる英雄時代の武力のありかたは、どうもそうではない。有力者と配下の人びととは、共通の利害や同じ目的のもとで、団結して武力を行使している。そこでは、知勇に抜きんでた有力者がひときわ強力な武装をもち、軍事的な指揮権を振るうことを、人びとは容認し、歓迎している。

まさにこの点にこそ、深く考えるべき問題があるだろう。国家がもつ武力は、地球上のさまざまなところで、長年にわたって人びとをしいたげ、振り回してきた。だが、その出発点となった古代国家の武力の前身といえる英雄時代の武力は、人びとのあいだから無理やりもぎとられたというよりも、むしろ人びとのコンセンサスによって、有力者すなわち英雄の手元に寄せ集められる側面が強かったと考えられるのだ。

このコンセンサスのみなもとには、武力や闘争というものに対するあこがれや畏怖《いふ》という、人間の心理がひそんでいるのではないだろうか。いまの私たちだって、力を振りしぼった闘争の場面や格闘技を見ると興奮し、その勝者には特別な感慨をよせる。また、強大で俊敏な武器やその動きを目のあたりにしたときには、恐怖感のいっぽうで、それとは微妙にちがう一種の高揚を感じてしまうことがある。こうした心の動きが、人間という生物種固有の本能に根ざしたものなのか、後天的につくられたものかは、にわかには判断できない。けれども、国家形成前夜の英雄時代の人びとが、すでにそのような精神構造をもっていたことは、ほぼ確かだろう。

「むき出しの武力支配」一元論から脱却する

支配・被支配の関係ができるときに、物理的な強制だけでなく、支配される側の観念的なコンセンサスが働いているという考え方は、近年の社会学や歴史学でも比較的よくみられる。そこでいうコンセンサスの源泉として、これまでおもにクローズアップされてきたのは、宗教の力だ。たとえば、特定の血筋の人物だけが、神や祖先の霊と触れ合えるという観念をいだくことによって、人びとは、その人物、すなわち王や貴族が自分たちを支配することを容認し、歓迎する。

つまり、このような観念を通じて人びとは、王や貴族から大きな恩恵を賜《たまわ》っていると感じ、その恩恵に対して、貢《みつ》ぎ物や、労働奉仕や、ときには自分の命をささげることで応えるようになる。ここに、宗教によるコンセンサスに根ざした専制支配ができあがるというわけだ。それは、神や祖先の霊など、目に見えない超自然の力に対する畏怖やあこがれという、人間固有の心理に根ざしたものといえるだろう。

いっぽう、武力については、右のような宗教の精神的あるいは観念的な役割とは対照をなす、実際上の強制によって支配をささえるという物理的な役割が、これまでは強調されてきた。有力者が人びとから武力を奪い、それを独占して軍隊をつくり、みずからの欲望のために軍事遠征をおこなったり、人びとを暴力で抑えつけたりするという構図だ。だが、いままでみてきたように、国家形成前夜の武力は、人びとのコンセンサスによって有力者のもとに集められ、かれは英雄として軍事的な指揮権を振るうことを許され、歓迎されていたふしがある。

英雄の威光にまもられ、自分たちの軍事的な理想像でもある英雄とともに戦うことを通じて、人びとのあいだに、英雄を頂点とした一体感ができあがる。次の国家社会へとつながっていく軍事的な統制が、暴力によってではなく、人びとのこうしたコンセンサスによって作られていく側面をもっていた可能性を、もっと考えなければならない。「武」すなわち強いものへのあこがれや共感が、このコンセンサスのみなもとになっていたと思われるが、そういう人間固有の心理に根ざしたコンセンサスを生み出すという点で、武力にもまた宗教と同じ役割を見いだすことができる。

武器や戦争についての従来の考えでは、その物理的な強制力としての側面のみが重んじられるきらいがあった。いわば、「むき出しの武力支配」一元論だ。しかし、それでは武力の歴史の、ほんの一面しか捉えたことにならないだろう。以下では、英雄という概念を一つのキーワードとして用いながら、当時の人びとが戦いや武力というものに対していだいた観念がどのように作られ、変化していったかという点に目配りをしながら、日本列島の弥生時代から古墳時代にかけての武器や戦争のありかたの移り変わりを追跡してみたい。

2　武装の革新——短剣・大刀・銅鏃

鉄製短剣の普及

さきの第二章では、弥生時代の日本列島で、農耕社会の形成とともに戦いが本格化していったようすを描き出した。人口の増加と資源の不足を大きな動因として、集団どうしが生き残りをかけて戦いを重ねた。そのなかで、戦いという行為や、活躍した戦士をたたえる思想が、紀元前一世紀の弥生時代中頃までにはまず九州北部を中心として根づき、瀬戸内や近畿などにも広がろうとしていた。これが、そののち紀元後一世紀から三世紀の古墳時代に入る頃までには、どのような展開をみせるのだろうか。武器や戦傷人骨のありかたをもとに、戦術面の変化から追ってみよう。

その第一は、実用武器としての短剣の定着だ。すでに前の章でみておいたように、剣・矛・戈三種の接近戦用武器のうち、戦士が振るう実用の武器としては剣がしだいにその地位をひとり占めし、矛・戈は拝む対象、あるいはまつりの場で振るわれる宗教的な武器としての役割を与えられるようになっていた。この役割分担は、紀元後一世紀にはさらにはっきりし、九州北部で戦士の墓に副葬される武器はほぼすべてが剣で占められるのに対し、矛と戈は、その後二世紀にかけてどんどん大形化して、完全に拝むための武器に変わってしまう。

剣の出土例は九州北部に多いが、近畿、関東でも、近年、この時期以前の例がぼちぼちと見つかるようになってきた。このことと、瀬戸内や近畿でそれまで使われていた石の剣が姿を消していく点から、紀元後一世紀には、九州から関東くらいまでの広い範囲で、接近戦用の武器として鉄剣が普及しはじめていたと考えていいだろう。これらは、同じ時代の大陸の鉄剣とくらべると太短く簡素で、独特な形をしているところから、日本列島の中で生産されていた可能性が高いといわれる。

紀元後二世紀、とくにその後半になると、鉄の短剣はぐっと増えるが、墓に副葬された例が大半だ。愛媛大学の村上恭通《むらかみやすゆき》氏によると、これらの鉄製短剣のなかにはときに極端に短いものがあり、刃の焼き入れをした例も知られていないので、実際に武器として用いられたかどうかは疑問だという。

これは、紀元後一〜二世紀の武器や戦いの観念的な側面を考えるうえで大切な見解なので、あとでまた触れたい。ただし、この時期の鉄製短剣には十分な長さと厚さをもつものもまた多く、刃の焼き入れをした例もある。したがって、村上氏のいう、実用性のない雛型《ひながた》の短剣も現れているいっぽうで、接近戦用の実用武器としての鉄製短剣が、紀元後二世紀の後半には九州北部を起点に、瀬戸内、近畿から東日本のほうまでかなり広まっていたとみることは可能だろう。その頃には、長野県木島平《きじまだいら》村根塚《ねづか》遺跡や、群馬県渋川《しぶかわ》市有馬《ありま》遺跡の例のように、長さが五〇センチメートルをこえる長剣も現れている。

大刀の登場

第二は、刀という新しい接近戦用武器の登場だ。刀は、青銅で作られることはまれで、日本列島ではすべてが鉄製である。両側に刃がついた左右対称形の剣が、もっぱら相手を突く動きしかできないのに対して、片側に刃を、反対側に強靭なみねをもった刀は、突くことも可能だし、相手をたたく、切るという新しい動きもできる。こういう使い方を特長とする刀は、たたいたりしたときの衝撃に弱い青銅で作ってもすぐに折れてしまう。ねばく折れにくい鉄を高い技術でさらに鍛えて作って、はじめて効力を発揮する。刀は、もともと中国の武器で、紀元前一世紀に実用化されたといわれている。当時、最新鋭の貴重な武器だっただろうが、紀元後一世紀頃には東アジアの各地に広まる。日本列島でも、紀元後一世紀になると、武器として十分な機能をはたす長さ五〇センチメートル以上の大刀《たち》がまず九州北部に現れ、その後、東の地方へも少しずつ広まっていく。戦場で刀が使われた証拠もある。福岡県小郡《おごおり》市横隈狐塚《よこくまきつねづか》遺跡の甕棺に葬られた成年の男は、太ももの骨に明らかに刀によるとみなされる切創《せっそう》が残り、しかも首まで取られていた。紀元後一世紀の例だ。鳥取県鳥取市の青谷上寺地《あおやかみじち》遺跡で見つかった紀元後二世紀の人骨にも、鋭い刀傷がついたものが数体ある。

ただし、実際の刀の出土数は、剣にくらべると格段に少ない。刀はいま述べたような高度な技術を要するため、弥生時代の日本列島ではまだ作ることができず、ほとんどすべてを中国からの、あるいはそこから朝鮮半島を経由しての輸入に頼っていたからだろう。

京都大学の岡村秀典《おかむらひでのり》氏は、紀元後一世紀頃の大刀が、福岡県糸島市の井原鑓溝《いわらやりみぞ》遺跡や佐賀県唐津市の桜馬場《さくらのばば》遺跡など、九州北部のクニの王とみられる人物の墓から出たといわれていることに注目する。そして、それらは中国・後漢《ごかん》王朝の皇帝から贈られ、北部九州の王たちが所持していたものだと考えている。これらの墓から、やはり後漢から手に入れた鏡がたくさん出ていることからも、その可能性は高い。

ただし、大刀は、王の埋葬からだけでなく、ややランクの低い戦闘リーダー級の墓からも発見されることがあり、さきにみたように戦場で使われた形跡も認められる。少ないとはいえ、大刀を所持していたのは王のクラスだけではなかったようだ。これらの人びとは、王が後漢から贈られた大刀のお裾分けにあずかったとも考えられるが、中国から朝鮮半島や日本列島周辺に流通してきていた大刀を、自力で手に入れたと想定するこ

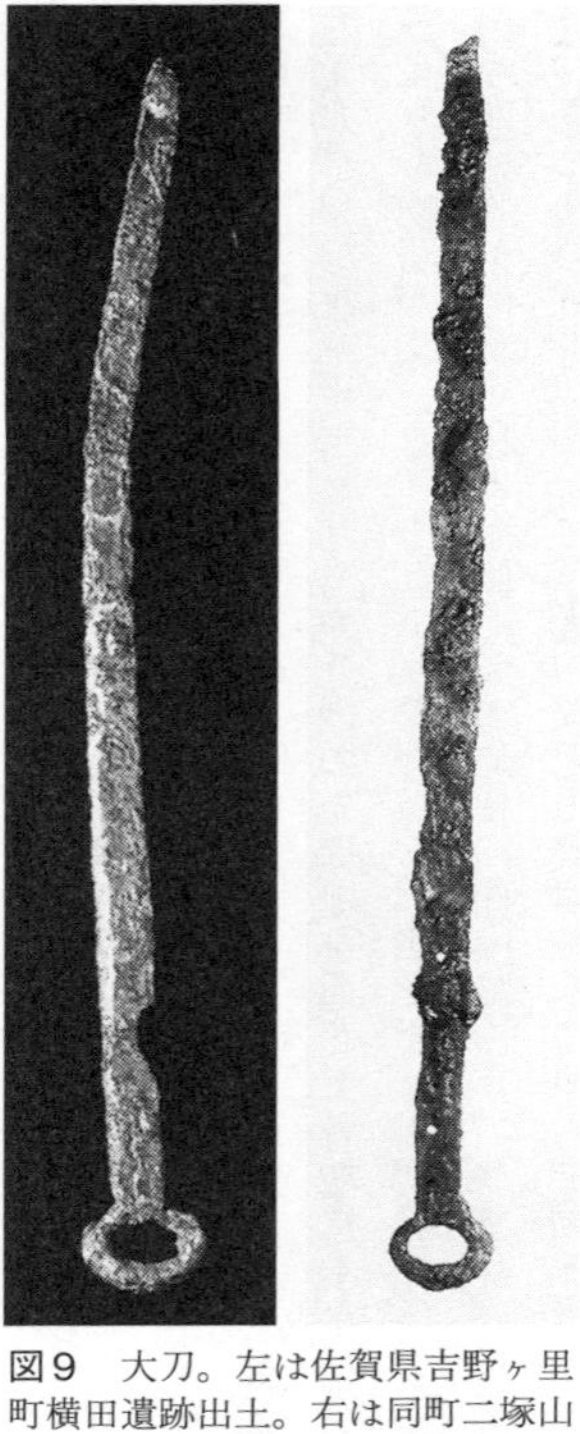

図9　大刀。左は佐賀県吉野ヶ里町横田遺跡出土。右は同町二塚山遺跡出土（佐賀県教育委員会提供）

ともできるだろう。

紀元後二世紀の後半頃になると、大刀は九州より東の地方でも出るようになるが、注意されるのは、その分布がはっきりと日本海側に片寄っていることだ。山陰・丹後・北陸などは、九州北部や近畿中央部よりも大刀の副葬例が多い。この片寄りは、この時期の大刀が、かならずしも九州や近畿の先進地を通じて各地にもたらされたものでなかったことを物語っている。それよりもむしろ、海を介して朝鮮半島や大陸に面しているという地理的条件が、日本海側に大刀が多い理由だろう。つまり、日本海側の有力な集団は、その地の利をいかして、大刀などの武器やその他の文物・資源をあつかう海上交易集団と接触したり、あるいはみずからが日本海の海上交易に乗り出したりして、いち早く、じかに大陸や朝鮮半島からこの最新鋭武器を手に入れていたと考えられるのである。

ただし、日本海から奥まった近畿中央部にも、大刀が流入しなかったわけではない。奈良県天理市の東大寺山《とうだいじやま》古墳から出た全長一一〇センチメートルの大刀の刀身には、金で銘文が象嵌《ぞうがん》され、その中に「中平《ちゅうへい》」という文字があった。「中平」は二世紀後半の後漢の年号、象嵌とは刻みを入れたところへ金などをはめ込むことだ。おそらく、この大刀は、中国王朝の膝元で作られた権威ある品だっただろう。こうした品が大和に二世紀にもたらされ、この古墳が築かれた四世紀まで伝わったものだとすれば、近畿中央部などの有力者も、自由な海上交易とは異なる中国王朝との政治的な交渉によって、最新鋭の武器を手に入れるチャンスをもっていたことになる。「魏志倭人伝」にも、三世紀に卑弥呼《ひみこ》が中国皇帝から賜《たまわ》った品々のなかに、鏡などとともに「五尺刀二口《くち》」というのが出てくる。いうまでもなく鉄製の長い大刀のことだ。

銅鏃の流行

紀元後の武器の変化として最後にあげられるのは、青銅製の鏃《やじり》、すなわち銅鏃《どうぞく》の流行だ。剣などと異なり、鏃は、鉄製より青銅製のほうが普及は新しく、本格的に広まるのは紀元後一世紀頃だ。銅鏃もまた、当時、中国で用いられていた武器で、断面が三角形の「三翼式《さんよくしき》」と、断面円形の軸の両側に翼状の張り出しがつく「両翼式《りょうよくしき》」とがある。この二種ともに中国からの輸入品が認められるが、すぐに、それぞれの系統を引くものが日本列島でも作られはじめる。鋳型はいまのところ九州でしか見つかっていないが、近畿には未製品があり、また東海では鉄鏃《てつぞく》の数倍もの数の銅鏃が出土している。もとは中国からもたらされた銅鏃の本格的な製作と使用が、だいたい紀元後一世紀のうちに列島の広い範囲に伝わったことは確かだろう。

ほとんどの銅鏃は、同じ時期の鉄鏃にくらべて小さく軽い。なかには大きいものもあ

図10　銅鏃。奈良県出土（奈良県立橿原考古学研究所附属博物館提供）

るが、大半は長さ四センチメートル未満、重さ三グラム程度だ。このことから、銅鏃は実用の武器でないとする説があった。しかし、鳥取県の青谷上寺地遺跡では、この小さな銅鏃が人骨に深く突き刺さった例が数点あり、戦場で用いられていたことは疑いない。もとより、中国の戦争に用いられた銅鏃も、けっして大きくはないのである。

すぐれた性能のものを大量に

銅鏃を対人用の武器と考えていいなら、それが小形で軽いということは、どのような意味をもっているだろうか。まず、鏃が軽量なら、それをつけた矢も短くなければならない。矢がまっすぐ飛ぶには、重量のバランスが大切だからだ。そして、矢が短ければ、弓の長さもおのずと限られる。実際、大陸の弓は、壁画の表現や出土品をみると全長一メートルほどのものが多く、これは、日本列島の弥生時代遺跡から見つかる弓の平均値よりも短い。ただし、この大陸の短弓は、彎弓《わんきゅう》といって、弦《つる》をはずしたときの反りとは反対の方向に弦をかけて引くという強力なものだったと思われる。短いながらも強力な弓で、小ぶりの鏃をつけた軽量の矢を発射すると、大きな速度が与えられ、シャープな貫通力と長い飛距離を得ることができる。

日本列島の紀元後一世紀以後には、彎弓の出土例は知られていない。しかし、佐賀県唐津市の菜畑遺跡では、紀元前五〜前四世紀にさかのぼる短い彎弓が見つかっている。もともと木で作られた弓は腐りやすく、いま残っているわずかな資料が、どれほどの実状を物語っているか心もとないことも考え合わせると、紀元後一世紀以後にも、銅鏃をつけた軽量の矢を飛ばすための強力な短弓があったとみていいだろう。事実、「魏志倭人伝」には、倭から中国皇帝に献上された品々の一つとして、「短弓」の名を伝えている。紀元後の日本列島に、小形で軽い銅鏃をつけた矢を飛ばす、短くて強力な弓があった可能性は高い。

銅鏃の特性は、ほかにもある。それは、同形・同大かつ同じ重さの鏃を集中的に大量生産できるという利点だ。一九九八年に福岡県春日市の須玖岡本遺跡（坂本地区）から見つかった銅鏃の鋳型は、中国の両翼式の系譜をひいた実用的な小形の銅鏃を、いちどに五〇本も作り出すことができる（次頁、図11）。この鋳型は、大きな砂石のかたまりの

図11　銅鏃の鋳型。福岡県春日市須玖岡本遺跡（坂本地区）出土（春日市教育委員会提供）

面を平らに磨きあげ、銅鏃の形を均等に割り付けてから削り出して、五〇本がみな同形・同大・同重量になるように細工したあとがみられる。この鋳型を一度使えば五〇本、二度使えば一〇〇本、同形・同大・同重量の銅鏃の束ができたはずだ。

　弓道やアーチェリーの経験者なら実感できるだろうが、弓矢の命中精度は、いかに毎回同じ条件で矢を発射できるかにかかっている。同じ長さ・重さとバランスをもった均質な矢を、同じ方向に、同じ発射速度で射《う》ち出してやれば、矢は同じところに集まる。このうち、方向と発射速度は射手の腕しだいだが、同じ矢をたくさん作るのは、そのときどきの技術にかかっている。なかでもポイントは、いかに均質な鏃を多量に作り出せるかだろう。

　鉄鏃の場合は、別々の素材から一本ずつ鍛打《たんだ》して作るため、寸法や重さを均質にそろえて多量に生産するのはむずかしい。とくに近畿から東の地方は、紀元後三世紀頃にいたるまで、鍛打で鉄器を作る技術は未熟だったといわれている。大陸でさえ、鉄鏃を本格的に作りはじめたのは紀元前一世紀のことで、紀元後一世紀になっても銅鏃が戦闘用鏃の主力を保っていたことを思うと、無理もないだろう。この時代の日本列島で、均質な矢束の多量生産という命題に確かに応えることができたのは、鉄鏃よりも銅鏃だったというわけだ。

武器と戦闘技術の革新

以上の検討から、紀元後一世紀から三世紀に入る頃までの期間、すなわち弥生時代後半の日本列島において、かなり大がかりな武装の革新が進んだことが明らかになった。その一つは、鉄剣という列島産鉄製武器とその製作技術の普及を大きな柱として、石から金属へという武器の材質の刷新が、この期間でほぼ完全に達成されたことだ。

そして、もう一つは、大刀と銅鏃という中国起源の武器が大幅に導入されたことである。主として中国から製品としてもたらされたとみられる大刀は、敵をたたく、なぎ切るという、従来の剣ではできなかった攻撃法を可能にすることによって、接近戦の戦術を革新しただろう。また、飛距離の出る小形・軽量の矢を多量に、かつ均質に作り出すことのできる銅鏃の生産技術が根づいたことで、弓矢戦術の内容も変わったと考えられる。具体的にいうと、一本一本、矢の重さやバランスが異なる石鏃や鉄鏃ではやりづらかった戦法、すなわち、より遠くの敵に、より多くの矢を、より正確に集中させるという掃射《そうしゃ》戦法が、これによって容易になったわけだ。

この、小形で軽い銅鏃をつけた矢を飛ばす武器として、さきほどは短弓を想定しておいたが、銅鏃の本場・中国では、これを射つのに、発射台と引き金をもつ弩《ど》（ボウガン、おおゆみ）が使われている。中国系武装の導入が進んだ弥生時代後半の日本列島に弩が伝わった可能性は大きいと予想しつつ、これまでは資料がなかった。しかし、ついに一九九九年、島根県出雲《いずも》市姫原西《ひめばらにし》遺跡の、三世紀頃に中心をもつとみられる層の中から、弩の発射台らしき木製品が発見された。これが実用品かどうかについては意見が分かれるところで、類例の増加を待ちたいが、この時期の日本列島で弩が用いられていた可能性を真剣に議論する段階に入ったといえるだろう。

弩の実用の当否はともかく、有効な掃射戦法が可能になったということは、敵味方間の距離を長くとった、より多人数での集団戦の発達を想定させる。このことから思いおこすのは、二世紀から三世紀に入る頃、木で作った盾の出土例が西日本各地で非常に目立つようになることだ。戦士が片手にもって相手の武器を避ける「持ち盾」と、戦陣などに立て並べて敵の矢を防ぐ「置き盾」とがあるが、後者がとくに多いようだ。まだ確証はないが、紀元前まで主流だったとみられる少人数でのムラ攻めとは異質の、野戦や会戦も含んだ本格的な集団戦が、この頃から始まっていた可能性が高いように思われる。一世紀にはまだ多かったムラの環濠が、三世紀に入る頃に東日本の一部を除いてほぼなくなってしまうのは、大阪大学（当時）の都出比呂志《つでひろし》氏がいうように、ムラ攻めから野戦へという戦い方の変化を表しているとみていいだろう。

3　渡海する倭人たち――朝鮮半島鉄を求めて

中国文物へのあこがれ

右のような武器と戦闘技術の革新をもたらした弥生時代後半、すなわち一世紀から三世紀に入る頃までの戦いを弥生時代の第三期抗争とよぶとすると、この抗争は、だれとだれ、あるいはどことどこの戦いだったと考えられるだろうか。

この問題に答える一つの方法は、紀元前の第二期の戦いの考察で試みたように、地域による武器の種類や形の違いをつかんだうえで、各地域の武器の広がりを調べることだ。しかし、すでにみてきたとおり、紀元後には、鉄剣にせよ鉄刀にせよ、また銅鏃にせよ、九州から東日本までの広い範囲でほぼ同じ形のものが使われるようになり、武器の地域色というものがきわめて薄まってしまう。

かつて私は、この現象の解釈として、九州から東日本までの各地の有力集団が入り乱れて戦うようになった結果、戦闘を通じて武器の交流や模倣が生じ、その形が広い範囲で共通するようになったと理解したことがある。しかし、この時期の集落などのありかたをみると、武器の形が入り交じってしまうほどの激しい戦闘が、長期にわたって繰り広げられたような跡はほとんどない。さきの解釈は、いまでは成立しないと思っている。

では、これに代わる新しい解釈はできるだろうか。そのヒントの一つは、鏡だ。紀元後に著しい現象として、中国の鏡が日本列島に多量に入りはじめる。紀元後一世紀頃までは九州北部の王や有力者が中国・後漢の鏡を多数手に入れ、二世紀後半の後漢滅亡の動乱期にいったん流入量が減るようだが、続く三世紀の三国時代にはふたたび多くの鏡がもたらされて、今度は瀬戸内や近畿の有力者のもとに集まる傾向をみせる。

一～三世紀の有力者たちのあいだにみられるこの一貫した中国文物志向が、同じ時期に、中国系武装がさかんに導入された動きの底流にあるだろう。つまり、大刀・銅鏃あるいは弩という先進的な中国系の武器を、中国から、もしくは朝鮮半島経由で、あるいは日本海や東シナ海の海上交易者を通じて、各地の有力者や戦闘リーダーがそれぞれ入手につとめた結果、大陸系という点で共通する武器の大きな分布圏が、日本列島の広い範囲に形成された、という図式だ。

もっとも、この時期に広まる武器のうち、剣だけは多くが列島産らしいことは、さきに述べたとおりだ。その形をよく見ると、北部九州では比較的長くて十分な厚みをもったものが多く、中部や関東では、小形で薄く、非実用ではないかとの疑いがもたれるような品が目立つ。したがって、剣については列島内で地方ごとに生産されていた可能性が高い。

ただし剣のなかでも、二世紀から三世紀に入る頃に現れる、長さ五〇センチメートル以上の長剣は、列島の技術で作られたとは考えにくく、中国製または朝鮮半島製とみられる。事実、長野県の根塚遺跡から出た長剣は、把《つか》の部分に朝鮮風のデザインとされるワラビ形の飾りがついていることから、ほぼ確実に朝鮮半島製だ。根塚遺跡は、長野県でも日本海に近い側にある。この長剣は、九州や近畿を経ることなく、日本海の交流関係を通じて、朝鮮半島から直接この地にもたらされたものだろう。

「倭国乱」

さて、紀元後一世紀から三世紀の頃の戦いについて、その具体的な経過を考古資料から復元するのは不可能に近い。頼りになるのは、わずかな文献資料だ。「魏志倭人伝」には、日本列島中央部すなわち倭で生じた、二世紀から三世紀にかけての政治的変動について触れている箇所がある。そこには、こう書いてある。「倭ではもともと男性を王としていたが、そうした状態が七〇~八〇年ほど続いた後に混乱し、たがいに攻撃しあって年月がたった。そこで一人の女性を共同で立てて王とし、名づけて卑弥呼といった」。

右に出てくる混乱の時期は、『後漢書《ごかんじょ》』など別の文献から、二世紀の後半に当たる可能性が高い。したがって、男性を王とした時期は、そこから七〇~八〇年ほどさかのぼる一世紀の終わりか二世紀の初めであり、卑弥呼が王に立てられたのは三世紀に入ろうとする頃だろう。混乱前の男性の王については、一人の男王が七〇~八〇年のあいだ在位していたという意味か、その間は男性を王に立てることになっていて何代かの男王が続いたという意味なのかは明らかでない。確かなのは、男王から卑弥呼まで、みずからの実力で王位をもぎ取った専制君主ではなく、各有力集団の長のあいだから推戴《すいたい》される存在だったということだ。そしておそらく、この王の位が、各有力集団どうしの争いの対象となっていたように読みとれる。

ここでいう王とは、倭人の政治的代表権者として、中国王朝が公式に認めた存在だ。

高倉洋彰《たかくらひろあき》氏によると、これをさかのぼる紀元前の段階では、さきに紹介した福岡県春日市の須玖岡本遺跡D号甕棺に葬られた人物などは、それと認めてよいらしい。かれの甕棺には、およそ三〇枚の鏡をはじめ、群をぬいて豊かな中国文物が副葬されている。また、その膝元の須玖遺跡群は、ガラス製品や金属器の生産の面で、弥生テクノポリスとよばれるほどの先進技術を誇って隆盛をきわめていた。これらの点を考えると、倭人の王の位は、その身分がもたらす政治的な威信だけでなく、先進的文物を有利に獲得するための経済的な優先権につながっていただろう。

倭王の地位争奪を一つのポイントとして、中国の先進文物を有利に獲得できる立場を、九州だけでなく各地の有力集団どうしが争うようになったのが、「魏志倭人伝」が伝える二世紀後半の「倭国乱《わこくらん》」の内容であり、この時期に導入された武器や戦闘技術が活用される舞台だったと考えられる。

朝鮮半島へ渡る倭人

「魏志倭人伝」に出てくるのは、もっぱら中国と倭との交流についての記録だ。しかし、有力者が手に入れた武器のなかに朝鮮半島製のものがあることからもわかるように、この時期の倭の有力者や戦闘リーダーたちは、朝鮮半島とのあいだにもまた密接な交流関係をもっていた。

『三国史記《さんごくしき》』という朝鮮の歴史書をみると、一世紀に三回、二世紀に六回、三世紀に一一回、「倭人」「倭兵」「倭国」などが「新羅《しらぎ》」の地やその周辺に現れ、来襲したり通交を求めてきたりしたという記事がある。たとえば、紀元一四年には倭人が船一〇〇艘《そう》あまりで攻めよせて海岸の民家を襲ったと記されているし、一九三年には飢えた倭人一〇〇〇人あまりが食糧を求めてやって来たという興味深い記述がみられる。

もとより、この歴史書は一二世紀の朝鮮の朝廷で編まれたものなので、そうした古い時代の記事の信憑性《しんぴょうせい》は、はなはだ疑わしい。とはいえ、古代史の吉田晶《よしだあきら》氏も述べるように、倭に侵攻されたという、ときの朝廷にとって都合の悪い記事をあえて作りあげたとは思えないから、おそらくこの書の編集時に用いた古い原史料のなかに、このような記録が含まれていたのだろう。むろん、それらについても信頼性は高くないが、大まかにみれば、一世紀よりこのかた、倭人が朝鮮半島にやって来て、そこの集団と交流したり、ときにはトラブルを起こして武力を振るったりという状況が、かなり頻繁に生じていた可能性を読みとることはできる。

そうした倭人の行動の目的は、先進的な文物の確保だろう。さきにみた根塚遺跡の朝鮮風の長剣は、そのよい例だ。また、朝鮮半島統括のための出先機関として、中国王朝がいまの平壌《ピョンヤン》あたりに設けていた楽浪《らくろう》郡などを通じて、かなりの量の中国系文物が朝鮮半島にもたらされていたが、それらもまた倭人の関心の的《まと》になっていたと思われる。この時期の列島内の中国系文物は、もちろん中国からじかに入ることも少なくないが、朝鮮半島経由で流れ込んだもののもあっただろう。

倭人と鉄

さらに、倭人が朝鮮半島に来るもう一つの大きな目的は、鉄だ。一～三世紀といえば、もっと早くから鉄器が広まりはじめていた九州北部を含め、それ以外の列島各地にも鉄器が行きわたり、石器とほぼ交替していく時期に当たっている。この間、鉄の需要は着実に増えていったが、いまのところ、それを満たすほどの鉄生産が列島内でおこなわれていた形跡は確かでない。通説どおり、この段階の鉄器素材の多くは、列島の外部からもたらされていたと考えていいだろう。その入手先はいくつか推定できるが、主となったのは、もっとも倭に近いところで古くから鉄資源が開発された朝鮮半島の南部だったとみられる。

村上恭通氏は、九州北部の倭人みずから朝鮮南部の鉄山に入り、製鉄をおこなっていた可能性を説いている。いっぽう、鉄の素材や製品を仲介する倭系や韓《かん》系の交易集団のような人びとを通じた商行為も想定される。また、のちの三六四年には、百済《くだら》王から倭国の使者に、鉄素材の一種である鉄鋌《てってい》（鉄の延べ板）四〇枚などが贈られたと、『日本書紀』に記されている。このような、彼我《ひが》の有力者どうしの政治的な贈答や、公的な交換・輸入なども、古くからありえただろう。

朝鮮半島南部からの鉄素材の入手は、右のようないろいろな形でおこなわれたと考えられる。入手を求めてくる倭人集団も一つでなく、倭国王足下《そっか》のグループもあれば、別の有力集団のグループもあっただろう。交易者のような人びとも倭人のなかにいたと思われる。さらに、九州北部のように鉄の加工技術が進んでいた地域と、近畿以東のようにそれが遅い地域とがあるので、もち帰る鉄の形も素材から製品までさまざまだったにちがいない。もちろん、倭人どうしでの素材や製品の交換・流通もおおいにありえただろう。

しかし、どのような形にしても、倭人からみれば別の民族のテリトリーに入り込み、その大切な資源や品物を受けとったり取らせてもらったりするのだから、それ相応の直接的・間接的な代償が要らないはずがない。素材だろうが製品だろうが、外部の社会から鉄を得るかぎり、代償を支払う経済力が必要になっただろうし、政治的な交渉力や、ときには強力な武装をもつことが、鉄を有利に確保できる条件になっていったと考えられる。

『三国志』魏書・韓伝《かんでん》・弁辰《べんしん》条の記述によると、倭人だけでなく、韓・濊《わい》などの別の民族もまた、朝鮮南部の鉄を求めに来ていたという。調整ははかられていただろうが、権益や代償をめぐって、かれら相互や地元とのあいだに緊張や対立が生じなかったとみるほうが不自然だ。そうだとすると、鉄を求めて朝鮮半島とのあいだを行き来する倭人が、丸腰だったとは思えない。おそらく、一定の武装は整えていただろう。その武力を実際に行使する場面はどれほどあったか不明だが、少なくとも、武装すること自体がもつ威《い》嚇《かく》の効果は意識されていただろう。また、貴重な財物をもって長い道のりを安全に行き来するために武装が不可欠であることは、歴史上の長距離交易集団の姿が教えるところだ。

戦いの背景

これまでの検討によって、紀元後一〜三世紀の弥生時代の第三期抗争の性格について、だいたい察しがついた。

その一つは、中国王朝に対する倭人の代表権者——倭国王——の地位をめぐる、各地の有力者どうしの争いだ。もう一つは、鉄資源の入手をめぐって引き起こされたと思われる、朝鮮半島南部での地元集団や他民族との緊張、およびそこでの倭人の有力者どうしの対立だ。この二つの対立や抗争は、実際には同じことの両側面とみなされる。というのは、紀元前二世紀の終わり以来、中国王朝は、楽浪郡や、のちにそこから分かれた帯方郡《たいほう》という出先機関を通じて、朝鮮半島ににらみをきかせていたからだ。古代史の山《やま》尾幸久《おゆきひさ》氏がいうように、そこの重要な産物である鉄資源をスムーズに入手するために、中国王朝とよしみを通じておかねばならなかった可能性は低くないだろう。

このように、紀元後一世紀以来、倭人が中国王朝に使いを送り、通交を求め、その代表者である倭国王という地位を設けてそれを争ったのは、先進的文物だけでなく、鉄という基礎資源を有利に手に入れるためという、さらに根本的なもくろみがあったからだと思われる。

鉄が新たな社会変動を引きおこした

もっとも、当時の倭人は、ここでいう先進的文物と鉄とを、別個には捉えていなかっただろう。きらびやかな織物や鏡や武装は、鉄を用いる開明的な世界の貴人のいでたちや持ち物だ。それを身につけること自体、鉄器使用を日常とする生活様式に根ざした文化の行為だし、鉄器主体の生活を営むこと自体が、鉄器社会を律する世界観・宗教観やものの考え方に浴することになるからだ。

もちろん、物質資源としての鉄の導入だけをとりあげてみても、非常に大きな経済効果を推測できる。前の章でみてきたように、農耕社会がいずれ向き合う人口増加と資源不足のなかで集団どうしの武力抗争が激化し、九州北部では集団の階層秩序としてのクニを、ほかの地方ではもっとゆるやかな集団どうしのまとまりを作った。これらが人口にみあう生産を保っていくためには、さらに徹底的な開発を進めていくほかはない。

一世紀から三世紀にかけて、従来からの伝統的な大集落もところによっては残るいっぽう、それとは別の場所に大きな集落ができたり、平野の縁辺部や、そこから離れた丘陵上や山間部にたくさんの小集落が現れるという現象が、とくに瀬戸内より東の各地でしばしば認められる。これは、そのような開発が実行に移された結果だろう。それまでの大集落を保ったまま、まわりの水田を徹底的に拡大・改良していった集団もあれば、疲弊した耕地を捨てて新たな原野を開拓するべく、ムラぐるみで大移動した集団もあった。また、人口過剰になった平野のムラから山間部へと入植して耕地を切り拓いた人びとも多かったにちがいない。一～三世紀のあいだには、こうしたさまざまな再開発の試みが、列島の各地で実行されたと考えられる。

各地でよくみられるこの時期の集落のめまぐるしい変動は、この再開発の反映だろう。

かつてはむずかしかった台地や傾斜地の耕地化を進める役割をはたしたのが、鉄斧《てっぷ》・鉄鍬《てつぐわ》など、鉄製の開墾具や耕作具だった。すぐれた道具もあれば、粗末なものもあり、ときにはまだ石の道具の助けを借りなければならない地域もあった。しかし、鉄の道具を使った作業を増やしていくことが、その土地で従来はできなかった開墾や耕作を徐々に可能にし、右のような再開発の力になったことはまちがいない。

このように、鉄は、おおむね一〜三世紀以後のクニや各地域集団の生き残りや発展を裏づけるという、確かに重要な経済的役割を演じる。ただしそれは、それまでの石を鉄に置き換えるという、単なる技術革新としてのみ理解できることではないし、倭人もそのようには意識していなかった。みてきたように、鉄の安定的確保を続けていくためには、たとえていえば、東アジア政治世界というクラブの会員権や、それ相応の文化レベルに根ざした一定の生活様式や、武装という腕力などが必要とされたのであり、それらを抜きに鉄だけを切り離してもってくることは不可能だったのだ。そして、鉄そのもののもつ生産力だけでなく、むしろ、鉄と密接にかかわりつつ必要とされたこれらの要素が、次の古墳時代へむけての政治的・社会的な変化を導いていった。

4　英雄登場

英雄像の原点

以上のような状況を具体的に思い描くなかから、章の冒頭で触れた、日本列島の古代国家黎明《れいめい》期の英雄たちのすがたが、おぼろげながら浮かびあがってくる。

すでに紀元前までの段階において、資源の争奪をかけた集団間の抗争が続くなかで、戦いという行為とともに、そこで活躍する戦士や戦闘リーダーをたたえる思想が九州北部を中心として形づくられていたことは、前章でみたとおりだが、紀元後になると、争う対象となる資源のうちでも、集団のさらなる生存や発展のための再開発を支える鉄の重要性が高まる。それとともに、鉄の産地である朝鮮半島南部との交流や、そこににらみをきかす中国王朝との関係といった、よりグローバルな視野での競争が激しくなった。戦闘リーダーが活躍する武力抗争も、近隣の集団どうしの争いから、大陸・朝鮮半島とそこへの交通路を舞台にしたものや、これまではぶつかることのなかった他地方の集団を相手としたものへと、スケールを変えていった。

これまではほとんど未知の世界だった外部の社会を舞台とし、相手とする戦いや交渉を経験して勝ちぬいた戦闘リーダーたちは、いっぽうでは、戦いや交渉の過程で手に入れた外部の先進的文物でわが身を飾った。そしてまたいっぽうでは、集団の人びとに対して、その生存や繁栄を裏づける生産手段としての、あるいは彼らがあこがれる開明的生活の資材としての、鉄の入手を保証した。こうして、戦闘リーダーの力は、人びとからますますあこがれられ、たたえられるようになる。

さきにもみたように、英雄は、抜きんでた武力をもちながら、人びととの利害を代表し、その先頭に立って戦う存在だ。こうした点からすれば、紀元前までの戦闘リーダーたちにも、たしかにその片鱗《へんりん》をうかがうことはできる。だが、その戦いの相手の多くは、日常的世界から一歩も踏み出さない近隣のムラムラだった。これにくらべて、紀元後の戦闘リーダーたちの舞台や相手は、外部の、いうなれば非日常の世界に属するものだ。

その背後に外部の世界が大きく広がっていること、かれの存在を通して非日常の空間とつながっていること、その点にこそ、英雄の条件がある。人びとは、かれの活動や、かれが身につける見たこともない先進的文物を通じて、「外」の世界を意識した。そして、自分たち自身の姿をかれに仮託することで、「外」の世界との対決や対話を体験し、そのことによって、「われら」という共通の帰属意識を生み出していった。英雄の姿が自分たち自身の姿であり、かれに万全の武装や強大な威信を託すことが、「われら」の力を強め、その地位を高めることを意味したのである。

武器副葬の広がり

戦闘リーダーが、「外」との対決や対話を通じて英雄になっていく姿。それは、考古学の方法によって、どのように具体的に復元できるだろうか。その有力な材料として、武器を副葬した墓がある。この墓のありかたが変化していくプロセスをみながら、かれらの成長の姿を描きだしてみよう。

前の章でみた紀元前一世紀の段階では、武器を供えた墓は、ほぼ九州北部に限られていた。そこには、青銅や鉄の短剣を一本ずつ供えた戦闘リーダーたちの墓があった。そして、かれらがいるクニの中心部には、数本の短剣のほかに中国伝来のガラス璧やたくさんの鏡をもつ、王の墓があった。中国との交渉で手に入れたこれらの先進的文物で身を飾り、配下の集団にいち早く鉄器を行きわたらせた紀元前一世紀の九州北部の王は、倭人社会にはじめて登場した英雄的存在といっていいだろう。何度か触れた福岡県の須玖岡本遺跡D地点の甕棺墓や、糸島市三雲南小路《みくもみなみしょうじ》遺跡の1号甕棺墓が、それにあたる。

ただし、紀元前一世紀の段階では、九州北部以外の各地は、まだ鉄器の普及が十分で

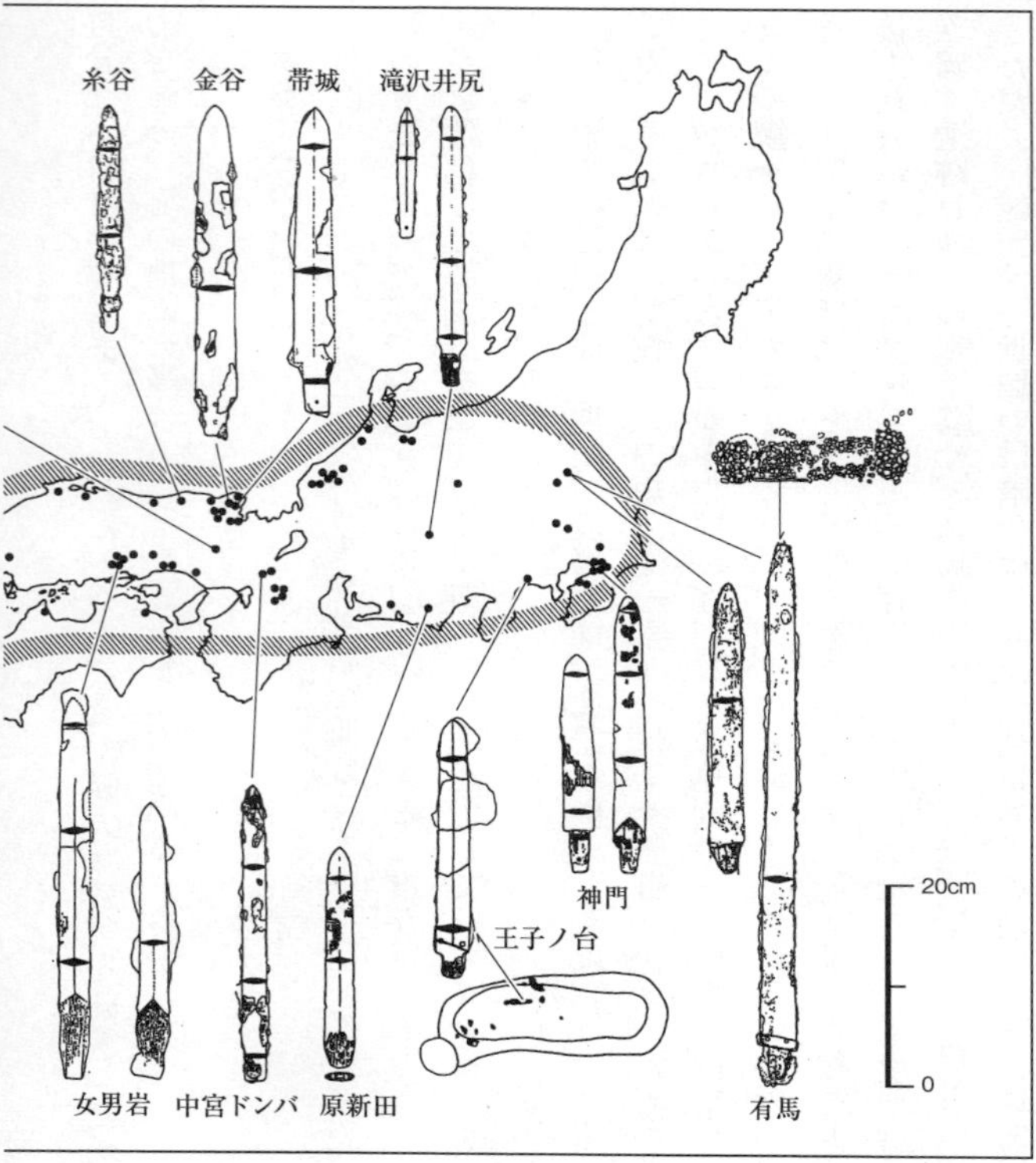
糸谷
金谷
帯城
滝沢井尻
神門
王子ノ台
有馬
20cm
0
女男岩
中宮ドンバ
原新田

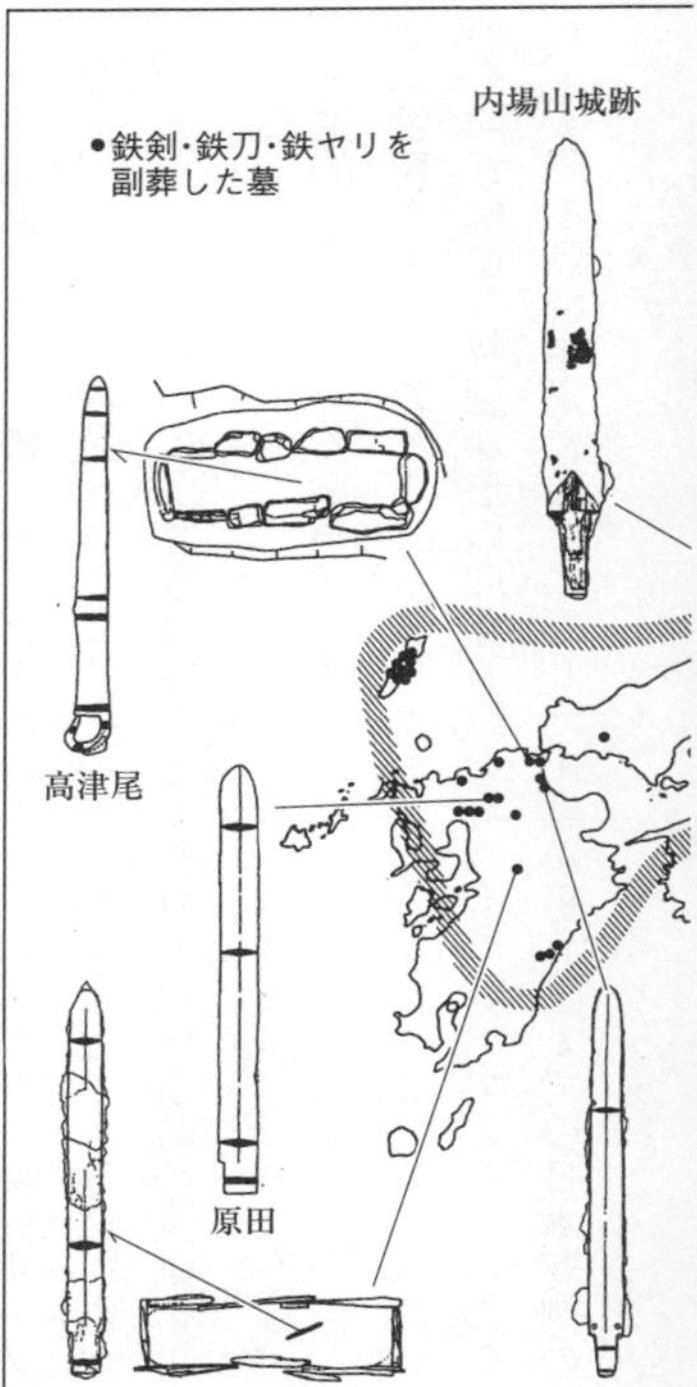

図12 2世紀〜3世紀後半の武器と戦いの広がり（松木作図）

なく、地域の中での物資のやりとりを経済的な骨組みとする社会を営んでいて、外部社会への雄飛は本格化していない。だから、九州北部の社会は、まだ、列島内のほかの地域とさほど激しい競争をすることなしに、鉄や先進的文物を確保できていたようだ。

紀元後一世紀に入ると、鉄はしだいに東の地方に浸透しはじめる。墓については、鉄の短剣や、まれには鉄刀を一本ずつ入れた戦闘リーダーの墓が、まだ九州北部に多い。王の墓としては、福岡県糸島市井原鑓溝遺跡の甕棺墓があり、舶来品らしい大刀とたくさんの中国鏡をもっている。ただし、この時期には、九州北部でも少しはずれた場所に、同じく大刀と、やや少ないが中国鏡をもつ佐賀県唐津市桜馬場遺跡の甕棺墓のような例が現れる。また、はるか東の京都府の日本海側、丹後《たんご》地域に属する京丹後《きょうたんご》市の三坂神《みさかじん》社《じゃ》遺跡と左坂《ささか》遺跡では、三つの埋葬からそれぞれ鉄刀が一本ずつ出土しており、うち二本は中国ゆかりの素環頭《そかんとう》をもつ。これらは墳丘墓《ふんきゅうぼ》に営まれたたくさんの埋葬の一つで、その主は戦闘リーダーのクラスだと考えられるが、おそらくかれらは、朝鮮半島や大陸へのルートに独自に乗り出して、このような中国系の武装を手に入れたのだろう。九州北部の王だけが、鉄や中国系文物をほぼひとり占めする時代は、終わりつつあった。

戦闘リーダーたちの大墳丘墓

次の二世紀には、鉄の剣、ときには刀を一本ずつもつ戦闘リーダーの墓が、九州だけでなく、瀬戸内・近畿をへて北陸・中部・関東などの各地に、あまねく認められるようになる。そのなかには、さきに紹介した長野県根塚遺跡の長剣のように、明らかに朝鮮半島製のものも含まれ、これら外部の世界にかれらが雄飛していたようすを物語る。鉄や先進的文物をめぐる競争が、倭人社会を広く覆いはじめたのだ。

二世紀の後半になると、武器をもつ墓のなかに、ひときわ大きい墳丘を独占し、一般のものとは違う特別な形の埋葬施設をもつものが出てくる。この動きがもっとも早いのが、大陸や朝鮮半島にじかに面した山陰から北陸までの日本海側の地方だ。この地方の墳丘墓は、土を高く盛った四角い塚で、とりわけ、ヒトデのように四つの隅が飛びだしているもの（四隅突出型《よすみとっしゅつがた》墳丘墓）が多い。これらのなかには、さしわたし四〇×三〇メートル、高さ四・五メートルの墳丘を誇る二世紀後半の島根県出雲市西谷《にしだに》3号墳丘墓や、福井県福井市小羽山《おばやま》30号墳丘墓などのように、とくに大規模なものがある。そして、その中央には、一人ないし二人の選ばれた人物のために、一般のものとは異なる特別な埋葬が営まれ、戦闘リーダーの象徴として鉄剣や鉄刀が副葬されていることが多い。西谷3号の場合、真っ赤な朱を敷いた二重構造の大きな木棺に、鉄剣一本が玉類とともに副葬されていた。

　山陰と北陸にはさまれた丹後地域でも、四隅は飛びださないが、方形の大きな墳丘をもった墓が築かれる。一一本もの鉄剣と、類を見ないスカイブルーのガラス腕輪や青銅製腕輪をもった与謝野《よさの》町大《おお》風呂南《ぶろみなみ》墳丘墓、および中心の埋葬施設は不明だが一辺およそ四〇

図13　京都府与謝野町大風呂南墳丘墓の木棺跡検出状況。手前が頭側（読売新聞社提供）

メートルという大規模な方形の墳丘を誇る京丹後市赤坂今井《あかさかいまい》墳丘墓などは、とくにきわだった存在だ。

いっぽう瀬戸内海側では、岡山県倉敷《くらしき》市の楯築《たてつき》墳丘墓が目をひく。この墓は、円形の本体の両側に台形の飛びだしがついた不思議な形で、全長は推定約八〇メートル、弥生時代では最大級だ。本体の斜面や平らな頂上部には大きな立石が何個もあり、いまはこの場所のお宮のご神体となっている巨大な亀のような石造物も、もとはこの墓にともなっていた。墳丘の中央には、山陰の西谷3号と同じ二重構造の木棺があり、おびただしい朱とともに、やはり剣一本と多くの玉類が納められていた。

「倭国乱」の主人公たち

以上にみてきたような大形の墳丘墓は、それまでの戦闘リーダーのなかでもとくに卓越し、特別な人物として区別されるようになった人びとの墓と考えられるだろう。まず、ほとんどかならず副葬される鉄剣や鉄刀は、かれらのなかに戦闘リーダーとしての伝統的性質があったことの反映だ。さらに、西谷3号や楯築の二重構造の木棺は中国の影響を受けたものとみられ、その主が活動した世界が、中国との関係も視野に含んだ国際的なものだったことを示している。おそらく、戦闘リーダーのなかでもひときわ傑出し、中国を核とする東アジアとの対外交流のなかで大いに威厳を高めた人物だろう。

かれらのために築かれた大きな墳丘には、人びとのなかから卓越し、特別な人物として区別されるようになったその地位とともに、かれの功績を顕彰しようとする人びとの畏愛の念や誇りが表現されている。そういう意味で、これらの大形墳丘墓の主人公たちは、この章で考えてきた弥生時代の英雄の性格にもっとも近い人物だったと考えられる。

これらの人物が活動していた時期は、ちょうど「倭国乱」と記された二世紀の後半にあたる。かれら英雄こそ、先進的文物や鉄を優先的に獲得できる倭王の地位をめぐって各地に割拠し、有形無形のさまざまな争いや競合を繰り広げていた主人公たちであったにちがいない。そのなかでも、とりわけ大きく卓越した墓を営んだ楯築の主などは、ある時期、倭王の位にもっとも近い大英雄だったかもしれない。

東日本の戦闘リーダー

いっぽう、中部や関東といった東日本の各地でも、同じ頃、鉄剣一本を副葬する戦闘リーダーの墓が、非常に目立つようになる。また、根塚遺跡の朝鮮風長剣や、弥生では最長クラスの寸法を誇る群馬県有馬遺跡の長剣などが示すように、これらの地方の集団もまた、鉄や先進的文物をめぐる倭人社会の競争に加わり、実利を得ていただろう。

しかし、三世紀に入る頃までは、西日本に現れたような、大きくて高い墳丘をもつ墓の存在ははっきりしない。三世紀もなかば近くになって、東京湾に面した千葉県の市原《いちはら》市や木更津《きさらづ》市のあたりに、すこし出てくる程度だ。

立派な舶来の長剣を入れた根塚や有馬の墓が、一般の集団墓とさほどかわりがない大きさと形であることが、この地方の状況一般を物語っているだろう。また、三世紀に入る頃には、のちの前方後方墳や前方後円墳を先どりしたような形の墓も現れるが、いずれも小さくて群れをなす場合も多く、独立した高い墳丘、特別な形の埋葬施設、豊富な副葬内容などをもつ例は知られていない。

すなわち、これら東国では、戦闘リーダーのなかから台頭して、常人とは隔たった地位と権威を得るにいたった英雄的な有力者は、まだ出ていなかった可能性が高いのだ。各集団の戦闘リーダーたちが思い思いに活動し、鉄や先進的文物を調達してくるという、英雄の揺籃《ようらん》期ともいうべき段階だったと考えられる。

5　英雄崇拝の思想

剣戦士のイデア

以上のように、弥生時代も終わりに近づく頃、鉄や先進的文物をめぐる倭人社会各地の競争のなかから、英雄的な有力者や、進取の気風に満ちた東国の戦闘リーダーたちが現れてくる。二世紀後半から三世紀前半にかけて営まれた各地の墳丘墓や集団墓に眠るかれらが、「倭国乱」と中国に伝えられた抗争の立役者たちだろう。この抗争がどんな結末を迎えたかについては次の章に譲るとして、この章の最後で考えてみたいのは、それらの英雄や戦闘リーダーが、実際にどんな姿の人物として人びとの目に映り、たたえられたかということだ。

弥生時代の前半にあった短剣・戈・矛という三種の武器から、紀元前一世紀頃には短剣のみが実戦用武器として残り、戦闘リーダーの墓に入れられるようになったことは、前の章で述べた。戦闘リーダーは、短剣を振るう戦士としての姿で葬られたのだ。

短剣の副葬は、紀元後になっても続く。さきにみたように、三世紀に入る頃には、この風習が中部や関東にまであまねく広がっている。また、戦闘リーダーのなかから台頭してきた英雄としての有力者もまた、その遺骸のかたわらには短剣を添えてある。短剣をかざす姿が、人びとがいだく戦士像や英雄像の真髄になっていたことは、ほぼまちがいない。

しかし、みてきたように、紀元後一世紀から三世紀を通じて、大刀という新鋭の中国系武器がもたらされ、実際の戦闘の中では、短剣はもはや時代遅れとなりつつあった。しかし、それでもなお、日本海側や東国の先進的な戦闘リーダーの一部をのぞいて、短剣の副葬が続いていくことは、この武器が、むしろ戦士の象徴的武器として特別視され続けたことを物語っている。

こう考えると、副葬された短剣の中に、実用に耐えないほど薄くて短いものがある事実についても、説明がつくだろう。それらは、実用の武器としてではなく、はじめから戦士を象徴する短剣の形をした儀器として、その持ち主の生前に、あるいは死に際して作り出されたものなのだ。三世紀に入ると、短剣をわざと折り曲げて墓の中に入れた例がみられるが、これも、その短剣が、亡き戦士のたましいと深く結びついていたからこそ、かれを送るために必要な行為だったにちがいない。

このように、一～三世紀の戦いを通じてかもし出され、人びとにあがめられるようになった戦士の像は、短剣をかざして敵のふところ深くとびこんでいく、勇敢な歩兵戦士のイメージだ。集団どうし、地域どうしの競争のかたわら、このような戦士のイデアが日本列島の広い範囲で共有されるようになっていたのである。

日本は剣、朝鮮は矛

このことは、朝鮮半島南部の武器副葬の内容とくらべてみると、さらにはっきりしてくる。この地の戦闘リーダーの埋葬と目される例のうち、三世紀以前にさかのぼるものを調べてみると、倭の短剣に対して、矛を供えてある例が圧倒的に多い。朝鮮半島南部の人びとのあいだでは、長い柄をつけた矛を振るう姿が、戦士像や英雄像の中核になっていったのだ。

もちろん、朝鮮半島南部には剣も、戈も、刀もあった。そのなかで、戦士にいちばん近しい武器として矛が選ばれた理由については、すでに前の章で触れておいた。すなわち、騎兵戦術をもった高句麗《こうくり》などの北方系集団からのプレッシャーをつねに受け、それに対抗しなければならなかったこの地の戦闘リーダーたちにとっては、剣よりも、騎兵戦術のなかで効力を発揮する矛こそが、命を守り、手柄を立てるためにもっとも頼りがいのある武器だったのだ。

このようにして、三世紀までには、日本列島ではおもに剣戦士が、朝鮮半島南部では主として矛戦士が、人びとからたたえられる戦闘リーダーの理念型、あるいは英雄像の中心的な要素となっていった。そして、このことは、両地域の人びとが、それぞれ倭人・韓人としてのアイデンティティを形成し、民族としてのまとまりを作っていく際に、きわめて大切な働きをしたと考えられる。

現在、「民族」あるいは「エスニック・グループ」の概念については、形質的・肉体的な要素よりも、言語・象徴体系・世界観など、目に見えない文化的要素の共通性が重んじられる傾向にある。民族の形成を論じるには、もちろん、これらすべてを総合的に検討していかなければならないだろう。ただ、戦いという側面からみれば、一個の戦士像あるいは英雄像を共有することは、民族がもつ重要な要素の一つだ。

英雄の中にアイデンティティを見いだす

本章では、資源をめぐる弥生時代の争いのなかから生まれた戦闘リーダーが、英雄とよぶべき存在になっていくようすをみてきた。最後に少しまとめておこう。

稲作を中心とした農耕を軌道に乗せた日本列島中央部の人びとが次に直面したのは、ふえゆく人口を養うための新しい土地開発という課題だった。農地を切り拓き、収穫高をあげるためには、石や木よりも鉄の道具が有効だ。その鉄を手に入れるためには、朝鮮半島や日本海を舞台とした国際関係とその交易網に乗り出さなければならず、そうするには相応の腕力や文化レベルが必要とされた。

このような社会状況が、英雄を生みだしたといえる。それまでの水争いや土地争いの先頭に立って人びとの支持をえた戦闘リーダーは、こんどはさらに広い範囲での競合関係に名のりをあげて力をふるい、鉄の道具や先進的文物を支持者の人びとにもたらした。人びともまた、それらをもたらしてくれる英雄を崇拝し、その武装や地位を認めた。人びとにとっては、自分たちの英雄が強く偉大であることが、安寧《あんねい》と幸福につながる道だった。「倭国乱」の時期にみられる墳丘墓の大形化は、自他ともに許す強大な英雄の出現、かれらのあいだの威信競争を物語る。

英雄は人びとに物質的満足をもたらし、その代わりとして、人びとは英雄に威信や地位を与える。経済活動としての戦争行為におけるこの役割分化と、両者のあいだに生じた有形と無形の利得の交換は、弥生時代後半以降の社会システムの一面をになうものだ。やがて古墳へと発展する墳丘墓のまつりは、英雄と人びととのこのような関係をあざやかに反映している。

さらに、対外活動を通じて内部の世界と外界とをつなぐ英雄の出現はまた、列島の人びとに「われら」という意識をいだかせる大きな契機の一つとなった。剣戦士としての英雄のいでたちのなかに、倭人としてのアイデンティティの目覚めを見いだすことができる。

次の章では、古墳時代に入って対外的な交流の気運や緊張関係がいっそう高まるなかで、その主導者としての英雄の活動がますます盛んとなり、かれらどうしが互いに結びあいつつ、軍事的な支配者としての道を歩んでいったようすを描き出してみよう。

第四章　倭軍の誕生——「経済戦争」としての対外戦争

1　ポリス的古代社会＝「倭」

共和制ポリス群と専制帝国

人びとに利得をもたらし、代わりとして威信を獲得する英雄。ホメーロスの叙事詩に出てくる紀元前一四～前一二世紀のギリシアの英雄と同じような存在が、弥生時代後半にあたる日本列島の一～三世紀に現れつつあったのではないかという話を、前章ではしてきた。では、こうした英雄たちは、その後の社会の変化とともに、どのような姿に転じていくのだろうか。

ギリシアの場合、英雄時代と、紀元前六世紀頃から本格化するポリスの市民社会の時代までのあいだの七〇〇～八〇〇年間は、あまりよく解き明かされていない。とくにその前半にあたる紀元前一二～前八世紀は、暗黒時代とよばれ、新しい民族の侵入などによって伝統的な文化がこわされるような混乱期だと考えられてきた。そして、この暗黒時代が終わる頃、ポリスとよばれる一種の都市国家があちこちに現れるが、その初めの頃の政治形態は、王を中心とした貴族たちが軍事や交易をひとり占めして富み栄え、一般の人びとを支配するようなものだったという。

いまでは、暗黒時代の考古学的解明も進み、英雄時代とのあいだにそれなりの連続性もあることがわかってきた。たくさんの人びとが到来し、動きまわる激動の時代ではあったけれども、それまでの民族や集団の営みが完全にとぎれてしまうようなことはなかったらしい。だとすると、やはり定石どおり、人びとの利害を背負う指導者だった英雄が、いつしか富を握りこみ、人びとに対して権力を振るう支配者に変わるというプロセスが、ギリシアでも存在したことになるだろう。

王や貴族が支配する都市国家、という形態は、メソポタミアにも現れる。その年代はギリシアのポリスをはるかにさかのぼり、紀元前三千年紀の中頃が全盛期だ。この時期、ティグリス・ユーフラテスの両大河が作った肥沃《ひよく》な大平野に、ウル、ウルク、ラガシュなどの都市国家が居ならぶ。

これらの都市国家は、紀元前六千年紀の前半に穀物栽培が始まって以来、長い年月をかけて、農耕集落から発展してきたものだ。おそらく、その途中で英雄時代をくぐり、紀元前四千年紀の初め頃から、それらの集落が都市へと脱皮していくのとともに、英雄たちもまた支配者へと転じたのだろう。

こうして、英雄から支配者に転じた王たちが、それぞれの膝元の都市国家あるいは小王国を専制支配し、それらが林立してにらみ合うという構図は、ギリシアでもメソポタミアでも、いちように指摘できる。同じ状況は、古代帝国が生まれる前の中国やインドやエジプトでも認められる。

問題は、そのあとだ。まず、ギリシアでは、都市国家を支配していた王や貴族に対して、一般市民がしだいに力をつけてくる。そしてさまざまな権利を要求して勝ちとり、ついには共和制のポリス社会を生み出していく。そして、ポリスどうしはしばしば戦い、ときに同盟を組むことはあっても、一つの帝国として統一されることはなかった。

いっぽう、メソポタミアでは、都市国家どうしの戦争の結果、アッカド、ウル、カッシートなどの統一王朝が次々と現れた。その後、紀元前八～前七世紀にアッシリアの専制帝国ができる。この間、統一王朝や帝国の王は、神聖化された専制君主として貴族や官僚をはべらし、一般の人びとを支配するようになる。エジプトでも、小王国が分立していたのが、上《かみ》エジプト・下《しも》エジプトの二王国にまとまり、ついには紀元前三〇〇〇年頃、両者を統一した広大な王国が生まれる。その王がファラオとして絶大な権力を握っていたのは、周知のとおりだ。

ギリシアの共和制ポリス群、メソポタミアやエジプトの専制帝国。よく知られているように、経済学や歴史学に偉大な足跡を残したカール・マルクスの考えに照らせば、前者は西ヨーロッパ的な社会発展の出発点であり、後者はアジア的な社会の源流ということになる。この二つの道の分岐点はどこにあり、両者を分けた根本的な要因はどこに根づいているのだろうか。

よく似ているギリシアと日本列島

この問題に関して、さしあたって考えなければならないのは、日本列島は、右の二つのタイプのどちらに属するのかという点だ。むろん、二つは両極で、その中間的なタイプは、さまざまなバリエーションで無数に存在する。しかし、日本列島が比較的どちらに近いのかというくらいの点については、この本のテーマである日本列島の戦争の特質を考えるうえでも大切なので、大まかに展望しておこう。

日本の歴史学界では、おしなべて日本の古代国家はアジア的国家だとされる。神聖化された天皇を頂点として、官僚や貴族が一般の人びとを支配するという、メソポタミアやエジプトと同じ構図だ。ただし、この構図は、定説では六世紀の終わりから七世紀前後に確立したとされる律令国家の分析によって描かれている。律令支配自体、アジア的専制国家の雄である中国隋《ずい》・唐《とう》帝国から学びとったものだから、主としてそこから復元される日本古代国家の姿が、アジア的国家の色彩をおびているのは当然かもしれない。

そうだとすると、律令国家の天皇専制と、それが成立する直前、五〜六世紀の古墳のありかたから推しはかられる政治体制の姿とのあいだには、大きなギャップがあることになる。前に述べたように、古墳は、エジプトのピラミッドや中国の皇帝陵とちがって、九州から東北南部までのどこにでも築かれている。近畿だけでなく、南九州や北関東にまで、墳丘の長さが二〇〇メートルを超える大古墳は分布するのだ。これらが王権の所在を示すとすれば、五〜六世紀の倭の政治構造は、ひときわ強い王権をもった大王が近畿にいたとしても、そのほかの各地にもまた勢力をはった王たちが林立しているような状況を考えざるをえない。中央集権の専制体制とは、ほど遠い姿だ。

列島の各地に点々と築かれた大古墳。いま、この大古墳をポリスに置きかえてみると、そのフォーメーションは、各地域に都市国家が林立するギリシアの空間構造に近いことに気づくだろう。

もともと、ギリシアと日本列島とは地形的条件がよく似ている。まず、ギリシアは三方、日本は四方という違いはあるが、いずれも海に囲まれている。ギリシアは地中海の、日本は東シナ海や日本海の海上交易網のまっただ中に浮かんでいるのだ。次に、どちらも大きな平原はほとんどなく、こぢんまりと完結した平野や盆地などの小地域に分断された地形で、都市国家や大古墳は、そのような小地域ごとに営まれている。しかも、これらの完結した平野は周囲の海に向かって開いており、太平洋側と日本海側、それらと瀬戸内海側、あるいはイオニア海側とエーゲ海側の各平野は、脊梁《せきりょう》の山地をはさんで背中合わせになる形だ。いわば、多くの外向きの小世界が背中合わせで並んでいるような社会といえるだろう。これは、大平原や大河をまん中にして互いに向かい合う、メソポタミア、エジプト、中国などの、いうなれば内向きの社会とは、好対照をなすものだ。

ギリシアと日本との右のような類似は、これまでしばしば指摘されてきた。都市国家と大古墳の分布が示す空間構造が似ていることも、気づかれていただろう。けれども、結果として日本の古代国家はアジア型専制国家だという理解が先にたち、古墳時代の分権的な社会構造が、あまり正当に評価されてこなかったと思う。いずれかといえば古代ギリシアのような分立的社会ができやすい地理的「条件」と、中央集権のアジア型専制国家ができたという「結果」とのねじれが、いまのままではうまく説明できないのだ。

古代国家の形態を戦争スタイルからみる

それは、この書だけで対応できる問題ではない。ただ、日本列島の古代国家が、心底からアジア型専制国家として成長したのか、ギリシアに近い方向性をはらんでいたのかという点を明らかにしていく道の一つとして、その途上でおこなわれた戦争や生み出された軍事組織の性格を見きわめることは、たいへん有効だろう。

アジア型の社会では、メソポタミアやエジプトの例が端的に示すように、都市国家から専制帝国への道筋は、軍事的な征服の過程といえる。強力な軍事力をもつ都市国家の王が貴族とともに軍隊を組織し、対立する都市国家や小王国を実際に攻め落としたり、その軍事力で威嚇したりして、支配下に置いていくというプロセスだ。このなかで、ますます強大な軍事力と威信とが王のもとに集中するようになり、国家的な軍隊組織が完備される。さらに、帝国ができたのちも、しばしば王はこの組織の頂点に立ち、みずから軍事的遠征をおこなってさらに領土を広げ、威信を拡大した。

いっぽう、ギリシアでは、都市国家間の抗争が政治的な征服や統合にはつながらなかったし、一時的な軍事同盟はあっても、ギリシア全体で統一的な軍隊組織ができることはなかった。そのゆえもあってか、王や貴族のもとに軍事力が集中することはなく、むしろ一般の人びとがみずから武装して戦いに参加することで、その地位を高めていったという側面がみられる。

日本列島はどうだろうか。もし、はじめからアジア型の専制国家への道を進んだのだとすれば、国土統一ともいえる征服戦争、それを制した強力な一人の王の出現と、かれのもとへの軍事力の集中、それを前提とした統一的軍事組織の完備などが、次々と認められるはずだ。

以下では、そうした視点を一つの大きな軸としながら、日本古代国家が形づくられてゆく過程を、戦争という側面からあとづけてみよう。武器や戦術だけでなく、それにまつわる観念や思想がどのように形成されていったのかも、前章に引き続いて重要なポイントだ。

2　卑弥呼登場

妥協の産物、女王卑弥呼

紀元後二世紀の「倭国乱《わこくらん》」を争った英雄たちは、その後どうなっていったのだろうか。「魏志倭人伝」によると、倭国乱は、これらの英雄的な有力者のいずれかが軍事的な勝利を収めて終わったのではない。そうではなく、いわば妥協の産物として、かれらが一人の女性を自分たちの上に立つ王として擁立《ようりつ》することで収まっている。これが卑弥呼だ。

この妥協の前提には、そのまま争いを続けていたのでは、鉄や先進的文物を確保する東アジア諸勢力の競争のなかで、共倒れに終わってしまうという、かれら共通の危機感があったのだろう。むしろ、自分たちの代表権者として、東アジア世界の中で恥ずかしくない立派な王を仕立てあげ、その地位を中国王朝に認めさせることで、鉄や先進的文物の確保に有利な立場をえようというもくろみが、そこに見え隠れする。独占はできなくても、その王権を旗印として、鉄や先進的文物の安定確保をめざした一部の英雄たちが、卑弥呼擁立に走ったのだ。だから、西暦二三九年（景初《けいしょ》三年）に卑弥呼が「親魏倭《しんぎわ》王《おう》」の称号を中国・魏の皇帝からもらい、倭人社会の代表権者と正式に認められた時点で、所期の目的はいちおう達成されたことになる。

さて、王に立てられたとき、卑弥呼はまだ少女といえるほどの若さだったようだ。ということは、卑弥呼をかついだ英雄たちは、そのとき壮年や青年だっただろうから、かれらの墓のほとんどは、老年まで生きた卑弥呼の墓よりも、十数年から数十年は古いとみてよい。

卑弥呼が死んだ年は明らかでないが、三世紀の中頃だというのは確かだ。したがって、三世紀の初めから前半くらいの大きな墳丘墓のなかに、卑弥呼を立てた英雄たちの墓があることになる。さらに想像をたくましくすれば、生前に同志や同僚でもあったかれら英雄たちは、葬儀にはたがいに参加しあったにちがいない。卑弥呼もまた、かれら功労者の葬儀に関与しただろうし、ことによると手ずから執行したかもしれない。つまり、これらの墓は、いうなれば、各英雄たちの膝元の集団が営む「私的」葬儀という性質のほかに、邪馬台国の「国営」葬儀ともいうべき公的な性質ももっていただろう。だから、これらは、それまでの各地域の伝統的墓制とは一線を画しながら、たがいの間に、形や内容についての共通性をもち始めていたのではないかと思われる。

図14　ホケノ山墳丘墓（読売新聞社提供）

　そう考えると、きわめて注目されるのが、ちょうど三世紀初めから前半の頃、瀬戸内から近畿にいくつか現れる、円形の本体の一ヵ所に祭壇のような飛びだしがついた墳丘墓だ。香川県高松市の鶴尾神社《つるおじんじゃ》4号、徳島県鳴門市の萩原《はぎわら》1号、岡山県総社市の宮山《みややま》、岡山市の矢藤治山《やとうじやま》、兵庫県加古川市の西条《さいじょう》52号、奈良県桜井市のホケノ山などの墳丘墓がそれにあたる。これらは、墳丘の形が共通するだけでなく、蓋石《ふたいし》をもたない、やや上開きの竪穴式《たてあなしき》石室を用いるという点でも同じだ。

　さらに興味深いのは、これらがいずれも、武器や玉類のほかに一〜数枚ずつの中国製の鏡をもつことである。鏡といえば、卑弥呼が、「好物」として中国王朝からもらっていたことが「魏志倭人伝」に記されている。卑弥呼が王として立てられたのは、とくに巫女《みこ》としての宗教的な資質があったからだとみられるが、その宗教の祭器が鏡だった可能性は高い。卑弥呼を支持した英雄たちが、その墓に一枚ずつの鏡をもちこんでいるのは、いうなれば、卑弥呼を最高司祭とする鏡の宗教に帰依したしるしといえるだろう。

私は、祭壇付きの円形の墓、竪穴式石室、鏡の副葬を共通項とする相似た墳丘墓を三世紀初め〜前半に営んだ、瀬戸内の東半部から近畿中央部にかけての地域が、卑弥呼を立てた英雄たちがいた範囲だったと考えている。

卑弥呼対狗奴国

だが、卑弥呼も、倭人社会のすべての英雄に支えられたわけではなかった。「魏志倭人伝」には、西暦二四七年（正始《せいし》八年）の記事として、卑弥呼は、「南」にある「狗奴《くな》国《こく》の男王卑弓弥呼《ひこみこ》（卑弥弓呼《ひみここ》とも）」と以前から仲が悪く、交戦したというくだりがある。狗奴国は「女王に属さず」とあるので、はじめから卑弥呼擁立には加わっていなかったらしい。

狗奴国の位置は、邪馬台国を九州北部とみる説では、九州中部または南部とされる。邪馬台国近畿説では、「魏志倭人伝」中の方位が、唐津市あたりの末盧国以東で実際と九〇度ずれていることなどから、狗奴国は近畿の東にあったとする。近頃の考古学では東海地方をあてる説が有力だ。

さきにみたように、瀬戸内東部から近畿中央部を卑弥呼の支持基盤とすると、範囲は意外に狭い。その外側、山陰や北陸ではいまだ四隅突出型墳丘墓や大刀の副葬が際立ち、丹後では豊かな副葬品をほこる方形の墳丘墓が営まれるなど、英雄たちの動静は「倭国乱」の時代と変わりない。鏡をほとんどもたないことからも、かれら日本海側の英雄たちは卑弥呼の霊威に服していなかったと思われる。

東海でも、方形に祭壇らしい飛びだしが付いた、特徴ある墳丘墓がこの頃に生まれている。そのおもな分布域は、東海を中心に近江《おうみ》から北陸、中部、関東におよぶ。副葬品がわかる例はほとんどないが、鏡の副葬はまれのようだ。卑弥呼を支持せず、独自にたがいの関係を深めつつあった英雄たちの姿が想定できる。その盟主が男王・卑弓弥呼だろうか。

このような日本海側や東日本の英雄たちは、卑弥呼の登場後もその傘下《さんか》に入らず、依然として朝鮮半島へじかに乗りこんで交渉したり、日本海の海上交易を介したりして、鉄や先進的文物を自在に取得する利を保っていたと考えられる。狗奴国を東日本だとすれば、それらに対する従来からの自由な取得権を守ろうとするそこの英雄たちと、中国王朝のお墨付きをバックに、それらのいわば公的確保権をねらおうとする卑弥呼支持勢力とのあいだの利害をめぐる対立が、卑弥呼と狗奴国との抗争として火をふいたのだろう。

狗奴国を攻めあぐねた卑弥呼側は、中国・魏の皇帝に援助を求めた。皇帝は使者を立て、詔書《しょうしょ》と軍旗をつかわしてこれに応えた。二四七年（正始八年）のことだ。岡村秀典氏によると、これは宗主国《そうしゅこく》から服属国に対する軍事支援を表すもので、記録には具体的に出てこないが、魏から卑弥呼側に武器が供与された可能性があるという。あとでも述べるように、その治世の後半頃に卑弥呼を支えたとみられる有力者たちの墓からは、把《つか》の先をリング状にした大刀が出る。素環刀《そかんとう》という中国王朝風の大刀だ。岡村氏は、これらの素環刀のなかに、二四七年の軍事支援のおりに魏から卑弥呼側にもたらされたものがあると考えている。素環刀は、卑弥呼側の最新鋭武器として威力を発揮しただろう。対する狗奴国側の武装はわかりにくいが、同じように卑弥呼の傘下に入っていなかった日本海側には、素環刀ではない普通の把をもった大刀が目立つ。島根県埋蔵文化財センターの池淵俊一《いけぶちしゅんいち》氏によると、これは素環刀の把のリングを切りとったものだという。

なぜそのようなことをしたのかは知るすべもないが、卑弥呼側のものとはわざわざ形を異にした武器で武装していたらしい勢力があったことには注目される。

いっぽう、かつて倭王を輩出していた九州北部の動きはどうだろうか。ここは、鉄素材やその技術のみなもとである朝鮮半島南部に近いという地の利によって、とくに優秀な鉄の道具を産する能力をもつ、いうなれば鉄器の特産地ともいえる地域だった。これを傘下においたり、そこから有利な条件でいい鉄器を手に入れたりすることは、女王勢力にとって一つの大きな課題だったと思われる。「魏志倭人伝」には、その中心の一つ、福岡県糸島市付近の伊都国が、かねてから「女王国」の勢力下にあったと書かれている。この「女王国」を邪馬台国とみていいなら、卑弥呼たちはそれを実現していたことになるだろう。

ただ、この時期の伊都国といえば、なぞに満ちた平原《ひらばる》墳丘墓がある。一四×一〇・五メートルの小さな低い方形の墳丘だが、その中心に大きな丸太を刳《く》りぬいて作った割竹《わりだけ》形《がた》木棺が埋められ、棺内には玉類、棺上には素環刀、棺のまわりの四隅には、一部を残してバラバラに割った鏡四〇枚分を分けて置いてあった。これには径四六・五センチメートルという日本最大の鏡五面を筆頭に多くの列島製の鏡が含まれている。素環刀に鏡という要素では卑弥呼勢力下の墳丘墓と共通するが、鏡の種類、異常な枚数や副葬のしかたなどは、まったく異質だ。主人公は、独自な宗儀と力をもった、ただ者ではない権威者だろう。かりにこの場所が卑弥呼統制下にあったとしても、瀬戸内東部や近畿中央部などの直掩《ちょくえん》勢力とはやや距離を置いた地位を保っていたらしいことが見てとれる。

以上のように、邪馬台国を核とする卑弥呼の政権は、倭人社会全体を盤石《ばんじゃく》の統制下に置いていたわけではなかったようだ。

「親魏倭王」の墓作り

「魏志倭人伝」によると、二四七年の魏からの軍事支援からまもなく、卑弥呼は死んだ。狗奴国との抗争がどう決着したのかは、わからない。

卑弥呼の墓は、「大きく墓を作った、径は一〇〇余歩」と「魏志倭人伝」に書かれているように、中国にまで聞こえた巨墓だ。一〇〇歩はおよそ一五〇メートルに当たる。この大きさで、三世紀前半に作られた墳墓といえば、径一五〇メートルの円形の本体に祭壇が付いた奈良県桜井市の箸墓《はしはか》が、まず思いうかぶ。

かりに箸墓が卑弥呼の墓だとしたら、どうだろうか。それまでに死んだ英雄の墓とくらべて、その大きさは、祭壇を含めた長さで数倍（墳丘全長は二八〇メートル）、体積では数十倍にもなる。形は、邪馬台国の有力者の、なかば公式の墳墓形態となりつつあった、円形の本体に祭壇を付けたスタイルを踏襲している。そうしながら、なおかつ、円形の本体は見上げるように高く五段に盛られ、祭壇は壮大に、近づくものを寄せつけぬほどの斜面でもって築かれる。墳丘の表面にはいかめしく石が葺《ふ》かれる。しかも、左右ほぼ対称、精密な設計と高い施工技術の産物だ。伝統の形を、より強固で壮大な建造物にしたてあげた姿といえるだろう。

図15　箸墓古墳（読売新聞社提供）

　箸墓の巨大さは、やはり大和の平野の広さとそれが養う人口の多さに裏づけられたものだろう。しかし、それにしては、巨大な箸墓の出現はあまりにも急激だ。その少し前まで、近畿中央部が列島のほかの地方にいちじるしく差をつけていたようすは認めにくいのである。

　ここで、卑弥呼が、瀬戸内東部や近畿を中心とする各地の英雄に擁立された存在だったことを思い出そう。かれらが中国王朝を後ろ盾にして鉄や先進的文物を有利に確保するためには、その旗印となる卑弥呼が、中国王朝を盟主とする国際秩序において高い地位を占め、周辺の民族や倭人の社会のなかで絶大な権威をもたなければならなかった。皇帝や王族を墳墓に葬る慣習のあった東アジアの社会の中で、王の墓を大きく作ることは、その地位や権威を対外的に主張するための有効な手段と考えられたのだろう。卑弥呼を支持する有力者たちにとって、その墓を壮大に作ることは、みずからの利につながることでもあったのだ。まさに、その規模は、東アジアの国際的な政治力学が作用した結果とみるべきであって、列島内だけの狭い視点では、絶対に理解できない。

さらに、箸墓を嚆矢《こうし》とするこの段階の大和の巨大墳墓には、岡山地方の墳丘墓で生み出された大きな器台形の土器が、しばしば置かれている。また、墳丘にたくさんの石を用いるのは、四国東部にはじまる要素だ。鏡も一枚だけでなく、ときに三〇〜四〇枚にもおよぶ多量副葬をおこなっているが、これは九州北部の伝統だろう。このように、巨大墳墓のなかに、各地の墓作りの伝統が一堂に集められているのは、各地の有力者の合意と協力のもとにそれが営まれたからにほかならない。

以上のように、卑弥呼の墓は、近畿を中心に、それを支えた各地の英雄たちが、みずからの利権を確保するための政治戦略として、中国を中心とする東アジアの国際社会を強く意識して築きあげたものだ。単なる墓の意味合いをこえた政治的建造物、これが古墳だ。

ポスト卑弥呼の争い

「魏志倭人伝」には、卑弥呼の死後、男王が立てられたがまとまらず、また抗争が起きて一〇〇〇人以上が死んだと書かれている。そこでふたたび、若い女性が王に推戴されることになる。卑弥呼の一族で一三歳になる壱与《いよ》（台与《とよ》とも）だ。ほかの記録によると、壱与とみられる女王が二六六年に中国に使いを送っている。したがって、これらの出来事は、卑弥呼の死後二〇年たらずの短いあいだに起こったことらしい。

卑弥呼死後の抗争とは、おそらく、瀬戸内から近畿中央部を中心とする旧卑弥呼支持勢力の内紛だろう。支持勢力の一員だった英雄の一人が王位をうかがい、反発されたのかもしれない。もとより、列島のさらに広い範囲は、狗奴国との争いが物語るように、卑弥呼の生前からすでにその統属外だった。そして、それらの勢力もまた、旧卑弥呼支持勢力の内紛に乗じて覇権への意欲を燃やしただろうから、この抗争は、なかば二世紀の「倭国乱」の再現のような状態にまでなった可能性がある。

この抗争を考古資料で裏づけるのはむずかしい。ただ、卑弥呼の墓が箸墓古墳だとしたら、それとほぼ同時かやや新しい大古墳が、卑弥呼治世後半の狗奴国との戦いから、卑弥呼の死、内紛、壱与の擁立という激動の時代を演出した英雄たちの墓と考えられる。したがって、それらの大古墳の内容や分布を見ておくことは、この抗争の構図をさぐるうえで役だつだろう。

そこで、墳丘の長さが一〇〇メートルを超えるこの時期の古墳を西からひろってみると、福岡県苅田《かんだ》町の石塚山《いしづかやま》（墳丘長一一〇メートル）、岡山市の浦間茶臼山《うらまちゃうすやま》（同一四〇メートル）、兵庫県姫路市の丁瓢塚《よろひさごづか》（同一〇四メートル）、大阪府高槻市の弁天山《べんてんやま》A1号（同一二〇メートル）、交野《かたの》市の森《もり》1号（同一〇六メートル）、京都府木津川市の椿井大塚《つばいおおつか》山《やま》（同一八〇メートル）、奈良県天理市の中山大塚《なかやまおおつか》（同一二〇メートル）、黒塚《くろづか》（同一二七メートル）、西殿塚《にしとのづか》（同二一九メートル）、馬口山《ばくちやま》（同一一〇メートル）といったぐあいになる。なお、これらはいずれも円形の本体の一方に祭壇状の飛びだしがついた形のもので、以下、箸墓古墳も含めて前方後円墳とよぶことにしよう。

この分布範囲は、二世紀後半の「倭国乱」のなかから卑弥呼を立てた、かつての英雄たちの墓の広がりと、ほとんど変わらない。石塚山古墳だけは九州にあるが、これは福岡県でも東の豊前《ぶぜん》地域に属し、むしろ瀬戸内に入る。ほかの地域のこの段階の墓をみると、山陰では、四隅突出型墳丘墓の伝統をひく長方形の墳丘墓が築かれているし、丹後では方形の墳丘墓が続く。北陸や中部には、方形の本体に祭壇がついた墳丘墓が広がる。これらの点からいえるのは、壱与の頃になっても、その直接的な支持基盤の範囲は、旧卑弥呼支持勢力のそれを、さほど大きく超えないのではないかということだ。

もう一つ注意すべきは、その範囲内での、おのおのの前方後円墳の規模だ。たしかに、近畿中央部の大和には、二一九メートルの西殿塚古墳がある。しかし、これとても箸墓より小さくなっているし、中山大塚・黒塚・馬口山などは、近畿のほかの地域や瀬戸内の大形前方後円墳と変わらないか、むしろひけをとっている。

こうしたありかたからは、大和の勢力が、ほかの地域の英雄が墓を作ることに口をはさみ、前方後円墳の造営を「認可」したり、その大きさを決めつけたりした状況は考えにくい。近畿・瀬戸内各地の大形前方後円墳は、女王を支持してその幕僚《ばくりょう》となった有力な英雄たちが、盟主たる女王との近さを表すべく、女王墓に準じた型式の墓をみずから営み合った、とみるほうが実状に近いのではないだろうか。

以上のように捉えてくると、卑弥呼治世ののち、その死や王位の争いをへて、壱与が擁立される時点になっても、各地の勢力はまだまだ自立性を保ち、それぞれの勢力に根ざした英雄たちは、たがいにかなり競争的な立場にあったと考えざるをえない。瀬戸内・近畿の女王支持基盤のなかでさえ、覇権はいまだ不安定だ。鉄や先進的文物の確保をめぐる各地の英雄たちの対立は、女王支持勢力のなかの主導権争奪、女王支持勢力とそれ以外の勢力との拮抗《きっこう》という二重の対立軸を含みながら、依然として解消されるきざしはなかった。

3　せめぎ合う英雄たち——巨大古墳の時代

古墳はどのように広まったか

みてきたように、各地の勢力の政治的な統合、いいかえれば英雄どうしの征服や被征服は、古墳が築かれるようになっても、目に見えて進んだわけではない。たがいに相手を牽制《けんせい》したり、女王をかついで同盟したり、競争をしかけたりしながら政治的な自立を保つ状況が、にわかに変わることはなかった。

しかし、そのいっぽうで、各地の英雄やその配下の人びとのあいだに、思想や宗教の面での大きな共通基盤が作られつつあったことには注目しなければならない。このことの先導役を果たしたのが古墳だ。さきに述べたように、古墳は、「親魏倭王」に任ぜられた女王卑弥呼が死んだとき、それを支えていた各地の英雄たちが、中国や列島内外の対抗勢力に、女王の、ひいては自分たちの権威を誇示するべく、各自の財力と道具立てとを持ち寄って築いたのが、その始まりだ。さらに、都出比呂志氏がいうように、初期の古墳には、死者を北枕《きたまくら》に葬る習わしや、遺骸に添えた三角縁神獣鏡《さんかくぶちしんじゅうきょう》の図案にみられる神仙思想など、中国の宗教観念もまた、色濃く取りこまれている。

したがって、女王の墓として作られた最初の大前方後円墳は、近畿や瀬戸内、あるいは九州の各地でつちかわれてきた葬儀の伝統と中国思想とがミックスされた、いわば観念のるつぼであり、このるつぼから、女王国独自の新しい儀礼や宗教の体系が創り出されてきたものと捉えられるだろう。

女王の大古墳、およびそれにまつわる儀礼や宗教は、女王墓に準じた墓を営もうとする幕僚クラスの大英雄たちによって、まずは近畿や瀬戸内の各地に伝えられた。京都の椿井大塚山、岡山の浦間茶臼山、福岡の石塚山などの各古墳だ。さらに、かれら大英雄たちの葬儀に加わった在地の中小実力者も、自分たちの墓の形や儀礼の内容に、その要素の一部を取り入れただろう。また、近畿や瀬戸内以外の英雄たちの墓にも、壮大な女王墓の姿や儀礼内容は、なにがしかの影響を与えたと思われる。

女王や英雄の大古墳から、さらに下位の階層や、近畿・瀬戸内以外の地域の墓作りに伝わったり取りこまれたりした要素のうちで、いままで具体的に注目されてきたのは次の四つだ。第一に、墓の形を前方後円形に築くこと。第二に、長大な竪穴式石室を作ること。第三に、鏡、とくに三角縁神獣鏡という特別な形式の鏡を遺骸のまわりに多数置くこと。第四に、埴輪《はにわ》や特製の土器を墳丘に立てること。

武威と生産の鉄まつり

右に述べた四つの要素は、これまで長く研究者の関心を引き、その伝播のようすがさまざまに検討されてきた。しかし、これまであまり評価されてこなかったにもかかわらず、右の四つよりもはるかに広く、例外も少なく、また小さな墳墓にまで行きわたった大切な要素がある。鉄器の副葬だ。

もちろん、鉄器の副葬自体は、弥生時代からあった。これまで注意してきた短剣や大刀の副葬がそれだ。また、武器のほかに、ナイフなどの工具が供えられていることもある。しかし、これらは、一つの埋葬にわずか一～二点の副葬だった。

それが、大英雄の墓など初期の大形古墳では、数十点から数百点におよぶ、莫大な量の鉄器を副葬するようになる。京都の椿井大塚山古墳を例にとると、鉄の冑《かぶと》が一鉢、大刀が七本以上、短剣が十数本、鏃《やじり》が二〇〇本以上、そのほか農具の鎌、工具の斧・のみ・ナイフ、漁具のヤス・モリなどがあわせて一〇〇点近く、といったぐあいだ。最近調査された奈良県の黒塚古墳でも、それぞれの武器や道具の数に多少のちがいはあるが、だいたいのようすはよく似ている。

　これらの莫大な鉄器の副葬は、何を物語っているのだろうか。そのヒントを得るために、保存のよかった黒塚古墳を例に、副葬品の配置をみてみよう（次頁、図16）。まず、棺の内側、なきがらの枕もとには鏡が一枚、胴体のかたわらには短剣と大刀とが一本ずつ置いてある。鏡は、この人物の盟主だった女王がつかさどる宗教の道具であり、短剣は、弥生時代以来の伝統的な戦士の象徴だ。大刀は、中国舶来の最新兵器として、この人物が生前に身につけていたものだろう。次に棺の外側には、まず足元のほうに、甲《よろい》か冑かはいまのところ明らかでないが、魚の鱗のような形の小さい鉄板（小札《こざね》）をたくさんつづって作った防具がある。これも中国舶来で、将軍や上級兵士が身につけるものだ。さらに頭のほうには、中国の神仙思想の図像を描いた三角縁神獣鏡三三枚が、棺内の遺骸をまもるようにぐるりと置かれている。

　この状態から復元される主人公は、弥生時代以来の伝統をもつ短剣戦士としての姿を真髄とし、女王がつかさどる鏡の宗教に帰依しつつ、中国風の軍装をまとった武人といえる。椿井大塚山や黒塚の主人公は、おそらく卑弥呼治世後半の幕僚として、中国王朝から「率善中郎将《そつぜんちゅうろうしょう》」とか「率善校尉《そつぜんこうい》」といった将軍号を与えられたようなクラスの有力者とみられるから、中国王朝の将軍姿で葬られているのは、当然ともいえるだろう。

副葬品から推しはかられる主人公の姿は、それだけではない。棺外の三角縁神獣鏡にまじって、個人でふつうにもつ数をはるかに超える剣や大刀などの鉄の武器が並べられ、

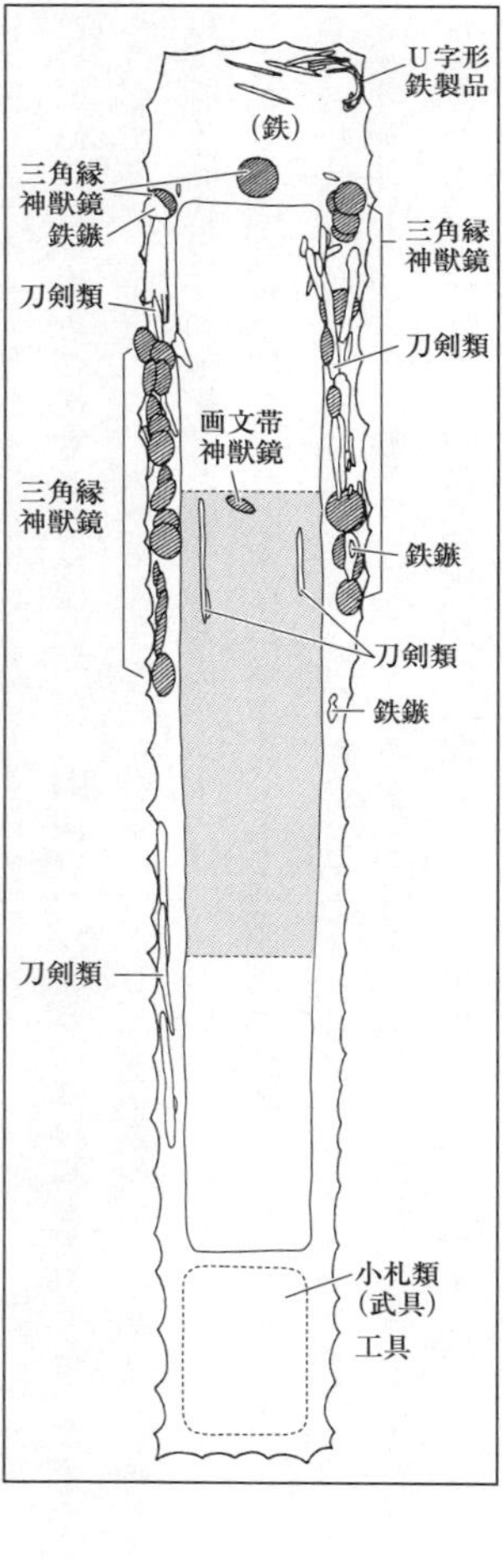

図16　黒塚古墳の副葬品配置。アミ目の部分が人体位置。上が頭（奈良県立橿原考古学研究所編『黒塚古墳調査概報』〔学生社、1998年〕より。一部改変）

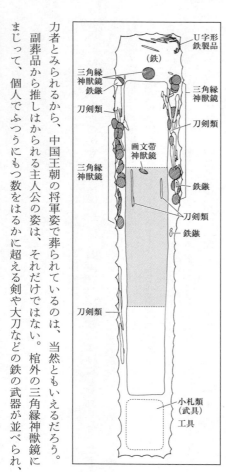

棺内の足元のがわには農具・工具・漁具からなる鉄の生産用具が置かれている。これら大量の武器や生産用具は、主人公の持ち物というよりも、その死に際して葬儀の参列者からささげられたり、あるいは葬儀用の道具としてとくに作られ、供献されたりしたものだろう。事実、古墳に多量に副葬された鉄器をみると、まともな刃がついていない刀やミニチュアの農具や工具といった、実際には使えない雛型のようなものも多いのである。

ときにはそうした雛型をわざわざ作ってまでも、主人公のなきがらに鉄製の武器や生産用具をささげることには、きわめて大きな思想的理由があったにちがいない。おそらく、鉄製武器の供献は亡き主人公の武威を、生産用具の奉納は、農林水産の実りを支える鉄の道具をもたらして生産活動を統括する指導力や霊力を、それぞれ意味していただろう。

この頃の大古墳の副葬儀礼に映し出された英雄像は、以上のように、二つの姿をもっている。一つは、女王の幕僚であり、なおかつ中国王朝の将軍という、いかめしい統治者ないしは軍政家の姿。もう一つは、集団の人びとから、鉄や先進的文物をもたらす戦士としての武勇をたたえられ、同時に生産労働の指導者としての信頼を集める、土くさい英雄の姿。そして、こうした英雄像を演出する道具立てが、ほかでもない鉄の製品だ。

鉄の道具で満たされたまつりのイメージが、古墳の背景にある宗教体系の一つの本質を表している可能性は高い。

古墳は、ただの墓ではない。亡き人物の力をたたえ、後継者へと受けつぐ場だ。その場で執《と》りおこなわれた、鉄の力によって武威と生産力を体現する英雄の送りと迎えの儀式。このような儀式の内容を具現化する鉄器の多数副葬は、量的には大形古墳に及ばないけれども、各地の中小の墳墓へも確実に行きわたっている。大英雄の配下として、あるいは小さいながらも独立して、鉄や先進的文物を確保することで足下の集団の生活を保証していた、在地の実力者たちの墓だろう。

空白の一〇〇年間

さて、壱与と思われる女王が中国に使いを出したと記されている二六六年を最後として、そのあと約一〇〇年のあいだ、中国の歴史書その他の頼れる文字資料に、倭国や倭人の名前が出てくることはない。空白の一〇〇年間だ。

その大きな理由は、中国の政治的混乱にある。壱与が使いを送った西晋《せいしん》の王朝はまもなく弱まり、中国が朝鮮半島を統括する拠点だった楽浪郡は、三一三年、朝鮮北部の雄・高句麗に滅ぼされた。三年後にとうとう西晋も滅び、そののち一〇〇年あまり、中国は五胡十六国《ごこじゅうろっこく》時代とよばれる混乱期を迎えた。小さな王朝が並びたち、勃興と滅亡をくりかえす時代。記録も万全でなくなるというわけだ。そしてまたいっぽうでは、中国の支配力の弱まりを機に、朝鮮半島や日本列島で、独自の王朝や政権が力を伸ばしあう時期にもあたっている。

この激動のなかで、倭の英雄たちがどのような動きをみせたのかは、具体的にはわかりにくい。ただ、『三国史記』によると、三世紀後半から四世紀前半の空白の一〇〇年間におよそ一〇回、「倭人」や「倭兵」が「新羅」の地に攻めよせてきたという交戦の記事や、「倭国王」が通婚を求めてくるなどの通交の記録を見つけだすことができる。これらがすべて信頼できるかどうかはともかくとして、この空白期にも、倭人たちが相変わらず朝鮮半島に乗り出してさまざまな活動をおこなっていた可能性そのものは、ほぼ認めてよさそうだ。

おそらく、それらの活動をになった最大の勢力は、壱与やその後継者の女王ないしは王と、その支持者の連合、地域的には近畿中央部や瀬戸内の英雄たちの一団だろう。しかし、山陰や丹後の方墳、東日本の前方後方墳も健在だし、九州北部では、土地のにおいの強い小形前方後円墳が相変わらず流行する。それらの主は、かならずしも大和の倭王やその連合勢力につき従って、朝鮮半島などとの交渉を進めたわけではなかっただろう。それぞれに連合して、あるいは単独で、鉄や先進的文物の確保に乗り出すなどの独自的な経済活動が続いていたことを、否定する材料はない。

倭王勢力の拡大

そのような状況が変わってくるのは、四世紀の中頃だ。この時期、近畿中央部の大和では、伝崇神陵《すじんりょう》（別名 柳本行燈山《やなぎもとあんどんやま》、墳丘長二四〇メートル）に続いて、伝景行陵《けいこうりょう》（渋谷《しぶたに》向山《むかいやま》、同三〇〇メートル）が築かれ、倭王の墓としてはひさびさに箸墓を超える巨大なものとなる。近畿のほかの地域や瀬戸内でも、軒並み一〇〇メートルを超える古墳が営まれるようになる。

さらに見のがせないのは、これまで前方後円墳の分布範囲の外で、別の形の古墳を営んでいた山陰、丹後、北陸、東日本などにも、竪穴式石室をもった大形の前方後円墳が現れることである。鳥取県湯梨浜《ゆりはま》町の馬ノ山《うまやま》4号（墳丘長一〇〇メートル）、京都府与謝野町の蛭子山《えびすやま》（同一四五メートル）、静岡県磐田《いわた》市の松林山《しょうりんざん》（同一〇七メートル）、山梨県甲府市の銚子塚《ちょうしづか》（同一六九メートル）、長野県千曲《ちくま》市の森将軍塚《もりしょうぐんづか》（同一〇〇メートル）などだ。竪穴式石室はもたないが、関東にも、群馬県前橋市の天神山《てんじんやま》（同一二九メートル）のような大形前方後円墳が現れる。

このように、王や英雄の古墳の造営にエネルギーをついやし、鉄の力を背景とした武威と生産のまつりを大がかりに執りおこなうという動きが、四世紀の中頃、近畿中央部の倭王のもとで活性化した。同時に、倭王やその幕僚と同じ形の墓を営み、同じ葬儀をおこなうことによって倭王との近さを表現する英雄が、この段階になってはじめて、近畿中央部や瀬戸内以外の地域にも現れたのである。

このことは、それらの地域にいた英雄たちの一部もまた、かれらの使命といえる鉄や先進的文物の確保のための対外活動の場面で、倭王の権威を利用し、それに連合して行動する道を選ぶようになったことの反映だろう。なぜそういう動きが高まったのかは正確にわからないが、中国王朝が弱っている間に国家形成への気運が高まり、政情が緊迫した朝鮮半島など東アジア世界に乗り出して経済活動を続けるには、単独で動くよりも、ある程度の規模で連合するほうが、有利とみなされたのかもしれない。また、壮大な前方後円墳を築きあげ、貴重な鉄器を惜しみなく埋めこむ倭王たちの墓まつりを見知った他地域の英雄たちが、それに対して一種の羨望《せんぼう》をいだき、そのソサエティへの参加を望むという心理的な要因も働いたにちがいない。

宗教に埋めこまれた「物資流通システム」

同じ宗教や観念を分かちあい、葬儀に参与しあうような密接な関係にあったとみられる英雄たちが、盟主でもあり同僚でもある倭王を中心として生前からたがいに交流を深くし、鉄や先進的文物を求めてのさまざまな企図や活動を共同して進めていたことは、容易に推しはかられるだろう。かれらのあいだには、倭王のリーダーシップのもと、共同で手に入れた鉄や文物を分かちあい、あるいは贈与しあうような経済的な関係もあったとみられる。そして、かれらが、たがいの葬礼を盛大に営み、それに参与する行為を通じて、鉄を背景とした武威と生産の力を認めあい、高めあうことが、鉄や先進的文物をさらに豊かに確保する結果につながると信じられていただろう。

そういう意味で、各地に築かれた英雄たちの大古墳は、この時期の倭人社会各地の生活を保持し、向上させるのに必要な資源や品物をもたらすための、いわば観念的な装置だったといえる。それらのうち、大和にひときわ巨大に作られた古墳で、いちだんと大がかりに営まれる倭王の葬礼は、そうした観念と宗教の大本山の役割をはたすものにほかならなかった。

そこにこそ、宗教に埋めこまれた物資流通システムの正体が見えてくる。この時期の鉄の流通システムとは、近代資本主義の固定観念にしばられた現代人がその名を聞いて思い浮かべるような、純粋に経済的なしくみではない。近代より前の社会に、そのような純経済的な機構は存在しないのだ。近畿中央部の倭王の政権は、輸入した物資を物理的に集約して配布するような機構など、けっしてもってはいなかっただろう。そうではなく、物資の流通がその中に埋めこまれている宗教や儀礼の中心に立つことによって、列島各地の倭人社会の生活に影響をおよぼす力をもつようになったのである。

もっとも、この段階になっても、山陰や東日本には、いまだに方墳や前方後方墳を営む人びとが点在していたことは事実だ。おそらく、独自的なルートで朝鮮半島などとの交渉を続けていた英雄たちだろう。しかし、右にみたような倭王を中心とする英雄団が、鉄や先進的文物を確保するシェアを四世紀中頃に伸ばしていただろうことは、ほぼまちがいない。

なお、この時期、南九州の宮崎県南部や、東北の南の端にあたる福島県会津《あいづ》盆地などにも、一〇〇メートル級の大前方後円墳が築かれる。これらの位置は、ちょうど、九州の南端から南西諸島に開ける熊襲《くまそ》や琉球の社会、あるいは東北から北海道に広がる蝦夷《えみし》の社会との接点にあたる。宗教を媒介として倭王が影響力をもった物資流通のネットワークは、朝鮮半島や中国だけに向かっていたのではなく、南方や北方に広がる隣接社会にも及んでいたということだろう。

4　渡海する英雄たち

武装の進歩

鉄や先進的文物の確保をめぐって、各地の英雄たちがせめぎ合い、また連携しあうようすをみてきた。こうした競争的環境を生き抜くためには、十分な武装を身に付けることが不可欠だっただろうし、また、周囲の武装や戦闘技術の向上に対応するため、たえずそれを発展させていかねばならない場合が多かったと思われる。そこで、古墳時代に入る三世紀中頃から五世紀までの武装の発達のようすを、かれらの墓に副葬された武器や武具からかいま見てみよう。

まず注意されるのは、大刀がしだいに増えていくことだ。大形の古墳には、遺骸に添えられた一～二本のほか、棺の外側などになお数本の大刀が置かれるのがふつうになる。弥生時代の後半からずっと続いてきた大刀の比重の増加は、この段階になってもなお続いて認められるようだ。

そのいっぽう、依然として短剣も多くみえるが、使用法はそれまでと大きく変わる。

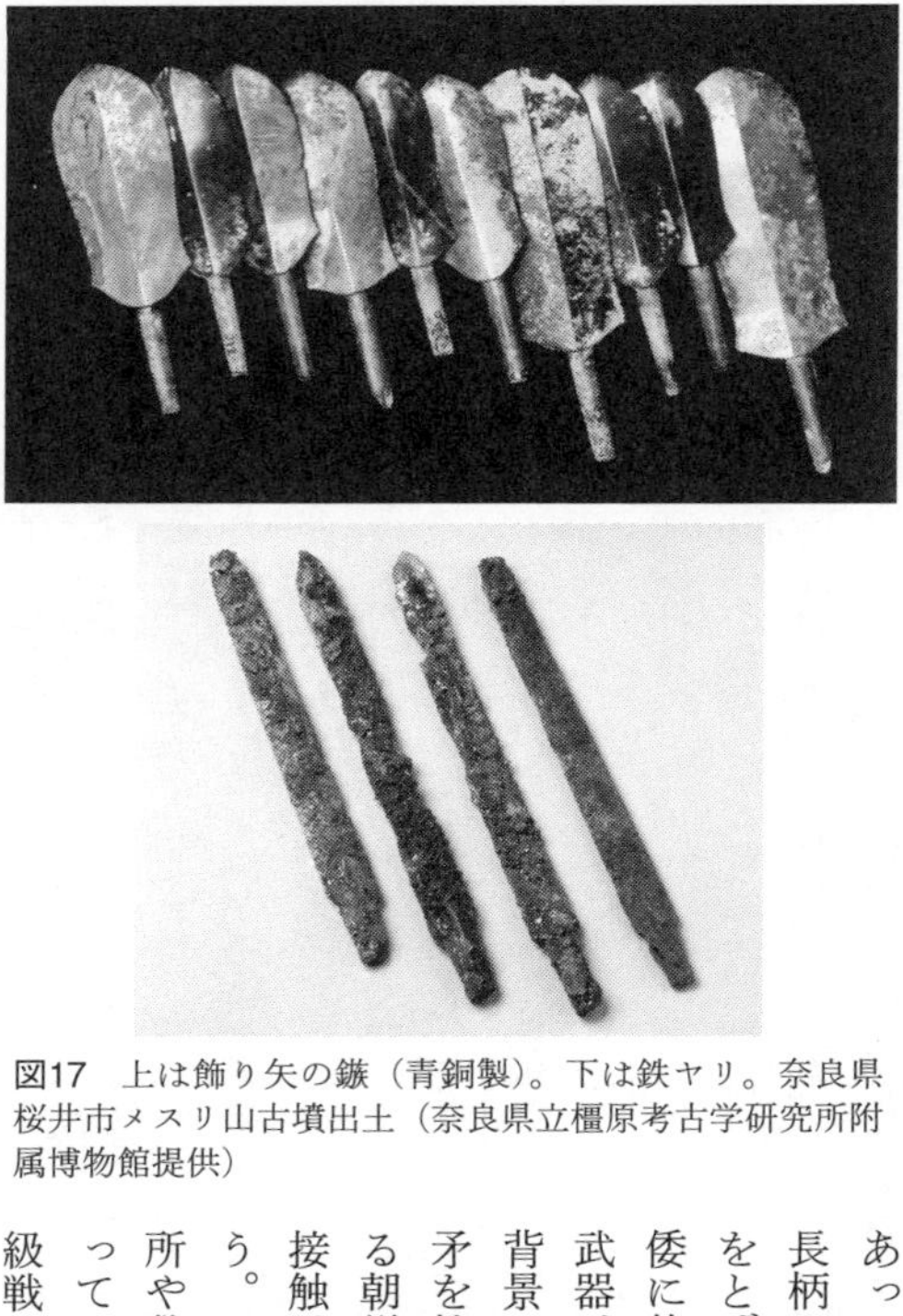

図17　上は飾り矢の鏃（青銅製）。下は鉄ヤリ。奈良県桜井市メスリ山古墳出土（奈良県立橿原考古学研究所附属博物館提供）

遺骸に添えられた一～二本は伝統的な戦士の象徴だろうが、問題は、足元や棺外に束ねて置かれた十数本ないし数十本である。これらには、長い柄《え》を付けてヤリとして用いたものが多い。つまり、大刀が行きわたるにつれて実戦用武器としての地位が下がりつつあった短剣が、新たな長柄の武器として転身をとげたというわけだ。倭に特徴的なこの長柄武器が本格的に現れた背景には、同じ長柄の矛を接近戦の主力とする朝鮮半島との武力の接触が考えられるだろう。それが置かれた場所や数から、ヤリをもっていたのは英雄や高級戦士ではなく、その配下として隊列を組む一般戦士たちだったとみられる。

さらに、鏃《やじり》についても新しい動きがある。一～二世紀には、実戦用としては銅鏃《どうぞく》がさかんに使われ、鉄鏃《てつぞく》にはかなりの狩猟具が含まれている可能性があった。しかし逆に、中国本土では、実戦用武器の材料はすでに青銅から鉄へと完全に交代しつつあり、鏃もまた、実戦にかなう厚くて鋭いものが鉄で作られるようになった。この種の強靭な鉄鏃は朝鮮半島にも広がり、北の高句麗から南の加耶《かや》にまでみられる。倭でもまた、三世紀の英雄や有力者の墓からは、それらと似た鉄鏃がしばしば見つかり、ほぼ同形同大のものが数十本もまとまっている例が多い。従来はもっぱら銅鏃に限られていた、長距離の掃射に有効な均質な鏃束が、鉄でもできるようになったのだ。

ただし、倭の場合、この種の鉄鏃は、実用には不必要なほどの磨きをかけたり、稜を入れたり、とにかく形にこだわったあとがみられる。また、上質の青銅で美しく作られた特製品も多く、おしまいには碧玉《へきぎょく》でできた品も現れる。これらは実用の武器ではなく、英雄たちのあいだでさかんにやり取りされた宝器だったようだ。

鉄甲をまとう英雄

以上のような状況に加えて、四世紀に入る頃、鉄製の短甲《たんこう》が現れる。短甲とは、腰までの歩兵用の短い甲《よろい》で、その後およそ一〇〇年間にわたり、倭人の武装のスタンダードとなる防具だ。この時期のものは、細長い鉄板を主としてタテ方向に革ひもでとじ合わせた縦矧板革綴《たてはぎいたかわとじ》短甲と、カルタ形の鉄板をとじ合わせた方形板革綴《ほうけいばんかわとじ》短甲の二種類。出土

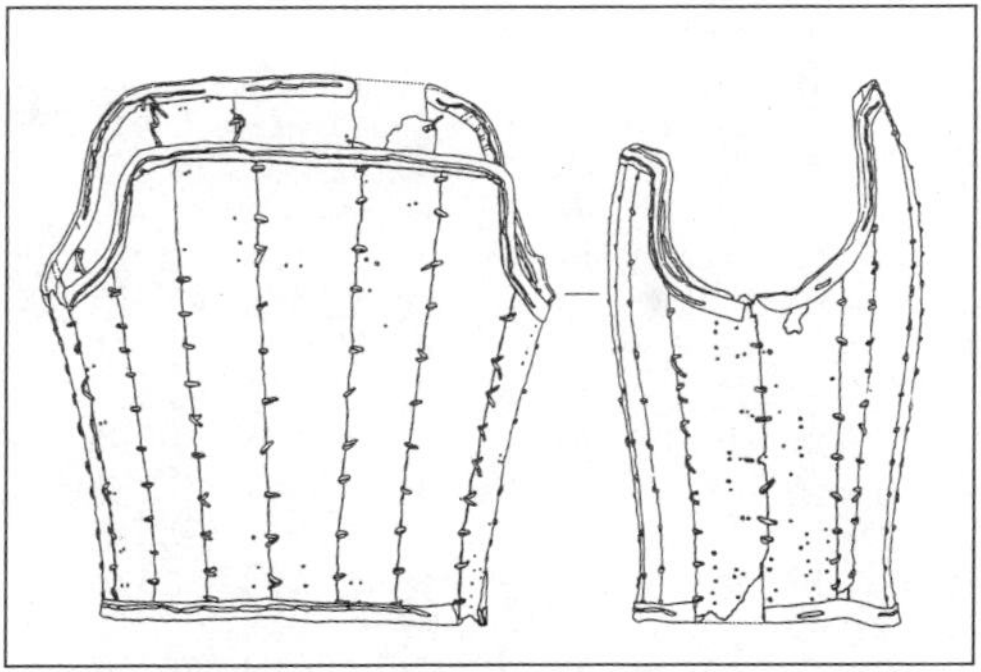

図18　縦矧板革綴短甲。山梨県甲府市大丸山古墳出土（橋本達也・鈴木一有『古墳時代甲冑集成』〔大阪大学大学院文学研究科考古学研究室、2014年〕より）

図19　方形板革綴短甲。奈良県橿原市新沢500号墳出土（奈良県立橿原考古学研究所附属博物館提供）

する古墳は前者が古い。

これらの短甲は、列島産か舶来品かという議論があるが、もとは朝鮮半島あたりから入ってきたものだろう。数は、列島全体でわずかに二〇例ほどで、形態や技法がまったく同じものがない点から、列島内で作られるようになっていたとしても、組織的な生産体制はなかったようだ。

出土する古墳をみると、大阪府茨木市の紫金山《しきんざん》（墳丘長一〇〇メートル）、滋賀県近江八幡《おうみはちまん》市の瓢簞山《ひょうたんやま》（同一六二メートル）、静岡県磐田市の松林山（同一〇七メートル）など、大形の前方後円墳が多い。倭王に連合した英雄たちだ。そのほか、近畿中央部の大和盆地には、円墳や、一〇〇メートルに満たない前方後円墳など、ややランクの低い墓に納められた例が、実に五つもある。これらの主は、倭王直属の部下クラスに当たるような将官だろう。かれらが墓に持ちこんだこれらの短甲は、倭王がリードしておこなう朝鮮半島での交渉や活動のなかで手に入れたものとみられる。

ただし、島根県邑南《おおなん》町にある長さ二〇メートルそこその前方後方墳・中山《なかやま》B1号墳や、福岡県行橋《ゆくはし》市の小円墳・稲童《いなどう》15号墳などからもこの種の短甲が出ていることには注意しなければならない。これらの主は、倭王の英雄団とは別口に、朝鮮半島に乗り出して交流をおこなっていた人物だろう。

倭人戦団の渡海

以上のようにみてくると、当時の戦隊の姿がうかびあがる。戦隊を指揮する大英雄や倭王直属の将は鉄甲を着ている。おそらく、革製の冑《かぶと》を頭にかぶり、腰から下にはこれも革でできたスカート状の腰甲（草摺《くさずり》）をつけていただろう。立派な大刀をはき、弥生時代以来の戦士の象徴である短剣もしのばせている。それらの英雄や将の下には、大刀をおもな武器とする高級戦士たちが居ならぶ。革や木の甲を身につけていただろうか。さらにその下には、ヤリ戦士たちが隊列を整えている。

ここで注目されるのは、戦隊が、指揮者としての英雄や高級戦士と、かれらの命令のもと隊をなして動く多数のヤリ戦士の集団という機能的な団体として組織されていた可能性だ。これは、集団戦といっても個人の格闘の集合に過ぎなかった弥生時代までの戦いと、大きく異なる点である。こうした戦術面での発展は、中国や朝鮮半島など、外部社会との接触や交流を通じてなしとげられたものだろう。

私はかつて、このヤリ部隊のような一般戦士は、農民が徴発されたものだと考えたことがあった。しかし、国家形成前の原始・古代の戦いに、農民が兵士として徴発されることはまれだ。また、各地において弥生時代から続く、小さなマウンドに石や木の小さな棺をしつらえた、古墳とはいいがたいような墳丘墓の主が、しばしばこのヤリや、その身に短い柄をつけて短剣としたものを副葬している。だからいままでは、ヤリをもつ一般戦士は、こうした在地の有力農民の一部が、鉄や先進的文物の分け前を目的に、もよりの英雄や高級戦士につき従ったものだとみている。これらをみやげに無事帰ってきた故郷で、かれらは同じ集団の人びとから、それ相応の歓待と尊敬を受けたにちがいない。

大規模な戦いは少なかった

では、このような倭人の戦団は、いったいどの程度の規模と頻度で、海を渡って朝鮮半島に乗りこんだり、かれらどうしが戦ったりしていたのだろうか。みてきたように、倭の武器は、三世紀の後半から四世紀の中頃にかけて、攻撃用・防御用ともに、朝鮮半島の武器のはっきりとした影響のもとで進歩している。長い柄の武器が主流だった朝鮮半島の戦術に対応して、それまでの短剣に長柄をつけたヤリの部隊を仕立てあげたのは、その一例だ。鉄製短甲の導入などの事実からみても、かなりの数の倭人が朝鮮半島に渡り、そこの勢力とときおり軍事的に接触していたことは、ほぼ疑いない。

しかし、そうではあるが、この段階の武器や装備の変化は、次に描く四世紀後半以降のそれにくらべても、まだまだ不徹底だ。たとえば朝鮮半島では、この時期の矛は装飾的なものも出るが、がんじょうな実用品もたくさん作られ、長柄の武器による戦闘技術はきわめて高度化している。これにくらべて、倭のヤリは、長柄武器としてはややおざなりの感があり、矛そのものも輸入されてはいるが、数はごく少ない。また、朝鮮半島の鉄鏃が、刃の後ろの角柱状の軸を発達させ、実用武器としてますます強靭になるのに対し、同じ系統の鉄鏃が、倭ではもっぱら飾り矢の鏃として宝器的な色彩を強めたことは、さきに述べたとおりだ。さらに、鉄製短甲も、倭のなかで組織的な生産がはじまった形跡はない。

これらの点からすると、倭の戦団が朝鮮半島の勢力と相まみえる場合は少なくなかったとしても、まだその装備や戦術などに抜本的な変革をうながすほどの大規模な戦闘はなかったようだ。おそらく、倭王や英雄たちが、戦備の改良や補充に政権をあげて取り組むことを決意させるような、いわば公的かつ組織的な戦闘という段階にはいたっていなかっただろう。倭王とその幕僚の英雄が連合する「倭軍」のような組織が観念として考えられることはあったかもしれないが、それらが実際に全体として渡海したようなことはありえない。多くは、倭王の同意やお墨付きを得た幕僚の英雄、あるいはもっと独立的な各地の英雄や有力者たちが、それぞれに渡海して朝鮮半島勢力と経済的な交流をむすび、ときには利害をめぐって交戦することもあった、という程度のことが、四世紀中頃までの状況として想定できるだろう。

5　倭軍の誕生

倭—百済軍事同盟の成立

以上のような状況が大きく変わるのが、四世紀の後半だ。この時期、国家形成にむけて激動していた朝鮮半島では、北の高句麗がいち早く体制を整え、西側の百済や東側の新羅もたくさんのクニのなかから力をつけて卓越し、王を中心に本格的な国家を作ろうとしていた。いっぽう、朝鮮半島の南岸沿いには、まだたくさんの小さなクニが統合されないで残っていた。それらのクニの総称が加耶だ。

これら朝鮮半島諸勢力のせめぎ合いのなかで、ひときわ勢いの強かった高句麗は、支配力拡大をねらって南方をうかがい、百済や新羅とぶつかるようになる。そのうち百済は、みずからの存立をまもる策の一つとして、倭との通交関係をうち立てようとする。吉田晶氏らが説いているように、その意図は、高句麗に武力で対抗するために、それまでしばしば朝鮮半島に現れていた倭の軍事力を味方につけ、利用することだっただろう。

その見返りは、鉄と先進的文物だ。『日本書紀』には、百済が倭に通交をよびかけたとき、その使者に「五色の絹、角製の弓矢、鉄の延べ板（鉄鋌《てってい》）四〇枚」を贈ったと記している。史実として鵜呑《うの》みにはできないが、この頃の倭が朝鮮半島の鉄を求めていた事情が、そこに映し出されているとみていいだろう。角製の弓がこのとき実在したとすると、それは動物性の材料を張りあわせた強力な弓で、畜産系の技術伝統をもたない倭では作れなかったハイテク武器だ。この記事は、倭が求めた先進的文物のなかに武器が含まれていた可能性も物語っている。

百済と倭が、右のような軍事的な同盟を結んだことをしめす物的資料がある。奈良県天理市の石上神宮《いそのかみじんぐう》に伝わる「七支刀《しちしとう》」だ。一本の幹から両側にそれぞれ三本ずつの小枝が出たような、変わった形の剣で、金で象嵌された銘文がある。その内容は、さまざまなめでたい文句を並べたあと、「百済王と太子が倭王のために造った」というものだ。また、「泰和《たいわ》四年」とされる中国の年号が出てくるが、これは三六九年にあたる。『三国史記』や『日本書紀』などの文献史料の検討からも、この年の前後に、百済と倭との正式な通交が始まったとみてよい。

これによって、倭の戦団が朝鮮半島に渡ることは、それまでの倭王や英雄たちによる自在な経済行為の一環から、国と国との盟約にもとづく国際的な政治活動へと質を変えた。それによって得られる鉄や文物の確保をたしかにするためにも、また、東アジア諸勢力のなかでの倭の威信を高めるためにも、この活動に対して倭王や幕僚たちは、政権をあげて真剣に取り組まなければならなかっただろう。

甲冑の量産体制

その取り組みとは、具体的にいうと、朝鮮半島での本格的な戦闘に耐え、また「倭軍」の威光を高からしめるような見ばえもすぐれた軍装や体制を整えることだった。そして、その形跡ではないかと思われる現象を、考古資料のなかに見いだせるのである。

文献史料によると、百済と倭とが関係を結んだ数年のちの三七一年、百済の近肖古《きんしょうこ》王《おう》は、攻め込んできた高句麗を破り、その勢いに乗じて敵の拠点・平壌に攻め込み、故《こ》国原王《こくげんおう》を殺した。証明するものはないが、それまでのいきさつからみて、この百済の勝ちいくさに倭の戦団が参加・協力していた可能性が強いと考えられている。おそらく、倭の戦団を後《ご》づめとして利用できたからこそ、敵の敗走を追ってその都にまで攻め込むという積極策に踏みきれたのだと思う。

だとすれば、ちょうどこの三七〇年前後にあたる四世紀の後半からその末頃にかけての古墳の主のなかに、この朝鮮半島での軍事行動に関係した人びとが含まれているとみてよい。そして、かれに副葬された武装が、このときに整えられた倭軍の装備を反映するものだろう。そこで、あらためて四世紀後半〜末の古墳の武器・武具をみると、明らかにそれまでとはちがう現象が指摘できる（次頁、図20）。

まず、鉄製短甲の急激な増加だ。四世紀中頃までの縦矧板革綴短甲と方形板革綴短甲とが列島全体で合計二〇領ほどしか知られていないのに対し、この時期になってから作られる長方板革綴短甲《ちょうほうばんかわとじ》と三角板革綴短甲《さんかくばんかわとじ》の二型式は、合わせて一三〇領以上が出土している。しかも、副葬されているのは大形の前方後円墳だけでなく、中小の前方後円墳や、小円墳・小方墳が多い。鉄製短甲の大量生産が始まることで、それを手に入れられる人の数が飛躍的に増えたというわけだ。つまり、このことによって、鉄の短甲に身をかためた重装備の一般戦士の戦隊が、はじめて実現しただろう。

この二型式の短甲は、作りかたで大きく共通する。「帯金《おびがね》」とよばれるベルト状の鉄板でまずフレームを作り、そこに「地板」とよばれる鉄板を綴《と》じつけていくという手法だ。この地板の形が長方形のものを長方板革綴短甲、三角形のものを三角板革綴短甲とよんでいる。また、同じ手法で冑《かぶと》も作られるようになる。この体系的な手法によって、製作工人たちのあいだの流れ分業が可能になり、大量生産がはじまったとみられる。

じっさい、この種の甲冑は、近畿中央部から出るものも、九州や関東のものもまった

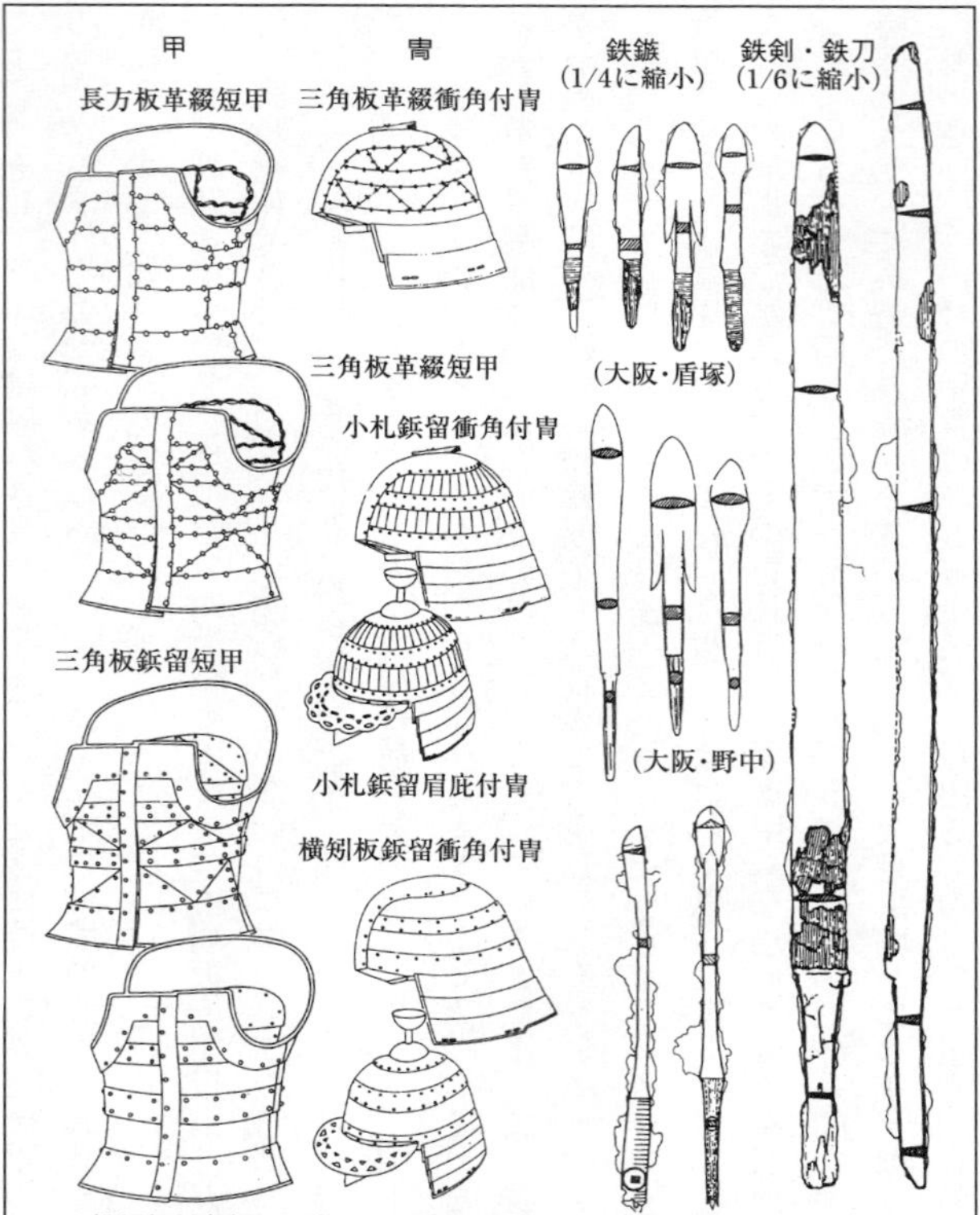

図20　4世紀後半〜5世紀の武装。下へ行くほど新しい（松木武彦「『戦い』から『戦争』へ」都出比呂志編『古代国家はこうして生まれた』〔角川書店、1998年〕より。甲冑の模式図は小林謙一氏ほかによる）

く同じ形態で、技法も細かいところまで同一だ。したがって、これらはどこか一ヵ所で作られたとみなすか、複数の箇所で作られたとしても、それら相互間の技術交流がきわめて密であるような状況を考えるほかはない。つまり、鉄の甲冑を量産するための組織的な体制が、急速に確立されたということだ。その後、次世代タイプの甲冑が出てくる五世紀前半の比較的新しい段階まで、この種の甲冑は、部分的に改良されながらも作り続けられた。この種の甲冑は八割が西日本に分布し、さらにその約半数は近畿中央部にある。九州北部にもやや集中する。製作された場所はまだわかっていないが、その供給の核の一つは近畿中央部にあった可能性が高い。倭王と幕僚たちが、その製作と供給の主宰者だったのだろう。

ヤリから大刀へ

次は、刀剣やヤリ、弓矢など攻撃武器の変化だ。四世紀中頃までの倭人の戦団でさかんに用いられたヤリは、なくなりはしないが、この時期を境に下火になっていく。代わって増えるのが大刀だ。大刀は弥生時代後半の一世紀からこのかた増える傾向にはあるが、この時期の急増はとくにいちじるしい。たとえば、有力な英雄を葬った棺の外側などに、十数本から数十本もまとめて置かれるようになるのはこの頃だ。また、小さな墳丘しかもたない有力農民クラスの戦士の埋葬にも、これまでの短剣ないしヤリとともに、あるいはそれに代わって、大刀が供えられることがふつうになる。大刀が普及して、一般の戦士がもつ実戦用の武器としての地位を占めるようになったのだ。その背後には、列島内での大刀生産が軌道に乗った状況が考えられるが、おそらく、倭王たちの政権が軍備拡充を企図した結果の一つと推定できる。

弓矢の発達も明らかだ。弥生時代の終わりに伝わってきた厚手の鉄鏃《てつぞく》が、もっぱら飾り矢の鏃《やじり》として発展したことはさきに述べたとおりで、四世紀中頃までの実用鏃は、弥生時代以来の薄手の鉄鏃だった。それが、この時期になると、厚手の鉄鏃のなかに、高い実用性をもつものが現れる。刃の後ろに角柱状の軸をつけた強靭な鉄鏃で、かねてから朝鮮半島で発達していたものと同じだ。そこから導入されたものであることは疑いない。はじめは輸入品もあっただろうが、すぐに列島内でも作られるようになったとみられる。この新型の鉄鏃がめざしたものは、鉄の甲冑を貫く威力だろう。

なお、私は、以上のような軍備の変革を、あとで述べる高句麗との戦闘の経験を踏まえて五世紀初めの倭王の政権が推進したものだと、従来は考えていた。しかし、最近の古墳の新発見や古墳の年代研究の進展、および私自身の研究の深まりによって、これらの変革の時期は四世紀後半にさかのぼる可能性が高いと考えるようになった。短甲・大刀・鉄鏃にみられる右のような変革は、三七〇年前後の百済との同盟を機に、ときの倭王の政権が中心となって進めたものと思われる。

倭軍のスタイル＝倭人としての自覚

ここで興味深いのは、右の新しい武装内容のうち、短甲と大刀はどちらも歩兵用の武器であることだ。つまり、それらの増強は、朝鮮半島に広まりつつあった騎馬戦術に対応したものではなく、むしろ、徒歩による接近戦術の充実をめざしたものと理解されるのである。騎馬戦術の存在も見知っていたはずだし、その威力に触れていたかもしれない倭王や英雄たちが、それとは異質な、いうなれば重装歩兵戦隊の創出をめざしたのはなぜだろうか。

答えはむずかしいが、一つには、馬の飼育など生活文化に深く根ざした騎馬の戦いを導入することが、一朝一夕には困難だと判断された可能性があるだろう。じっさい、この段階までさかのぼることが確実な金属製馬具は、日本列島では見つかっていないのである。さらには、倭王や英雄たちの精神のなかに、徒歩による接近戦という弥生以来の伝統的な戦闘観念が根強かっただろうことは、その死に臨んで遺骸に接し置かれたひと振りの短剣が物語っている。したがって、そのような歩兵戦社会の英雄として権威を保

図21　朝鮮半島の短甲。出土地未詳（釜山広域市立博物館・福泉分館調査保存室編『古代戦士』〔1999年〕より）

ってきたかれらにとって、異民族の戦闘様式である騎馬戦術の英雄に転身しなければならないことは、観念上の意外に大きな壁となったかもしれない。

いずれにしても、短甲と大刀という重装歩兵の軍装に、朝鮮半島から導入した新型鉄鏃が加わった装備が、四世紀の後半、列島の広い範囲に行きわたったことは事実だ。倭王を盟主とする各地の英雄は、共同で作った同型式の甲冑《よろいかぶと》に身をつつんで大刀をもつという、同じスタイルの軍装を共有することになる。それまで、中国との政治的関係や朝鮮半島との交流のなかで、おのおのがなかば自在に手に入れた軍装をまとっていた英雄たちは、この時期にはじめて、倭王軍の制式武装ともいえるそろいの軍装で身をつつむようになったわけだ。かれらの部下や配下の一般戦士たちもまた、防具の附属具などに多少の差はあるが、やはり同じスタイルの兵装でいでたちをそろえ、手には同じように大刀をにぎるようになった。

こうして軍装をそろえた戦団は、朝鮮半島など外部社会の人びとからは、一見して「倭軍」「倭兵」などと認識されるようになっただろう。見られる側もそれを意識したにちがいない。とくに、倭の戦団が着ていた二型式の短甲や冑は、いずれも帯金や地板などの部品を横方向に綴じ合わせる点で共通のデザインをもつ。これは、部品を縦方向に綴じ合わせるのを好む朝鮮半島の短甲や冑と対照的で、倭軍を見分ける大きなしるしとなったはずだ。また、朝鮮半島の戦団が、主として長い柄を付けた矛で武装しているのに対し、倭の戦団が手に手に大刀を握っていることも特徴的だっただろう。

外部との戦いや競争のなかで、たがいに同じ武器をもち、同じ軍装に身をつつむ意味は大きい。それを自他ともに意識することが、集団の精神的な一体性や帰属感を高めることになるからだ。現代社会で、強権的な国家や団体ほど統一された服装や制服を好む傾向があるのは、そのためである。

倭軍の視覚的なスタイルが右のようにしてできあがったことは、その盟主である倭王の精神的な求心力を強めたと思われるし、そこに参加した英雄たちの連帯意識を顕在化させただろう。剣戦士という同じ戦士のイデアを共有した弥生時代後半から一歩前進した、「倭人」という民族としてのアイデンティティの強い自覚が、倭王と英雄、そして戦士たちの共同武装を通じて、列島社会のなかに浸透していった可能性が高い。

6　倭軍、敗れる

倭軍は傭兵

さて、同盟によって渡ってきた倭軍の力を利用しながら、百済はひとたび高句麗に勝った。さきにみた三七一年の出来事だ。しかし、もともと国力もあり、軍事力にもすぐれた高句麗が、そう簡単に存亡の危機に追い込まれることはなかった。ことに、三七五年に即位した広開土王《こうかいどおう》はすぐれた戦争指導者だったらしく、たちまち盛りかえして南方に圧力をかけた。新羅は高句麗に従う道を選んだが、百済は、一つには倭の軍事力を利用できる見込みに立って、高句麗に対峙《たいじ》する姿勢を保った。

そのためだろう、三九六年、広開土王はみずから軍をひきいて百済に攻め込んで大勝し、高句麗への服属を誓わせた。しかし、百済はその後も倭に王子を預けるなどして、倭との軍事的な連携を保とうとしていたらしい。広開土王の業績を刻んだ有名な「広開土王碑文」によると、三九九年、王は服属の誓いを守らない百済を攻めるために南下の途中、倭軍が新羅の領内に駐留していることを知った。そこで翌四〇〇年、大軍を送って新羅から倭軍を追い出した。四年後の四〇四年、高句麗の南辺、百済との国境近い「帯方界」に侵入した倭軍を、王みずから軍を率いて撃退した。さらに四〇七年、王は三たび百済を攻めて大勝したという。

倭軍が新羅に駐留していたり、「帯方界」に入り込んだりした背後には、新羅や百済の主体的な意図が働いていた可能性が強い。つまり吉田晶氏がいうように、高句麗に対する戦略の一つとして、倭の軍事力を利用したものと考えていいだろう。おそらく、倭への見返りは鉄や先進的文物。鉄に頼る生活やその文化にすっかり浸かってしまっていた倭人たちにとって、これらはもはや不可欠のものだ。

英雄や有力農民戦士の集合体にすぎなかった倭軍が大挙して朝鮮半島に渡ったのは、倭王の威光や主導力のたまものというよりも、こうした物質的見返りへの期待が大きかったためと考えられる。事実、後に述べるように、この直後の時期には、朝鮮半島の文物、先進技術、生活様式などが、空前のスケールで列島に流れ込んでいるのである。

防衛無視はこの時代から

以上のようにみてくると、この段階の倭軍には、百済や新羅の傭兵《ようへい》としての性格が想定できるだろう。倭がこれほどの軍事力を、いうなれば「輸出」できた背景には、広島大学の下向井龍彦《しもむかいたつひこ》氏がいうように四方を海に囲まれ、容易に侵される心配がないという地政的な条件が働いていたにちがいない。倭人たちは、他国からの越境や侵入が日常茶飯事だった朝鮮半島の人びとにくらべて、はるかに後顧のうれいなく、戦団を仕立てて外地へ乗り出すことができたのだ。

そのことは、この時期、朝鮮半島では要塞や防御線としての山城《やまじろ》が発達しはじめるのに対し、列島ではそれがまったくみられないという事実からも認証できる。このような地政の条件が許したゆえにできあがった攻撃偏重の軍事力使用という戦術体系は、あとの章で述べるように、そののち近代までの長いあいだ、倭人の戦争のスタイルや観念を規定しつづけた可能性があるだろう。

倭の歩兵戦隊vs.高句麗の騎馬戦隊

広開土王碑の記述からもうかがわれるように、四〇〇年や四〇四年の戦いは、倭軍にとって厳しいものだったらしい。高句麗側の資料だから多少の誇張はあるだろうが、後のいろいろな状況から考えても、高句麗軍が倭軍を撃退したのは、ほぼ確かといえる。

当時の両軍の装備を推定してみよう。まず倭軍だ。前節でみたように、倭軍の中心は短甲と冑を身につけた重装備の歩兵部隊。指揮官でさえ徒歩だ。主力武器は長さ八〇セ

図22　高句麗の武装。安岳３号墳の壁画（朝鮮民主主義人民共和国科学院考古学及び民俗学研究所編『安岳第３号墳発掘報告』〔1958年〕より）

ンチメートルから一メートルほどの大刀。ヤリ戦隊も少しいる。弓については詳しくわからないが、矢の先には導入してまもない、角棒状の軸をもった新型の鉄鏃がついている。ただし、弥生時代以来の技法で作った、柳の葉のような薄っぺらい旧式鉄鏃をつけた矢もかなりある。この倭軍は、なによりも大刀を振るって肉薄する接近戦を得意とし、それに誇りをもっているようだ。しかし、なにぶん重たい甲冑を身につけた歩兵部隊のこと。行動は遅い。

対する高句麗軍。こちらは古墳の壁画があるので、より復元しやすい。歩兵と騎兵とがいるが、目をひくのは騎兵だ。指揮官も騎馬。騎兵は魚のうろこのような鉄板（小札《こざね》）をつづった甲冑を身につけ、手には長い柄をつけた矛をもっている。歩兵には、大刀をもつ隊と、矛らしき長柄の武器をもつ隊とがある。いずれも腰までの短い甲《よろい》をまとい、もう片方の手には盾をもっている。歩兵には、ほかに鉞《まさかり》をもつ隊や、弓隊がいる。弓隊の弓は彎弓《わんきゅう》。弦をはずしたときの反りとは反対の方向に引く型式の、短いが非常に強力な弓だ。矢の先につける鉄鏃は、角棒状の軸をもった細くて鋭いもの、先端が一文字の刃になった平たいもの、先端を一文字の刃とした鉄板を三枚羽のように束ね合わせたものという、主として三種からなる。後の二者は大きな殺傷力をもつが、彎弓のような強力な弓でないとまともに飛ばすことができない特異な鏃だ。

このような倭軍と高句麗軍とが対戦した結果は、だいたい察しがつく。おそらく、動きの遅い倭軍は高句麗の騎馬戦隊にほんろうされ、得意の接近戦にもちこむ前に、射程距離にすぐれた彎弓の格好の的となっただろう。接近戦におよんでも、大刀隊、矛隊などに専門分化して戦術的に攻撃してくる高句麗軍に対し、倭軍がどこまで十分に応戦できたかは疑わしい。あまつさえ敵地だ。百済人の参謀や案内人がいたかもしれないが、地の利を得ない土地で、思うにまかせぬことが多かっただろう。

四〇四年の戦闘は海戦だったと伝えられ、詳しい復元は困難だ。ただし、このときの高句麗軍は、英傑・広開土王みずからひきいる歴戦の猛者《もさ》で、戦意も旺盛だったと思われる。対する倭軍は、なかば物資目当てで寄り集まった各地の兵力の連合で、倭王が親《しん》率《そつ》していたわけではない。ひとたび打撃を受けると、潰走するのは早かったのではないだろうか。

歩兵装備のリニューアル

朝鮮半島への倭軍の渡海は、政治的には百済との同盟によって軍事上の援助をおこない、経済的にはその見返りとしての鉄や先進的な文物・技術を得るという意味をもっていた。しかし、倭軍の戦いが振るわない状況が続けば、政治的には倭の権威の失墜につながり、経済的にも苦境に立たされる恐れがあった。

このような危機感をもっておこなわれたのが、まず、軍備の改良だ。その第一は、新型の短甲の開発。これまで部品の鉄板どうしを革紐で綴じ合わせていたのが、鉄のリベットで留め合わせるようになったもので、鋲留式短甲《びょうどめしき》とよばれる。従来のもの以上に量産されたようで、列島全体でこれまでに知られている鋲留式短甲の数は、二〇〇領をはるかに超える。やはり歩兵用で、機動性に欠けるが防御力は堅い。

第二は、弓矢、とくに鉄鏃の改善だ。刃の後ろについた角棒状の軸を長く伸ばすことによって、鋭さはそのままに重みを加えた「長頸式鉄鏃《ちょうけいしき》」というタイプがこの時期から現れる。この種の鉄鏃は、朝鮮半島や日本列島でほぼ同時に現れるので、おそらく、交戦を通じておたがいに影響を与え合ったものと考えられるだろう。

これらのうち、鋲留式短甲は、それまでの革綴短甲と同じように、列島のどこから出るものも同じ形で、しかも同じ技法によって作られている。従来どおり、統一的な組織で作られていた可能性が高い。いっぽう長頸式鉄鏃は、各地方ごとに作られていたとみられるが、その出現は列島各地でほぼ同時だ。また、刃の後ろに小さなトゲ状の突起をつけた同じデザインのものが、近畿を中心として各地に散らばっている。

なお、軍備の改良についてもう一つ見落とせないのは、馬具と、騎馬用の甲《よろい》といわれる挂甲《けいこう》の出現だ。挂甲は、高句麗の騎馬戦士が着ていたのと同じ、うろこのような鉄の小札を綴じ合わせた、動きやすい甲である。しかし、五世紀の前半までは、馬具や挂甲はまだ数えるほどで、どうやら輸入品らしい。新しいもの好きな一部の英雄や戦士が、モダンな朝鮮半島風の装いとして個別に手に入れた嗜好品だろう。あるいは朝鮮半島の出身者かもしれない。

桃崎祐輔《ももさきゆうすけ》氏の研究によると、五世紀の前半、馬を扱う技術やそれに関連する習俗は、かなり大がかりに朝鮮半島からもたらされている。馬の利用やその文化は、鉄の加工や須恵器《すえき》の使用などといっしょに、朝鮮系の開明的な生活様式の一つとして、この頃以降、倭人社会に広く行きわたったようだ。にもかかわらず、馬具や挂甲の出かたは、いま述べたように、鋲留式短甲や長頸式鉄鏃にくらべるときわめて単発的で、組織的な量産などが始まったようすはうかがえない。つまり、高句麗などに張りあうような騎馬戦隊を作ろうとしたあとは見いだせないのだ。

結局のところ、高句麗を相手に一敗地にまみれたあとを受けての軍備のリニューアルは、基本的には、長頸式鉄鏃にみられる弓矢の一斉改良と、鋲留式短甲の増産という二点につきるだろう。大刀は相変わらずさかんに生産され、ヤリをほとんど駆逐しつつあった。鋲留式短甲と大刀の増産に力を入れるという方針には、旧来どおりの重装歩兵戦術をこの期におよんでもなお推し進めようという一種の頑迷さがみえる。そこに、軍事思想にまつわる精神的な保守性のようなものを嗅ぎとるのは、私だけだろうか。

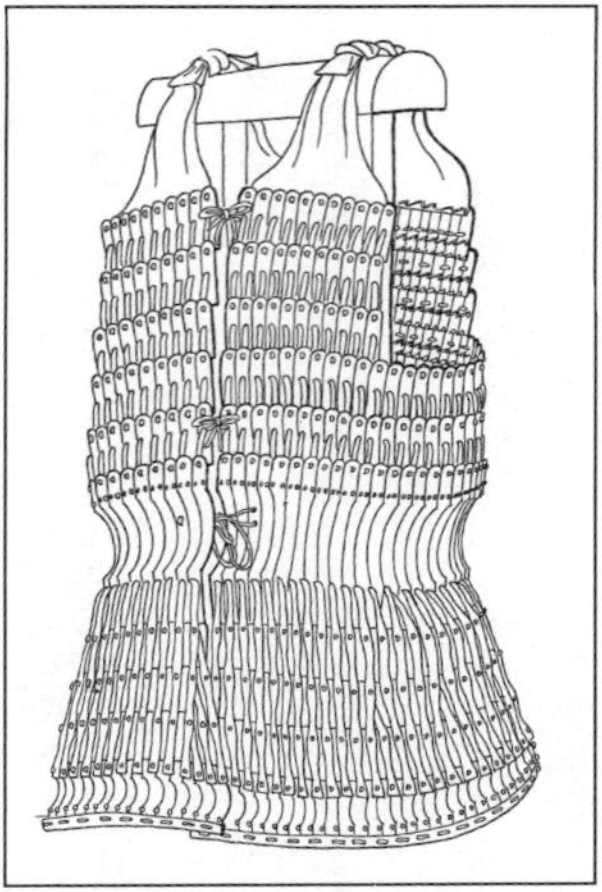

図23　挂甲の復元図（末永雅雄『日本上代の甲冑』〔創元社、1944年〕より）

7 倭王と将軍たち——連合王権「倭」

安東将軍、倭国王

朝鮮半島での軍事行為がままならぬ倭王たちがとったもう一つの方策は、中国への根回しだ。中国王朝のお墨付きによって朝鮮半島での利権確保を有利に進めようという、弥生時代以来の倭の伝統的戦略である。五世紀の倭王たち、すなわち讃《さん》・珍《ちん》・済《せい》・興《こう》・武《ぶ》と続く「倭の五王」は、その積極的な推進者だった。

中国の歴史書によると、四二一年、倭王・讃は、東晋《とうしん》の後を継いだ宋《そう》に使いを出して貢物を献上した。さらに、次の倭王・珍は、四三八年の遣使《けんし》のときに「使持節《しじせつ》、都督《ととく》倭《わ》・百済《くだら》・新羅《しらぎ》・任那《みまな》・秦韓《しんかん》・慕韓《ぼかん》六国諸軍事、安東大将軍、倭国王」の爵号《しゃくごう》を求めた。そのうち認められたのは「安東将軍、倭国王」だけだが、ほかの長い称号は、高句麗をのぞく朝鮮半島各地と倭との軍事支配権を意味している。

四五一年、次の倭王・済は「使持節、都督倭・新羅・任那・加羅・秦韓・慕韓六国諸軍事、安東将軍、倭国王」の称号をもらい、高句麗と百済とをのぞく朝鮮半島の軍事支配権を認められた。同じ内容の軍事支配権と「安東大将軍」の称号は、その後、四七八年に倭王・武にも授けられた。

倭王の朝鮮半島軍事支配権は、むろん名目上のことだ。百済などの求めに応じ、倭軍をなかば傭兵として朝鮮半島に送りこんでいたそれまでの経緯をよいように解釈し、うまく利用したものといえるだろう。しかし、この称号が、朝鮮半島に武力を持ちこみ、鉄などの利権を得る大義名分になっていたことは疑いない。

もっとも、この時期には、倭だけでなく高句麗・百済、やや遅れるが加耶の王なども、同じように中国に使いを送り、きそって称号をもらっている。国家への歩みを速めたさまざまな民族や勢力が、鉄や先進的な文物、技術、あるいはそれに対する権益、またときには領域や資源や労働力などを奪い合いながら、激しい威信争いを繰り広げていた。これが、四世紀の終わりから五世紀にかけての東アジアの国際情勢だ。

王陵区の整備

この時期の列島の古墳が異常に大きくなるという現象も、右のような競争的な国際情勢を背景にしなければ理解できない。

こうした競争をつねにリードしていた高句麗は、いまの朝鮮民主主義人民共和国（北朝鮮）と中国との国境を流れる鴨緑江《おうりょくこう》のほとり、集安《しゅうあん》に王都を置き、付近に大がかり

図24　高句麗の王陵、将軍塚（吉林省文物考古研究所・集安市博物館編著『集安高句麗王陵』〔文物出版社、2004年〕より）

な王陵群を営んだ。その代表は将軍塚。一辺の長さ三六・五メートル、高さ一二・四メートルのピラミッド形に巨石を積みあげたみごとな姿は、日本でも有名だ。ただし、将軍塚がいちばん大きいわけではなく、太王陵《たいおうりょう》、千秋塚《せんしゅうづか》、麻線溝西大塚《ませんこうにしおおつか》など、一辺が五〇～八〇メートルにもおよぶ巨大な方形の積石塚《つみいしづか》が、一帯には数多く築かれている。四世紀後半から五世紀前半にかけての歴代高句麗王が眠る墓だろう。

さらに、それらのまわりには、やや小ぶりの積石塚が並んでいたり、群れをなしていたりする。王の一族や重臣たちの墓だ。巨大な王墓とそれを取りまく中小の墓がおりなす王陵区の景観は、王宮を囲む城壁（国内城）やその背後をまもる山城（山城子山城）の土塁などとあいまって、王の権威のありかを示す独特の人工的なパノラマを形づくっている。

高句麗と対立した百済のこの頃の王陵区は、いまのソウルにある。石村洞《せきそんどう》古墳群だ。高句麗と同じ様式の積石塚からなり、もっとも大きい四世紀後半の3号墳は、一辺がおよそ五〇メートルある。新羅でも、五世紀に入る頃から、中心地の慶州《けいしゅう》に王陵区が本格的に作られ始める。ここの王陵は大きな円墳。この円墳が二基くっついた形の皇南大《こうなんおお》塚《つか》は、長さ一一四メートル、高さ二二・六メートルで、見あげるような威容を誇っている。

そして、これらと同じ時期の倭の王陵区が、応神陵《おうじんりょう》・仁徳陵《にんとくりょう》として伝えられる二つの超巨大前方後円墳をそれぞれ核とする、大阪府の古市《ふるいち》古墳群と百舌鳥《もず》古墳群だ。従来の倍近い巨大な墳丘に、水を満々とたたえた広大な濠をめぐらせ、さらにそのまわりに中小の前方後円墳や方墳や円墳を衛星のように配した古墳群全体のパノラマがおりなす威容は、それまでになかったものである。しかもこれらは、瀬戸内海を航行してきて近畿中央部に着こうとする船がいやおうなしに目にす

図25　百舌鳥古墳群。中央は仁徳陵として伝えられる大山古墳（読売新聞社提供）

る大阪湾岸の台地の上と、そこから大和にいたるルートに面した場所を選んで営まれている。外から来る人の目を意識して作りあげた景観であることは、まちがいないだろう。

朝鮮半島との関係を政策の軸とし、そこの文化にあこがれつつ、そこより優位に立つことで威信を高めようとしていたこの時期の倭王たちが、高句麗や百済、新羅の王陵区のことを意識しなかったとは思えない。古市や百舌鳥の王陵区の広さや、そこに築かれた王陵の巨大さは、百済・新羅・加耶を名目上の支配下に置いて高句麗に張りあおうとした倭王や、その幕僚となっていた有力英雄たちの、権威に対する強い執着を物語っている。

王陵区の中では、王や英雄の死に際して、おびただしい鉄器やその雛型を埋めこむ葬送の儀式が、ひきつづきおこなわれた。それらの鉄製品はおもに生産用具と武器で、いちじるしく数が増えてはいるが、内容は、英雄の葬送の道具立てとして三〜四世紀からずっと使われてきたものと同じだ。伝統的な武威と生産の鉄まつりが、きわめて大がかりに拡大された形で、そこに生き続けているのである。

近畿以外にも林立する王陵区

ただ、ここで注意したいのは、右のような王陵区と同じようなものが、古市・百舌鳥

図26　造山古墳（2004年撮影。読売新聞社提供）

だけでなく、列島の各地に散在しているという点だ。たとえば近畿中央部のほかの地域をみると、大和には佐紀盾列《さきたたなみ》古墳群、馬見《まみ》古墳群という二つの古墳密集域がある。やや規模は小さくなるが、北の摂津《せっつ》には三島野《みしまの》古墳群、南の和泉《いずみ》には淡輪《たんのわ》古墳群がある。

近畿だけではない。瀬戸内の中核・吉備《きび》には、造山《つくりやま》《ぞうざん》・作山《つくりやま》《さくざん》という二大前方後円墳を核とした古墳密集域がある。このうちの造山古墳は、墳丘の長さが三五〇メートルもあり、応神陵（誉田《こんだ》御廟山《ごびょうやま》古墳）ができるまでは、履中陵《りちゅうりょう》（百舌鳥《もず》陵山《みささぎやま》古墳）とならんで列島全体で一、二位を争う王墓だった。

古市・百舌鳥の古墳密集域がもっとも大きく、ここが倭王の王陵区だったことはまちがいない。しかし、それとほとんど肩を並べるか、やや劣る程度の古墳密集域がほかにあるのも事実だ。それらは、倭王の権威がまだ絶対的ではなく、かれに匹敵するほどの力をもった大英雄たちがほかにもいたことを物語っている。

さきにみたように、倭王は中国王朝から、「安東将軍、倭国王」の称号を認められた。実はこのとき、倭王の同族や幕僚のおもだった人びとにも、「平西《へいせい》将軍」「征虜《せいりょ》将軍」「冠軍《かんぐん》将軍」「輔国《ほこく》将軍」といった将軍の称号が授けられている。

古代史の坂元義種《さかもとよしたね》氏によると、これらの将軍号は、倭王がもらった「安東将軍」にくらべて、それほど大きな格の違いはないらしい。中国から将軍号をもらい、高句麗や百済などに対抗して王陵区を築いて権威を誇示したのは、倭王だけではなかった。その幕僚となった近畿や吉備などの大英雄もまた、そういう点では倭王と変わらない地位や立場を自任していたのだ。こうした状況は、この段階の倭王が、林立する大英雄の一人にすぎなかったことの反映だろう。だとすると、倭軍もまた、倭王一人のもとに統《す》べられたものではなく、実質的には、これらの大英雄たちを軸に共同で運営される連合体としての性格をもっていたと考えるのが自然だ。

倭軍は自在な戦士団

このような倭軍の武装は、どこで作られ、どのようなやりかたで配備されていたのだろうか。まず、短甲や冑は、さきに述べたように、どこか一ヵ所か、あるいはたがいに密接な技術交流のある少数の工房で作られていた可能性が高い。その場所はまだわかっていないが、製品は明らかに近畿中央部を中心に分布していることから、やはり倭王を含めて有力な大英雄がひしめくこの地方にあったと考えられる。おそらく、その製作体制は、倭王だけでなく、近畿中央部などの大英雄たちが共同で営んでいたものだろう。だとすると、製品はそこからかれらに分配され、さらにはかれらを通じて配下や同僚の英雄たちにも配給されたと推定できる。

鉄鏃については、そのときどきの新型鉄鏃がほとんど同時に各地に広まっているので、何らかの技術伝達の動きはあったらしい。しかし、それらの鉄鏃は、よく観察すれば形や技法に細かい地域差が見つかる。また、九州のように、弥生時代からの伝統を保った形の鉄鏃を作りつづける地域もある。鉄鏃は、各地の英雄のもとで生産されていたと考えてまちがいないだろう。大刀は、どのように作られていたのか、まだわからない。

このように、倭軍の武装は、倭王が独占的に生産・配布していたものでなく、基本的には倭王も含めた英雄たちが個々に作り、甲冑のように高度な技術が必要なものについては共同の組織を営んで製作していたようだ。つまり、倭軍は、倭王など特定の人物のもとに武力が集中する組織ではなく、倭王も含めた列島各地の英雄たちが、ときには共同し合い、武装のスタイルに共通性をめざしながらも、本質としてはみずからの力で自前の武力を生みだし、それを寄せ合う形で連合したものだ。さらにそこへ、倭王や幕僚の大英雄たちにつながる各地の英雄や、配下の有力農民戦士たち、あるいはもっと自立的な戦士たちが、鉄や先進的文物の分け前を求めてめいめいに参集したものが、倭軍の実態だっただろう。

五世紀の後半には、埼玉県行田市《ぎょうだ》の稲荷山《いなりやま》古墳から出た鉄剣の銘文が示すように、「杖刀人《じょうとうじん》」とよばれる戦士集団が倭王のそばに設けられ、地方の英雄の一族がそこへ参加するようなしくみもできていたらしい。しかし、この杖刀人は実効的な兵力というよりも、一種の親衛隊で、王の身辺を飾る威儀的な色彩が強かったようだ。

倭軍とギリシア軍

みてきたように、四世紀に成立し、五世紀に大きく発展した倭軍は、組織的な軍隊というよりも、倭王や大英雄たちを中心にした倭人たちの戦士団ともいうべき性格をもっていた。その武力は、実質的には中央に集められたわけではなく、各地の英雄たちのもとにあったし、もっと自立的な戦士たちもいたことだろう。

日本の古代国家は、一般にアジア的な専制国家とされる。そして、アジア的専制帝国の軍隊のもっとも典型的なタイプは、王や皇帝に属し、その命令のもとに動員され、かたく組織されるものと捉えられている。その最初の例とされる紀元前八～前七世紀のアッシリアでは、王は軍を率いてみずから遠征して領域を広げ、配下の都市や地方の反乱に対しては、強大な軍を投入して容赦なく抑えつけた。

アッシリアの例はとくに鮮やかだが、その後も、メソポタミアに覇をとなえた古代専制帝国の軍事力は、多かれ少なかれ、同じように集権的だ。紀元前六～前四世紀にこの地域を広く支配したアケメネス朝ペルシアは、地方支配の制度は比較的ゆるやかだったといわれるが、徴兵によって集められ、王のもとに統率される強力な軍隊をもっていた。それらは、王をまもる近衛部隊およそ一万と、地方行政区（サトラピ）でそれぞれ徴兵された膨大な数の地方軍からなる。地方軍は、一〇人、一〇〇人、一〇〇〇人、一万人という階層的な単位で組織化され、各単位に隊長がいて、全体を、王が任じる地方長官（サトラップ）が率いた。有事にはこれらが王のもとにはせ参じるのである。

このような軍隊と、いまみてきた倭軍の実態とのあいだには、大きな開きがある。むしろ、古代のメソポタミアから地中海の諸例のなかでは、紀元前五世紀の中頃、アテネを中心とするギリシアのポリス群が攻守連合として結び合ったデロス同盟のほうが、ある意味では倭軍のありかたに近かったともいえるだろう。デロス同盟は、強大な軍事力をほこるペルシアの侵攻をかろうじて退けたギリシアのポリス群が、その再度の侵攻に備えるために作ったものだ。加盟した各ポリスはその位置づけに応じて分担金を出し、軍船などの戦備を整えるという、共同武装の組織だったらしい。

もちろん、紀元前五世紀のギリシアと四世紀の倭とをストレートにくらべ合わせるのは乱暴だろう。しかし、たがいに独立したいくつもの集団の軍事力が、対外的な動機によって寄り集まるという構図をみせる点では、倭軍は、アッシリアやペルシアの軍隊よりもデロス同盟に近い。また、デロス同盟が、おのおの独立した集団の軍事力の連合体ながら、「ギリシア人の軍隊」という民族的なアイデンティティや宗教で結ばれていた点も、倭軍に似ている。これにくらべ、むしろペルシアの軍隊などは、バビロニア人、バクトリア人、サルガティア遊牧民などの異民族の部隊や傭兵をたくさん含んでおり、それらを結びつけるものは、精神的なまとまりではなく、もっと機械的で強制的なペルシア帝国という組織の力だった。

日本の軍事的原型

四〜五世紀の倭軍に関してさらに興味深い点は、その戦術や思想にみられる独自の個性だ。すでに触れたことだが、もういちど注意しておこう。

一つは、戦争のしかたや武力の配備が攻撃主体で、防衛については、四〜五世紀の時期にはほとんどみるべき発達がないことだ。こうした状況は、攻防に欠かせない施設として早くから古代山城が発達した朝鮮半島とは、対照的といえるだろう。堀をめぐらせた英雄の居館が現れはするが、防御施設というよりは、威儀を整えた有力者の邸宅という感が強い。また、大規模なものは、いまのところ東日本にほぼ限られている。あとで触れる七世紀後半の一時期を除いて古代山城が現れないという事実は、古代都市に城壁が発達しないという特質と、おそらく、深くかかわっているだろう。

もう一つは、高句麗など朝鮮半島の騎馬戦術に触れ、苦杯をなめることもひとたびではなかったと考えられるにもかかわらず、それを本格的に学んで取り入れた形跡が乏しいということだ。五世紀の後半に至るまで、短甲と大刀の増産に力を入れ、旧態依然たる重装備の歩兵戦団を主力とし続けたようなのである。この点では、ペルシアの脅威に備えて戦術をみがいたギリシア、武装の改良に余念がなかったローマなどの開明的な合理性とのあいだに、いちじるしい開きを感じざるをえない。

日本列島の四～五世紀の軍事体制は、右のように、防衛に対する関心の低さと、状況に応じて武装や戦術を改良していく柔軟性の欠如とを、大きな特質としていたようだ。それはおそらく、あとで考えるように、四周を海で囲まれているという所与の条件と無関係ではないだろう。こちらから乗り出していかないかぎり、戦術を異にする強力な外敵にまみえることがなく、そこから軍事的な侵略を受けるという可能性も低い。さまざまな民族や勢力がたえず動き回り、移動を繰り返す大陸や半島とは異なった性質の戦争形態や軍事思想が、そこに育っていく素地があった。そして、かりにそのような戦いの形態や思想の伝統が、中世や近世、ひいては近代まで持ちこされることがあったとしたら、四～五世紀に成立した倭軍こそが、その直接の出発点だったと思われるのである。

英雄全盛の時代

この章では、弥生時代の後半に各地に現れた英雄たちが、対外的な地位を向上させて文物や資源を有利に獲得するためにたがいに結び合い、倭王を首領とする英雄団――倭軍――をつくって海外に乗り出すようになったようすをみてきた。

三世紀の後半から四～五世紀にあたるこの頃は、英雄が支持者の人びとに物質的な利をもたらし、それに応えて人びとが英雄に威信を与え、権限をゆだねるという利得交換のしくみが、もっとも活発に作動した時代といえるだろう。この時期に古墳の規模がひときわ巨大になるのも、一つにはそういう背景をもった現象として理解できる。

人びとは、海を渡って戦う英雄を通じて、国際的な地理感覚を養い、東アジアのなかでみずからの社会が置かれた位置を意識して、倭人としての自覚を高めていった。英雄や配下の戦士たちもまた、そろいの軍装に身をつつみ、同じ武装をもつ一つの戦団を組んで外地におもむくことで、倭人の軍勢であることをあらためて認識し、それを主張した。人びとや英雄が形成するにいたった、右のような倭人としてのアイデンティティの頂点に、倭王が置かれることになる。

日本列島中央部における、こうした民族的アイデンティティの形成は、同じ武装や同じ墓のまつりがおこなわれる基盤となっただけではなく、武器や戦術の特性に反映された、戦争にまつわる倭人独特の思考法の母胎ともなった。こうした思考は、やがては戦争だけでなく、ものごとの捉え方や行動様式全般における倭人独特の性質を醸成していっただろう。

次の章では、倭人としてのこうした民族特性がどのように発現していくかに目配りしつつ、英雄と人びととの関係の変化が、戦争のすがたをも変えていったようすを追いかけてみたい。

第五章　英雄から貴族へ——古代国家の形成

1　さまざまな武力の形

その後のギリシア

紀元前五世紀、ペルシアの侵攻に備えてギリシアのポリス群が結成したデロス同盟は、盟主となったアテネが各ポリスからの拠出金を流用するなど、しだいに当初の目的から離れ、アテネがギリシア全土に支配力を確立していくための道具と化していく。つまりアテネは、共同武装のイニシアティブを独占することによって、利害を同じくする盟友のはずだった各ポリスに対し、優越権をふるうようになっていったのである。そこまでになったアテネの姿を「帝国」と表現する歴史学者も少なくないほどだ。

しかし、この「帝国」はそれほど長く続かなかった。ギリシアのもう一方の雄・スパルタを中心とする同盟勢力との対立や、デロス同盟内部でのアテネに対する不満の高まりなどが要因となって、ギリシアのポリス群は泥沼の内戦状態におちいり、力を失っていく。その結果、まず長年の宿敵だったペルシアの介入をまねき、ついには紀元前四世紀の後半、北方のマケドニアに敗れてその支配下に入ることになってしまった。

軍事力の配分パターン

こうしてギリシアでは、各ポリスの軍事力は最後まで統合されないままに終わってしまった。ギリシアという一つの文化や帰属意識を共有した民族の社会のなかに、都市国家の数とほぼ同じだけの軍事力が林立したが、それらが一つの組織体としてまとまり合うことは、ついになかったのである。

では、倭軍のその後はどうだろうか。アッシリアやペルシアの軍隊のように、集権的な軍隊へと統一されたのだろうか。ギリシアのように分裂しなかったのだろうか。それらを正しくたどることは、日本列島にできた古代国家の本当の姿、真の性質をさぐるうえで重要だろう。

その前に、踏まえておかねばならないことが、もう一つある。それは、古代帝国なら古代帝国、ポリスならポリス、クニならクニという、一つの軍事力の母単位となる集団の内部の、どの部分にその軍事力があったのか、という点の整理だ。つまり、その集団のなかのどういう階層や身分の人びとが、実際の軍事力を握ってその担い手となっていたのか、という問題である。

さきのギリシアやアッシリアやペルシアとの比較は、その帝国や民族社会を上からながめたときに、軍事力が一ヵ所に集まっているか、ほうぼうに散らばっているかといった、空間的なフォーメーションないしはヨコ方向の配置のパターンについてのことだった。いま踏まえたいのは、その帝国や民族社会の断面を切ってみたときに、どの階層に軍事力が集中し、階層どうしのどのような利害関係によってそれが機能しているかという、社会のタテ関係のなかでの武力の配置や作動のパターンに関することだ。

ごく粗っぽく分けると、このタテのパターンには二つの大きな型がある。まず、その集団の長やリーダーなどの支配者クラスも一般の人びとも、同じように武力を握り、同じ利害によって共に戦うという型。やや物騒な言葉かもしれないが、これを「共闘型」とよぼう。これまでキーワードのように使ってきた「英雄」は、この共闘型のなかの長やリーダーにあたる。

次に、支配者クラスだけが武力を握り、みずからの利害で戦いをおこなうという型。これを「武力支配型」とよぼう。

さらに、この「武力支配型」のなかには、一般の人びとがそうした支配者の武力とどう関わるかによって、また四つのタイプがある。第一は、一般の人びとが、主人である支配者との人間的きずなにより、かれにつき従って戦いに加わる「郎等《ろうどう》タイプ」。第二は、支配者が布《し》いた法によって一般の人びとが戦いに動員される「徴兵タイプ」。明治から戦前までの日本はこれだ。第三は、支配者との契約により、報酬と引きかえに一般の人びとが戦いに従事する「募兵・傭兵タイプ」。第四は、一般の人びとが戦いから完全に切り離され、支配者だけが武装して戦闘をになう「疎外タイプ」。武装して戦うことが身分的特権とみなされるもので、二本差しがいばっていた江戸時代の日本がこれだ。

以上のうち、英雄のいる「共闘型」は、戦いの比重が増した当初の社会のほとんどにあてはまり、戦争や軍事の発達の出発点ともいえる型だ。ただし、その後の変化の筋道は社会によって異なり、どの型やタイプから別のどれへ、といった決まりはない。たとえば、メソポタミアの専制帝国では、おそらく、はじめの「共闘型」から、「武力支配型」の「郎等タイプ」や「疎外タイプ」を経て、「徴兵タイプ」に変化しただろう。ところが、ギリシアでは、ホメーロス時代の「共闘型」から、次の暗黒時代には「武力支配型」の「疎外タイプ」が主流となり、その後ポリスの時代に入る頃、ふたたび「共闘型」に近いものが現れる。

このようなさまざまな筋道の存在は、さきにみた、集中か分散かという空間的フォーメーションの違いとも組み合わさって、戦闘組織や軍事体制の変遷プロセスが、簡単には法則化できない、とても複雑なものであることを示している。だが、この変遷のプロセスが、その社会の歴史的変化の軌道と密接にかかわり合っていることは疑いない。とくに、国家が形成された社会の場合、戦争や軍事のありかたは、その国家の基本的な性格を映しだしているものだ。

以下では、右のようなタイプ分けを道しるべにして、戦争をめぐる英雄と人びととの関係が変わったようすをたどりながら、日本古代国家の確立をあとづけ、戦争という側面からその個性的な性格を明らかにしてみよう。

2 もはや「原始」ではない

五世紀の倭と朝鮮半島

前の章で述べたように、倭王とそれを支える各地の大英雄たちは、四世紀後半から朝鮮半島諸勢力との政治的接触を本格化させた。それは、もともと百済からの支援要請にこたえる姿勢をとりながら、実際には先進的文物や鉄資源を確保するための有利な立場をねらってのことだった。

五世紀になると、倭王たちは朝鮮半島諸地域の軍事支配権をあからさまに主張するようになり、みずからの権益の保護や拡大をねらって、いくども倭軍を渡海させた。ときにはそれが実際に武力をふるうこともあっただろう。しかし、文献の記録からみるかぎり、倭王たちが朝鮮半島南部に版図《はんと》を広げたり、「任那日本府《みまなにほんふ》」とよばれたような支配拠点を作ったりした形跡はうかがえない。高句麗・百済・新羅といった既存の政治勢力の圧力や、加耶諸地域の自立の動きによって、倭の勢力は、どちらかといえば五世紀を通じて押しかえされていく方向にあった。

もちろん、そのプロセスはさほど単純ではない。百済と友好関係を保ちながら一時は対立するなどの変転もあったらしいし、加耶の諸地域のなかにも倭と親密な勢力と比較的疎遠な勢力とが混在するなど、非常にこみ入った政情の流れが、五世紀を通じてみられたようだ。おそらく、軍事的な接触と友好的な交流とが複雑にからみあってくり返され、ときには倭軍が後者の担い手になるような局面さえあっただろう。

こうした密接な政治関係が繰り広げられていくことで、倭王や英雄たちと、朝鮮半島の王族や英雄などの支配層のあいだに、きわめて頻繁な交際や行き来が生じるようになる。文献の記録をみると、軍事支援の見返りとして、百済が王族や貴族をしばしば倭に送って滞在させていたのは確かのようだ。これにつき従って来た人びとも少なくなかっただろう。そのなかには、後に述べるような製陶や鉄の技術者たちが混じっていたかもしれない。反対に、朝鮮半島の諸勢力に仕える倭人の陪臣《ばいしん》がいたらしいようすが、文献

図27　韓国・光州市の２基の前方後円墳（月桂洞１・２号墳、読売新聞社提供）

からうかがえる。さらに、彼我《ひが》の支配層がたがいに行き来するなかで、双方の血を引く人びとが生まれていたことを示す記述もある。このように、五世紀には、朝鮮半島、とくにその南部と日本列島とのあいだに、支配層を中心として、かなり交錯しあった人びとの活動や居住があった状況が見てとれるだろう。

考古学のデータにもそのことは表れている。たとえば五世紀に入った頃、朝鮮半島系の横穴式石室をもつ古墳が、竪穴式の石室や木棺をもつ列島在来の古墳に混じって営まれるようになる。これらの主は、朝鮮半島から渡ってきた人か、その血を分けた人である可能性が高い。そして、六世紀に入る頃には、この横穴式石室の埋葬方式は、倭人社会のほぼ全体に広く取り入れられることになる。

反対に、五世紀の中頃になると、朝鮮半島の西南部を中心に前方後円墳が現れる。前方後円墳はもともと列島で生まれて発達した墓の形だから、その主は、倭に縁故をもつ人びとだと考えていいだろう。また、同じ頃、朝鮮半島南部の加耶の地域には、もともと倭軍の武装として用いられた型式の短甲（三角板革綴式・三角板鋲留式・横矧板鋲留式）を供えた墓が認められる。地元の人が倭から手に入れたものかもしれないが、加耶の政治勢力に仕えた倭系の人物がその主だった可能性も低くない。

生活と産業の革命

右のような、支配層を中心とした朝鮮半島との密接な相互交流は、一般の人びとの生活様式にも大きな影響を与えた。まず、「食」の場面。須恵器とよばれる硬くて緻密な青灰色の陶器がもたらされ、食器に加わった。調理の場も、炉からかまどに変わった。甑《こしき》という、底に蒸気孔のあいた土器が伝わり、蒸すという調理法が加わった。

服飾も変わった。とくにアクセサリー。それまで倭人は、ヒスイの勾玉、碧玉の管玉などグリーンを基調とし、ときに紺色や空色のガラス玉をまじえる、いわば古拙のファッション伝統のなかにあった。ところが五世紀になると、朝鮮半島からきらびやかな金・銀の耳飾りや、朱色や黄色の派手な色調の玉類が伝わり、ファッションは一変した。

こうした生活の変化には、それを支える技術がある。陶器についてはいまみた通りだが、もう一つ大事なのが鉄の技術だ。これまでに何度も述べたように、弥生時代以来、日本列島は長いあいだ、鉄器の素材のおもな産地を朝鮮半島に求めていた。そして、地理的にそこに近い九州北部を技術的な中心として、朝鮮半島の原料を用いた鉄器の製作をおこなってきた。滋賀県野洲《やす》町教育委員会（当時）の花田勝広《はなだかつひろ》氏によると、鉄器を作る鍛冶工房は、五世紀には近畿、吉備、九州北部など、倭王や大英雄がいたとみられる有力な各地に拠点をもち、技術も発展するという。さらにそれだけではなく、鉄素材自体の生産技術が、この時期になって本格的に朝鮮半島から列島にもちこまれたふしがある。まだ確かな証拠はないが、その可能性を想定する研究者は多い。

さらに、馬の飼育や利用のノウハウも、五世紀になって、朝鮮半島から列島にさかんに流入したようだ。ただし、戦場での本格的な使用が疑わしいことは先述のとおりだ。当初は支配者のステイタスシンボルとしての性格が強かったとみられるが、実生活にも用いられ、輸送や農作業に力を発揮したことだろう。

このように、五世紀になると、朝鮮半島との非常に密接な交流を通じて陶器、鉄、馬の技術が入り、かまど、甑、金銀の飾りなど、生活文化は大きく変わる。倭人の生活は、原始の段階を脱して、中国や朝鮮半島の先進諸国のそれに近い、開明的なものとなりつつあった。五世紀の「文明開化」ともいうべき現象だ。

3　変質する英雄

色あせる英雄

このようにして、倭の人びとが手に入れた開明的な生活や先進文物、自前で鉄を生産する技術などは、弥生時代からこのかた、長いあいだ、かれらが渇望してきたものだった。いまやそれを、ほぼ手にすることができたのである。さきほど、明治時代の「文明開化」を思い浮かべてそれになぞらえたが、庶民の生活まで大きく変えたところをみると、むしろ高度成長初期の一九六〇年代、家庭用電気製品やマイカーが急速に普及した時期の状態と似ているかもしれない。このような開明的な生活の普及が、その後、庶民の「中流意識」をかもし出したように、五世紀の新生活もまた、当時の人びとの意識を大きく変えていっただろう。

弥生時代以来、中国や朝鮮半島の文物や技術は、いつも英雄を通じてもたらされていた。人びとが英雄をあがめる心には、かれの武力に対する畏怖だけでなく、さまざまな活動を通じて外の世界からそうしたものをもたらしてくれる、またはその活動をリードする甲斐性に惚《ほ》れる気持ちが多分に含まれている。こうした精神的な裏づけがあるからこそ、人びとが英雄に労働奉仕したり、その暮らしや活動を支える物品を貢納するという関係も保たれてきたのだ。

ところが五世紀になると、みてきたように、朝鮮半島などとの恒常的な行き来が盛んになり、人びとは、それまでのあこがれだった文明生活に、英雄の存在を抜きにして、居ながら浴することができるようになった。英雄を通してしか接触できなかった文明世界の人びともたくさんやってきた。鉄や陶器を作る煙があちこちに立ちのぼり、渡来人が行き来し、馬が荷物を運ぶ世界の到来。これまでは英雄を通じてあこがれてきた開明的な世界が実現するなかで、人びとにとっての英雄は、しだいに影の薄い存在になっただろう。

このことは、数世代ののち、古墳のありかたにも現れる。それまでは、大王や英雄の墓は巨大古墳で、規模だけでなく、埋葬施設や付属施設の点でも、中小の戦士や有力農民の墓とは質的に違う、とびぬけた存在だった。そこに葬られることで、神とのつながりが意識されたのではないかと思われるほどだ。鉄の生産用具や武器をおびただしく埋めこむのは、その武威や生産にかかわる霊力があがめられたからだろう。戦い、耕す英雄である。

しかし、六世紀に入ると、鉄の生産用具や武器をおびただしく埋納する慣習はほとんどなくなり、英雄の武威や霊力に対する崇拝の色が、古墳から薄れていく。新たに食器の副葬が始まるのもこの頃である。武器の副葬は続くが、それらは生前に身に着けていた愛用品を、装身具や食器とともに遺骸に供えたものだ。さらに、六世紀も後半になると、大王や大英雄たちの墓も、有力農民のクラスの墓も、横穴式石室という同じ形式の墓室を採用する。もちろん規模の差はあるのだが、武器・装身具・食器を中心に構成される副葬品の基本も同じだ。死後におもむく世界が、つまるところ同じだと意識されるまでになっていたのである。

英雄から貴族へ

人びとの意識の変化に対して、英雄のほうはどう応えただろうか。

朝鮮の『三国史記』をみると、西暦五〇〇年を最後として、倭人や倭兵が侵攻してきたという記事はなくなっている。そのいっぽう、『日本書紀』には、引き続いて朝鮮半島に軍事力を向かわせた記事が続く。

山尾幸久氏は、これを「対外関係の一元集中化の志向」とみる。つまり、五世紀のうちは、倭人たちはかなり自由に朝鮮半島での活動を繰り広げていたが、六世紀になると、その活動が倭王権に規制されるようになった、というのだ。

この説をヒントにしながら、これまでの流れを考えて、私は次のように解く。五世紀には、みてきたとおり、各地の英雄たちは先進的文物や鉄の確保のため、みずから進んで朝鮮半島で交渉や活動をおこなった。倭王を旗印としてかつぎ、ほかの英雄たちと組織を組むこともあれば、独自に乗り出すこともあった。そうすることが、みずからの経済的利益や地元での権威につながったからだ。しかし、先進的な文物や生活、鉄の技術などが列島内で満たされるようになり、朝鮮半島におもむくうまみも減って、さらにそれが地元での権威につながらないことがわかると、がぜん腰が重くなったにちがいない。何らかの強制力がないかぎり、軍勢をひきいて朝鮮半島に渡ろうなどとは考えなくなっただろう。つまり、各地の英雄が倭王に徴発されて従うという、公式の「出兵」以外の機会に、英雄たちみずからが朝鮮半島に乗り出すことはなくなったというわけだ。規制されたというよりも、手を引いたというほうが近い。かれらはむしろ、朝鮮半島からどんどん流入した新しい技術を取り込んで農耕や手工業に生産力を高めはじめた地元の集団から、その実りの一部を貢納させることに活路を見いだすようになったのである。

東アジアの開明的な生活文化や思想の洗礼を受け、英雄に寄せてきた古い素朴な心情を失いつつあった人びと。かれらに対して経済的な支配の矛先をあからさまに向けはじめた英雄。五世紀をターニングポイントとして、これまでとはまったく異なる両者の関係が始まろうとしていた。ここにいたれば、人びととの関係がこのような形にまで変質してしまった英雄を、もはや英雄と呼ぶのはそぐわない。異論はあるだろうが、わかりやすく貴族とよぶことにする。

馬上の貴族

では、これらの貴族たちと、有力農民や手工業の頭領も含む一般の人びととの、軍事面、すなわち武装や戦いをめぐる関係は、どのように変わっていくのだろうか。

かれらの墓に供えられた武装を手がかりに検討しよう。まず、それまでの大英雄につながる大貴族の墓とみてよい大形前方後円墳に副葬された武装は、五世紀の終わりから六世紀になると、馬具、挂甲、飾り大刀などが目をひき、これに普通の大刀や鉄鏃が加わる。馬具は、いずれも、金銅装《こんどうそう》（青銅の上に金メッキをかけたもの）を施すなど、装飾性が強い。馬を乗りこなすためというより、馬を豪華に飾り立て、それにまたがってにらみをきかすための道具立てだ。挂甲は騎馬用の甲《よろい》。それまでの短甲が、大英雄の古墳からも、有力農民の戦士の墓からも出ていたのに対し、挂甲は、大貴族の大形古墳からの出土にほぼ限られる。かれらだけが着用して身分を誇る軍装だったようだ。飾り大刀も、金銅装や銀装の精巧な工芸品で、大貴族の身を飾る軍装として登場した。そのほか、ベルトのバックル、冠などといった金銅装の服飾品が加わる。

五世紀の終わりから六世紀にかけての各地大貴族の姿は、このように、豪華けんらんたる馬上の大将軍といった風情《ふぜい》だ。これは、五世紀中頃までの大英雄が質実剛健な歩兵戦士のいでたちで、その点で有力農民の戦士と同じ姿だったのと対照的だ。

大貴族たちのこうした軍装は、むしろ、同じ時期の東北アジアや朝鮮半島の王族や貴族たちのそれと非常に近い。この軍装のスタイルについて、桃崎祐輔氏は、四世紀の中国王朝の混乱のためによるべき身分表示の制度を失った東北アジアの周辺諸国が、独自に武冠の制度を作りだし、その一部が朝鮮半島や倭に伝わったものだと説く。そういうことは大いにありえただろう。ただし、それは身分制度そのものがストレートに伝わったという意味ではない。東アジア各地の王族や貴族の交流が盛んになることによって、たがいの軍装のあいだに共通性が生じたものと思われる。

薄れゆく連帯感

この現象は、明治の文明開化のおりに、華族や、政府の高官となった士族たちが、髭《ひげ》をたくわえ、西洋風の礼装や軍服に身をつつんだことと似ている。かれらは、みずから作りだした新たな社会体制を支えるための新しい権威のよりどころとして、西洋の物質文化に同化し、西洋の上流階級と触れあい、民衆の前にそれを誇示した。同じように、英雄から貴族に転じはじめた当時の倭の支配層もまた、その頃強勢をほこっていた東北アジアや朝鮮半島諸国の武人のスタイルに身をつつみ、そこの王族や貴族と交流することによって、自分たちから離れはじめた人びとに、新しい権威を見せつけようとしたのだ。

そこには、「俺たちはお前たちとは違うんだぞ」という、あからさまな意識がある。貴族社会の戦争では、「異なった階級の同国人に対してよりも、同じカーストに属する敵に対して、かえって連帯感が見出された」と、社会学者のロジェ・カイヨワはいう。この時代の日本列島の貴族たちが、はたしてそこまでの意識をもつまでになっていたかどうかはわからない。しかし、英雄と人びととが強い連帯感をいだきあっていたかつての時代とはまったく異なる意識が、六世紀以後の貴族と民衆とのあいだに生まれたことは、まちがいないだろう。

そもそも、馬上の貴族が徒歩の民衆を見おろすという構図自体が、かれらと民衆とのあいだの関係をシンボリックに表している。馬上にあるということは優越の象徴であり、支配の絵画的表現ともいえる。敗戦前、白馬にまたがって臣民の前に姿を現していた昭和天皇が、「象徴天皇」になってからのちは国民と同じ地面に立つようになったことには、まさにそういう意味があるだろう。日本列島貴族社会への騎馬の導入は、戦術上の実際的側面よりも、こうした意味的・象徴的な側面のほうが、むしろ強かったと考えられる。

4　磐井の戦争

倭王と大貴族の思惑

以上にみてきた、英雄と人びととのあいだの関係の変化、すなわち貴族と民衆という関係への変質は、貴族と、かれらが支えてきた倭王との関係にも大きな影響を与えはじめる。

倭王も本質的には英雄のひとりであり、この時代には貴族とよぶべき存在に姿を変えつつあった。したがって、同じように、足下の農業や手工業を支配して利を増やそうとする指向をもってはいただろう。しかし、倭王がほかの大貴族とは区別される「倭王」であるゆえんは、かれが倭人の政権の代表者として中国王朝から権威づけられ、百済や加耶などの朝鮮半島諸勢力のあいだでも、そのように認められていたことにある。そして、こうした国際的な威信を保つためには、百済の求めに応じて兵力を提供するなど、主として朝鮮半島での国際活動を担いつづけなければならなかった。

この国際活動には、各地の大貴族の協力が必要だ。だが、それに加わることに経済的なうまみがあった五世紀の中頃までとは状況が異なる。倭王の側としても、いまや大貴族たちに動員をかけるには、力をたのんで強制するか、みずからの権威を高めることでついてこさせるか、物欲や名誉欲を満たす見返りを与えることを条件に従わせるか、といったような、何らかの努力が必要となったにちがいない。

そのあたりの状況を、各地の古墳造営のありかたからかいま見てみよう。まず、近畿中央部では、雄略陵《ゆうりゃくりょう》の可能性がある大阪府松原《まつばら》市・羽曳野《はびきの》市の河内大塚《かわちおおつか》古墳（墳丘長三三五メートル）、継体陵《けいたいりょう》とされる大阪府高槻市の今城塚《いましろづか》古墳（同一九〇メートル）、欽明《きんめい》陵《りょう》とみられる奈良県橿原《かしはら》市の見瀬丸山《みせまるやま》古墳（同三一〇メートル）というように、歴代の倭王たちは依然として大規模な前方後円墳を営みつづけている。東日本でも、その規模にはおよばないが、一〇〇メートルを超える前方後円墳の築造がつづく。ところが近畿より西の地方では、前方後円墳は軒並み急に小さくなり、六世紀前半までの段階で墳丘長が一〇〇メートルを超える確かな例は、福岡県八女《やめ》市の岩戸山《いわとやま》古墳（同一三二メート

図28　岩戸山古墳（読売新聞社提供）

ル）だけになる。

　このように、近畿以西の大貴族たちは、墳丘よりも横穴式の墓室に念を入れるという朝鮮半島諸国の王族や貴族の墓作りの発想に染まり、大墳丘を築くという原始的な権威発現の思想から脱しつつあった。こうしたなかで倭王は、横穴式の墓室の思想や技術を取り入れながら、大墳丘という古い格式もあえて残すことによって、西日本の大貴族たちに対して伝統的な権威を主張しようとしたのではないだろうか。

　西日本各地の前方後円墳が小さくなることについては、強力になった倭王の政権が、大きな墳丘を作ることを規制したからだ、とみる考えがある。しかし、そうだとすると、東日本の多くの地域で、むしろこの時期以後に古墳の規模が大きくなる事実を説明しにくい。これら東日本の大形古墳にも横穴式の墓室は採用されているが、当初は地元の素朴な技法で作られた地方的なもので、採用自体が六世紀後半にまで遅れるところもある。大墳丘を作るという古い権威発現の思想が、東日本ではより根強く残ったのだろう。その背景には、英雄と人びととの素朴な関係を支える思想が、西日本以上に長いあいだ保たれていた可能性も考えなければならない。

磐井の立場

大古墳築造の伝統からぬけ出しつつあった六世紀前半の近畿より西の諸地方で、一つだけ一〇〇メートルを超えるのが岩戸山古墳だったことはさきに述べた。そして、この岩戸山古墳こそ、五二七〜五二八年（山尾幸久説では五三〇〜五三一年）に倭王の政権と戦いを交えた九州随一の大貴族・磐井《いわい》の墓だというのが定説だ。

磐井は、「筑紫君《つくしのきみ》」とよばれる、福岡県の有明海沿岸地域を基盤とする地方貴族の家に生まれたらしい。岩戸山古墳から西へ三キロメートルほど離れた石人山《せきじんさん》古墳（墳丘長一一〇メートル）は、五世紀中頃のもので、この地域では最初の大形前方後円墳である。磐井の祖父ともいわれるその主の時代から、この家は有力になったようだ。ただし、古墳のありかただけから判断してよければ、その次の代、すなわち磐井の父の頃には、八女から北東にひと山越えた浮羽《うきは》という地の貴族のほうが、もっと有力だったとみられる。

磐井が力をつけたのは、支配基盤である筑後川《ちくごがわ》東岸平野の開発を進めたためとか、かれが押さえていた有明海の港湾交通の重要性が増したためとか、さまざまな説がある。それらも十分にありえたことだろうが、私は、以下のように考える。

さきにみたように、五世紀の終わりから六世紀に入る頃、倭王と各地の貴族とのあいだで、朝鮮半島での活動への動員をめぐる問題を軸に、さまざまな軋轢《あつれき》が強まっていた。伝統的な権威を主張しつつ、各地の貴族を軍事活動に動員し、土地や物資や労働力の貢納を求めてくる倭王。それに対して、従来からの自分たちの地盤を守り、そこからの実入りを少しでも増やして手に残そうとする地方貴族。この両者のかけひきや対立は、それぞれの配下の有力農民や技術者の頭領たちも巻きこみつつ、各地で生じていただろう。なかでも九州北部は、列島の玄関口として朝鮮半島の開明的な文化が早くから入り、先進技術や新しい生活様式の点ではもうかなり満ち足りていて、この地方の貴族が朝鮮半島に乗り出すうまみは、ほかの地方以上に乏しくなっていた。にもかかわらず、この地は朝鮮半島に兵力を送りだす基地として、地元の貴族たちの兵力提供やその他のさまざまな負担が他にもまして大きかっただろうことは、山尾幸久氏が説くとおりだ。

磐井は若き日に、地方貴族の嗣子《しし》として、近畿中央部の貴族の子弟といっしょに倭王のもとに出仕していたらしい。おそらくそのような前歴もあって、九州に帰って筑紫君の家を継いでからは、かれもその幕僚のひとりである倭王政権の意向のもと、朝鮮半島への基地である博多湾岸の港湾管理や兵力渡海の差配などをまかされたと想像される。それを機に、湾岸地域の支配権も手に入れていたかもしれない。かれの敗死後、息子の葛子《くずこ》が、この地域を倭王の直轄地として献上することで連座をまぬがれたという記録が真実ならば、磐井がそこを支配していたことは確かである。

磐井は、倭王政権の一員として、その意向に沿って九州の地で右のような職責を担う立場にありながら、そこの地方貴族層を代表する一人として、かれらと倭王とのパイプ役や調停役もつとめなければならなかっただろう。かれは、さきにみたような九州北部の貴族たちの不満や怨嗟《えんさ》の声を集めるとともに、そうした矛盾の打開者としての期待もまた身に受けるところとなったのではないだろうか。大墳丘の築造が下火になるなかで、倭王に肩をならべるような大形前方後円墳を生前から築きはじめたのは、自他ともに認める権威や信望を集めていたからだと思われる。おそらく磐井そのものが、そんな求心力をもつ、すぐれた人物だったのだろう。

『日本書紀』には、磐井が新羅と結んだという記述が出てくる。その蓋然性《がいぜんせい》はかなり高い、というのが大方の意見だ。倭王政権は伝統的に百済と結ぶが、その百済と新羅とはしばしば対立し、この六世紀前半には、両者は加耶諸地域で激しい勢力争いをしていた。いうなれば倭王に敵対する側と、磐井は結んだのである。きたるべき倭王政権との対決のときを、視野に入れていたのだろうか。新羅としても、磐井を援助するのは、うるさい倭を分断することにつながるから都合がいい。

磐井は、九州北部一帯、『日本書紀』によると筑紫（福岡西部）のほか火《ひ》・豊《とよ》（佐賀・熊本・福岡東部・大分）の二国を傘下に置いたとされる。しかし実際には、これらの地域の大小貴族、あるいは有力農民や手工業の頭領などの多くが、磐井に期待して、あるいはかれを推して自発的に従ったといったところだろう。それは、出征や貢納、兵力の提供などをきびしく求めてくる倭王の政権に対し、みずからの利害を守るための選択だったと考えられる。

磐井立つ

『日本書紀』によると、五二七年の夏、近江毛野臣《おうみのけののおみ》が率いる六万の軍勢が、新羅に奪われた加耶の二地域を回復するため大和を発った。これを磐井は九州でさえぎったのである。すでにその前から倭王政権に従っていなかった磐井に対し、新羅は賄賂を贈って毛野臣軍を防ぎとめるよう要請していた。

こうした事態に対し、同じ年の初秋、倭王・男大迹《おおど》（継体）は、磐井を倒す将軍として、近畿の大貴族・物部大連麁鹿火《もののべのおおむらじあらかひ》を親任した。かれが率いた軍勢の数や内容はわからないが、おそらく、物部大連と関係をもった中小貴族が、それぞれの配下を率いて集まったものが実態だろう。この時期にはまだ、きちんとした徴兵の制度はないのである。それら中小貴族が本拠とする各地域社会ごとのさまざまな支配・服従の関係のなかで、上位の者につき従って来たり、武功を夢見て自発的に加わったりした有力農民たちが、その主力だった可能性が高い。対する磐井の側は、かれに期待して寄り集まってきた九州北部の貴族たちが核で、それぞれの配下には、麁鹿火軍と同じようにみずから武装した有力農民たちが従っていただろう。

翌五二八年の初冬、麁鹿火軍と磐井軍とは筑紫の御井《みい》郡（いまの表記では三井郡、場所は久留米《くるめ》市付近）で交戦する。当時の古墳やそこに納められた武器をもとに、そのようすを想像してみよう。

まず、磐井や麁鹿火らの貴族クラスは、美麗な馬具をつけた馬に乗り、挂甲をまとい、腰には飾りのついた大刀をはいている。ただし、この馬はいまのサラブレッドよりもはるかに小柄で、挂甲を着た人を乗せて縦横に戦場を駆けまわるのは無理だ。数もまだ少なく、歩兵から独立した騎兵隊があったとは考えにくい。少数の貴族クラスが馬にまたがって指揮をとり、多数の兵士が徒歩でぶつかりあう、というのが、この時期の基本的な戦闘スタイルだっただろう。

その兵士たちがどのような防具をまとっていたのかが、実のところ、よくわからない。五世紀の兵士が着ていた鉄製短甲は、この頃にはほぼ姿を消しているのだ。革や繊維の甲《よろい》、あるいは後に出てくる綿入れのような防衣などを着ていたのかもしれないが、証拠はない。ただ、鉄の挂甲を着た貴族とのあいだに、圧倒的な防御力の差がついていたことは明らかである。

兵士がもつ武器、つまり戦いの主力となる武器は、大刀と弓矢だ。弥生時代と違って兵士の数が多いので、大刀の兵と弓兵とが分化していた可能性もある。大刀は、この頃はまだ反りのない直刀《ちょくとう》だ。弓については不明な点が多いが、数少ない出土例を参考にすると、ケヤキなどの広葉樹で作った長弓である。しばしば漆《うるし》を塗ったり、樹皮を巻いたりという加工がなされているが、全体の形は現在の和弓に近い。ただし、何枚かの材を貼り合わせて作る「合わせ弓」の技術はまだなく、一本の木から削り出した丸木の弓なので、射程距離はいまの和弓より劣っただろう。

矢は、貫通力にすぐれた細身の鏃《やじり》をつけた「征矢《そや》」と、大きくて平たい鏃をつけた「野矢《のや》」との区別があり、古墳の副葬品では、多数の前者と少数の後者とがセットになることが多い。征矢と野矢の区別は、弥生時代にもおぼろげに現れているが、四〜五世紀にはさらに明らかになり、六世紀になると、両者は意識的に作り分けられている。この征矢・野矢の制は中世以降にも引き継がれ、そこでは、征矢は実戦用の矢であるのに対し、野矢は狩猟用に由来する矢で、戦場においては儀礼用だという。戦いと狩りとの関連づけは武士道や騎士道でもみられるが、後世につながるそういう思考が、すでに六世紀の段階には現れていた可能性が高い。

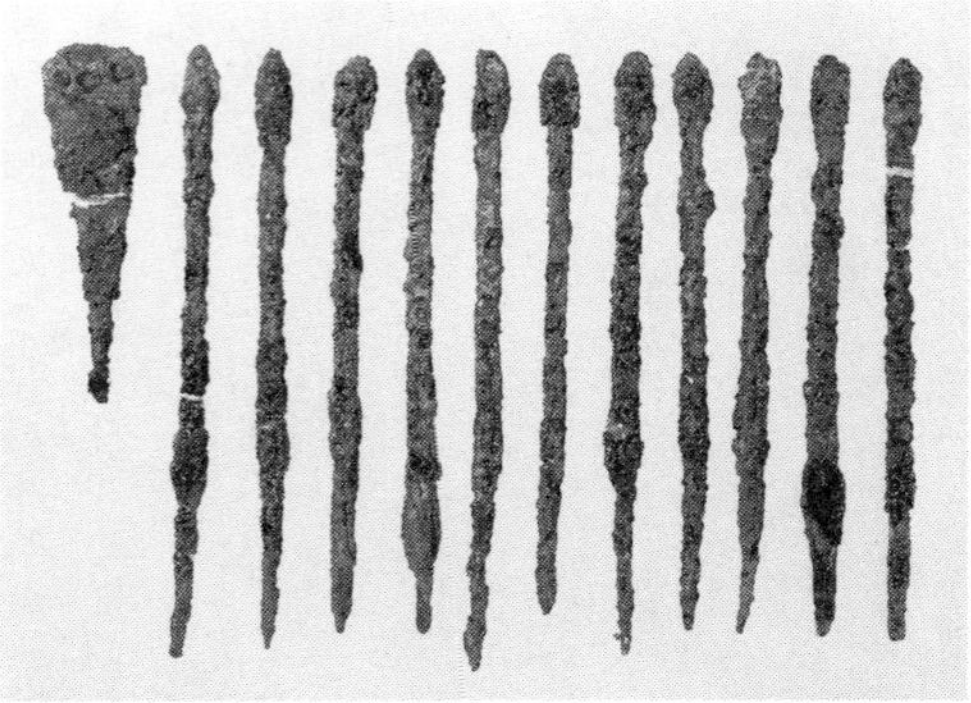

図29　北部九州の野矢（左端）と征矢。福岡県朝倉市柿原古墳群出土（九州歴史資料館提供）

野矢の鏃は、儀礼用であるだけに見た目が重んじられ、特異な形に作られたり、透《す》かし孔《あな》を穿《うが》たれたりする。磐井の戦争において興味深いのは、麁鹿火軍と磐井軍とのあいだで、この野矢の鏃の形に大きな違いがあったとみられる点だ。麁鹿火軍の野矢の鏃は、逆刺《かえり》をもった三角形のものが主流で、柳の葉のような形のものもある。これに対して磐井軍の野矢には、先端が山形になった菱形《ひしがた》に近い鏃と、横一文字の平たい先端をもった鏃とが目立つ。

さらに注目すべきは、そのうち先端が横一文字のものは高句麗系で、朝鮮半島では高句麗の本拠である北部の地域と、五世紀までその軍隊が駐屯していたとされる新羅の王都・慶州のあたりに分布するという事実だ。これが、磐井と新羅との結びつきを反映するものかどうかについては、さらに検討の必要があるだろう。しかし、六世紀に入る頃、九州北部の武器の一部に新羅ないしは高句麗の影響が認められることは、この時代の国際的な軍事関係を明らかにするうえで重要といえる。

さて、御井郡の決戦は、こうした野矢を両軍がたがいに射ちあうことから始まっただろう。野矢には、しばしば、空中を飛ぶと笛のような音を出す、鳴鏑《なりかぶら》という装置が付けられている。寒々とした初冬の野原に尾を引いて響く鏑矢《かぶらや》の音。戦闘開始の合図だ。やがて征矢の射かけあいとなり、その後は両軍の兵士が入り乱れての戦闘に突入したものと想像される。

詳しい経過はわからないが、敗れたのは磐井だった。『日本書紀』には、磐井は斬られた、とある。いっぽう、『筑後国風土記』に記された別伝によると、磐井は、豊前《ぶぜん》国の上膳《かみつみけ》郡（現在の福岡県築上《ちくじょう》郡の南部から大分県北部にかけての地域）に逃走し、その山奥で果てたという。

磐井の戦争がもたらしたもの

磐井の敗死で終わったこの戦争は、倭王の政権が律令政府に成長し、古代国家が確立していくプロセスのなかで、どのような役割を演じたのだろうか。また、古代国家の軍事組織ができていく道筋で、どんな意味をもっているのだろうか。

まず言えることは、この戦争によって、倭王の側の軍事的優位が確立したということだ。これまで述べてきたように、古墳が現れた三世紀の中頃から五世紀までは、倭王もまた大英雄のひとりであり、各地の大英雄たちから推されてその地位につく存在にすぎなかった。倭王という地位は、かれも含めた大英雄たちと東アジア世界とをつなぐ窓口としての代表者たることであり、それは、資源や文物を外部から得るという共通の利を実現するための要件として、各地の大英雄たちの総意にもとづくものだったのである。つまり、この段階までの倭王の優位は、与えられた優位であって、物理的実力をもって他者の上に立つという意味の優位ではなかった。

ところが、六世紀に入る頃、外部から文物や資源を得る活動のうまみや成算が低下し、その活動を進めるがために内外から支えられていた倭王の地位がゆらいだ。そのことによって、外征する英雄から地域の支配者になりつつあった貴族と、かれらに対し、求心力を失うまいと締めつけを強めた倭王やその支持者の側とのあいだの対立が強まったことは、さきに説いたとおりだ。まさに磐井の戦争は、その対立が、最大の規模で発火したものといえるだろう。磐井を最後として、地方の大貴族で倭王側に対して戦いを挑んだものはいない。磐井の戦争によって倭王の軍事力は認められ、ここにいたって初めて、倭王の政権は、列島内の真の軍事的実力者と認められただろう。そのことが倭王の世俗的な権威を高め、それまで、ともすれば対等の地位を主張する機会をうかがってきた地方の大貴族が、宗教的な意味だけでなく、世俗的にも倭王の政権を上位として仰ぐ大きな契機になったことは疑いない。

ところがいっぽう、この勝利によって、倭王の側が、筑紫君という地方大貴族の版図を征服してその支配権を奪うまでにいたっていないことには、十分に注意すべきだ。たしかに、磐井の子・葛子は、父に連座して死罪になることをまぬがれるため、博多湾岸の一部を倭王に直轄地として献上し、許しを乞うた。そのほかにも、この戦争のあと、九州北部の何ヵ所もの土地や、労働力としての民衆が、倭王の側に提供されることになる。だが、筑紫君の家が、このあとも九州の雄たる大貴族として存続したことは、文献の記録からも、古墳のありかたからも明らかだ。倭王を名実ともに盟主としながらも、依然として、広大な領域や多くの民衆たちを、磐井の後継者は支配しつづけたのである。

統一的権力はなかった

この頃より以降、倭王の側は、筑紫君に限らずほかの多くの地方貴族の版図に対しても、くさびを打ちこむかのように、直轄地や付属民を次々と設けていった。磐井の戦争でみせた軍事的な実力と威信が、それを実現するあと押しになったのだろう。しかしながら、倭王が地方貴族の版図を制圧して一円的な支配体制をしく、あるいはそうした領域を拡大していく、といったような統一の過程は、日本列島ではみられない。地方貴族の支配権を残しながら、その一部を蚕食《さんしょく》していく、というのが、倭王の政権が列島内に統治を広げていった際の、基本的な方式だ。

そして、さらに注意すべき点は、倭王の政権は、倭王ひとりの専制によって成り立っているわけではなく、それを擁立する近畿の中央大貴族ともいうべき実力者たちが権力を分け合っていることである。倭王・男大迹の命を受けて磐井と戦った物部麁鹿火はそのひとりだし、同じ頃に文献に名が見える大伴金村《おおとものかなむら》もそうだ。この物部氏・大伴氏と、やや遅れて台頭する蘇我《そが》氏とが、倭王を支えつつたがいに張りあった、六世紀の三大中央貴族である。

近畿の政権側が地方貴族の版図に設けた直轄地や付属民には、倭王に属するものばかりでなく、その王妃・王子・王女などのほか、右のような中央の大貴族たちにそれぞれ属するものも含まれている。倭王一族だけでなく中央貴族たちもまた、遠く離れたいくつもの地方に、直轄地や付属民を設けていくという立場にいたのである。さらに、中央の論理で描かれがちな文献記録にはあまり出てこないが、かれらに蚕食されつつあった地方の大貴族たちもまた、ほかの地方や配下の中小貴族の領域内に、直轄地や付属民を設けるというような関係をもっていたと考えるほうが自然だ。

このように、磐井の戦争をへた六世紀中頃から後半にかけては、各地方貴族が支配する土地や人びとが残されるいっぽうで、そこに割りこむように中央の政権の直轄地や付属民が設けられ、しかもそれらは倭王、諸王族、大貴族というように、属するところがいろいろに分かれている。このような、さまざまな所属関係が各地方に並び立ったり錯綜したりして、モザイク状にこみ入った支配―被支配の系列関係が地方と中央のあいだにできていったことが、日本の古代国家の大きな特徴であり、その本質を規定したといえるだろう。

こうしたモザイク状の系列化という支配関係の基本スタイルを前提にして、日本古代の軍事組織の形を見さだめていかなければならない。なぜならば、古代国家が確立するよりも前の段階では、土地と、そこで生産をおこなう人びとと、かれらが背負う軍事力という三者はまだ一体であり、たがいに切り離すことができないからだ。すなわち、軍事力もまた、支配関係の基本スタイルに規定されて、モザイク的、系列的な様相を呈しながら、律令国家的軍隊へと組織されていったはずである。その模様を、次にみてみよう。

5　政治的戦争への転化

武装する人びと

人びとが武器とともにあの世へ旅立つというのは、尚武《しょうぶ》の思想がよほど浸透した社会の現象とみていいだろう。日本の歴史上、このような現象がもっともいちじるしいのは、六世紀の中頃から七世紀にかけてのことだ。

この時期、列島の各地に、横穴式石室をもったごく小さな古墳が、十数基から数十基、数百基という数で群れをなして現れる。群集墳だ。さらに、それまで古墳などみられなかった山間や海辺の僻地《へきち》にも、群集とまではいかないが、数基ずつあるいは単独で、同じような横穴式石室の小古墳が現れる。また、地域によっては、山肌をじかに掘りこんで作った横穴式の墓室が群集することもある。これは横穴墓《おうけつぼ》とよばれる。

これらは、いずれも横穴式の墓室を作り、そこに次々と死者を葬っていくという同じ葬儀の慣習をもった集団墓地だ。五世紀の文明開化によって、英雄のために大きな墳丘を築くという古めかしい行為が廃れはじめたことは、さきに述べた通りだ。英雄への精神的依存から脱し、いまや農業や手工業の生産者としての自我を確立しつつあった人びとは、朝鮮半島から入ってきた新しいあの世の思想に基づいて、小さいながらも自分たちの墓作りに精を出すようになったのである。したがって、農業や手工業などの生産活動にかかわるほぼすべての人びとが、そこに葬られていると考えていいだろう。

そこで問題となるのは、この人びとのうち男性には、ほとんどかならずといってよいほど、武器が副葬されていることだ。しかも、その内容をみると、岡山大学の新納泉《にいろいずみ》氏がかつて指摘したように、明らかな階層性がみられる。つまり、もっとも多数を占める最下位ランクとして鉄鏃だけの埋葬があり、その上位に鉄鏃と鉄刀をもつものがあり、そのまた上位に鉄鏃・鉄刀のほか馬具をもつものがある。さらに、集団墓のなかでも大きくて盟主的なものは、通常、それらのほかにきらびやかな飾り大刀をもっている。そして、集団墓から離れた前方後円墳の主は、いま述べたすべての武器に加えて挂甲をもつことが多い。右のような状況は、この時期の集団墓地の武器副葬が、単に武器で遺骸を護る、というような葬儀の習わしにだけもとづいたものではなく、ある種の軍事的な身分秩序に沿ってなされていたことをしめすようだ。そのことから、一つの集団墓を営んだグループが、何らかの軍事的な序列関係に則した集団組織であった可能性がみちびかれるだろう。

刀を授ける行為

副葬された武器のなかでもっとも注目を引くのが飾り大刀だ。これは、把《つか》の先を特定の形に飾り整えたり、リング状にした内側を透かし彫りで埋めたり、さまざまな意匠をこらして金や銀のメッキや象嵌をほどこした、精巧なものだ。把の形や透かし彫りの意匠の違いにより、七〜八の種類がある。

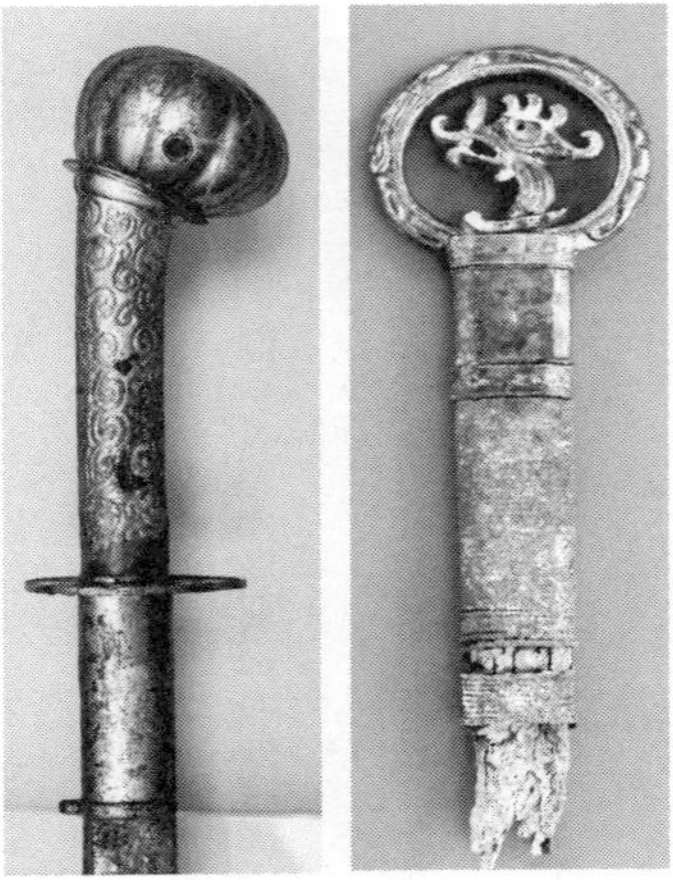

図30　飾り大刀。左は頭椎大刀、兵庫県香美町文堂古墳出土（香美町教育委員会提供）。右は単竜環頭大刀、岡山県赤磐市岩田14号墳出土（赤磐市教育委員会提供）

こうした精巧な工芸品は、倭王や大貴族たちが経営する先進的な工房で作られたものと考えてよい。そして、種類ごとに、百済、新羅、高句麗の飾り大刀をそれぞれ祖型としたり、もしくは倭固有の伝統を引いていたりと、系統が異なっている。おそらく、それぞれの地域とかかわりが深い大貴族たちが経営するおのおの工房で作られ、かれらのもとから、前方後円墳に入る各地の貴族や、集団墓の盟主である有力農民の族長に授けられたものだろう。

したがって、飾り大刀の種類別の分布には、そのような「授刀《じゅとう》」の実態が、ある程度うつし出されている可能性が高い。新納氏によると、地域によって特定の種類の飾り大刀が多かったり、一つの交通ルート沿いに決まった種類の飾り大刀が分布したりする。ただし、これらの地域やルートがかならずしも特定種類一色で塗りつぶされるわけでなく、分布域がモザイク状に入りくむ状況も見うけられるという。

こうした現象の一つの解釈として、各地の飾り大刀の持ち主は、それぞれが関係を結んだ中央の勢力、すなわちここでいう大貴族や倭王らから各々それらを入手したのではないか、と新納氏はいう。妥当な意見だろう。つまり、中央の大貴族や倭王は、各地方の中小貴族や有力農民の族長などをそれぞれに把握し、かれらに飾り大刀を授けることによって、何らかの地位を与えようとしていたと思われるのである。

系列化される地方勢力

さきに、倭王や中央の大貴族が、地方の大貴族の版図にくさびを打ち込むかのように、みずからの直轄地や付属民を設定しはじめていたことを述べたが、いまみた飾り大刀の授与は、まさにそのしるしだったのではないだろうか。島根県松江市の前方後方墳・岡《おか》田山《だやま》1号墳（墳丘長四七メートル）から出た飾り大刀の刀身には象嵌された銘文があり、そのなかに「額田部臣《ぬかたべのおみ》」の文字が見える。「額田部」は王族の付属民の一名称、「臣」はその上級統括者の位だ。つまり、この古墳の主である山陰の中堅貴族は、その配下とども倭王の王族の付属民集団として中央の傘下に入り、みずからはその統括者の地位をもらったのである。この大刀は、そのしるしとしてかれが授かったものにちがいない。同様に、その配下の有力農民の族長にも、おそらく「額田部首《おびと》」（「首」は下級統括者）という地位とともに、銘の有無はわからないが、飾り大刀が授けられただろう。

直轄地（屯倉《みやけ》）や付属民（部民《べみん》）は、本来は各種の生産にかかわる土地や集団で、軍事組織ではない。しかし、その設定のしるしに飾り大刀が使われ、そこに属する男性たちが地位に応じて武装していたらしいことは見のがせない。生産と軍事とがまだ組織のうえで分化していないこの時代、直轄地や付属民は、それぞれの盟主である大貴族や倭王や王族に対して、生産・貢納者としての役割をはたしつつ、有事の際には兵士集団として仕えたものと考えられる。

武器の副葬がさかんなことは、とくにその兵士集団としての役割がいかに重んじられ

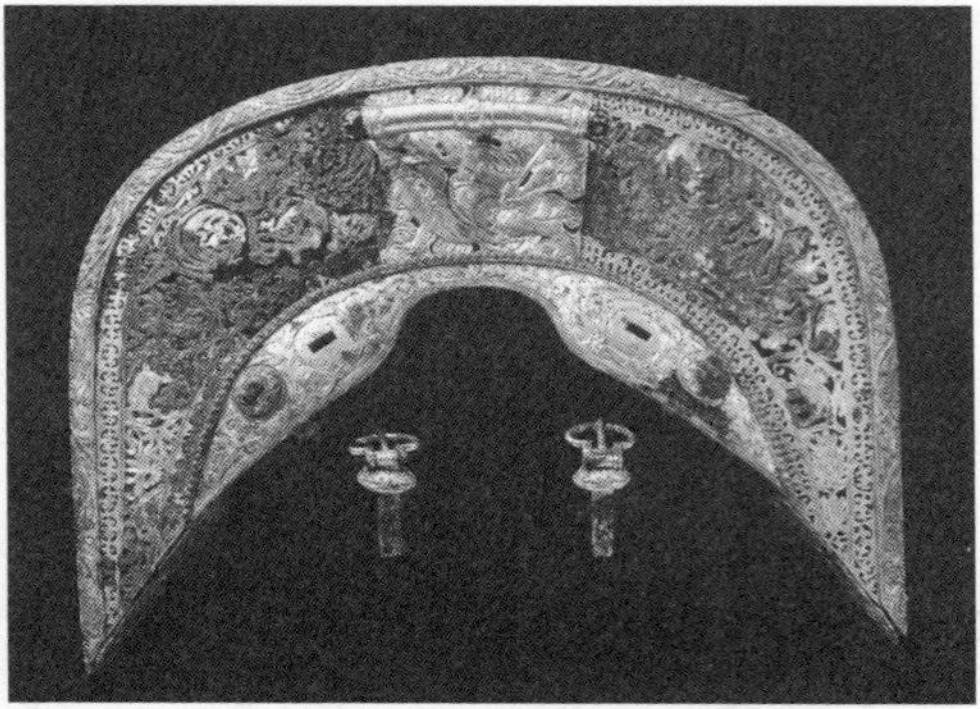

図31　貴族の馬具。奈良県斑鳩町藤ノ木古墳出土（文化庁所蔵・奈良県立橿原考古学研究所附属博物館保管）

ていたかをしめすだろう。その背景として考えられるのは、六世紀中頃から後半にあいついだ中央の大貴族どうしの勢力争いだ。文献の記録によると、中央の三大貴族のうち、大伴氏は朝鮮半島政策での失敗がたたって早くに力を失い、その後は物部氏と蘇我氏とが対立した。結局、五八七年に、蘇我馬子《そがのうまこ》が物部守屋《もののべのもりや》を敗死させることでいちおうの決着はつくが、その後も馬子が泊瀬部《はっせべ》大王（崇峻《すしゅん》）を殺害するなど、倭王も含めた中央貴族間の争いは続いたらしい。

　このような中央勢力どうしの対立には、倭王位に対する実権争いという側面のほかに、地方の直轄地や付属民集団、ないしはそこから得られる軍事力の争奪という意味もあっただろう。直轄地や付属民を増殖するには、それ相応の経済的な、あるいは地位などの威信上の見返りを、かれらに与えなければならない。いっぽう、地方の中小貴族や有力農民集団の側も、より優勢な中央勢力の傘下に入ることによって、経済上、あるいは地位や威信上の有利な立場を得ようとしただろう。その威信のしるしが、飾り大刀だったのである。こうした飾り大刀の流行や、それを頂点とする群集墳の武器副葬は、古代国家にむけての集権化を意味する中央－地方の系列化競争がもたらした激動を背景として、捉えることができる。

六世紀の倭軍

さて、倭の政治動向に大きな影響をもちつづけてきた朝鮮半島との交渉は、磐井の戦争のあと、どうなっただろうか。六世紀の状況をたどっておかなければならない。

大きな出来事としてまずあげられるのが、五六二年の「任那日本府の滅亡」だ。任那日本府の実態は、倭による朝鮮半島の統治機関などではなく、一種の外交拠点だったとみられるが、それも含めて、加耶とよばれてきた朝鮮半島南部の諸政治勢力の多くが新羅にのみこまれたのである。これをもって、倭は、朝鮮半島に駐留して政治・軍事の諸活動をおこなうための大きな足がかりを失った。

しかしながら、その後も倭は、新羅に併合された加耶の地を回復するという名目や、同盟関係にある百済からの要請などによって、朝鮮半島南部に軍事力を送りこんでいる。

磐井の戦争後、その記事が『日本書紀』に出てくるのは、五三七年、五五四年、五六二年、六〇〇年の四回だ。

その軍勢は、大王《おおきみ》(倭王)が中央貴族や王族を将軍に任命し、ほかの中央貴族や地方貴族がそれぞれの戦団を率いて参集したり、有力農民の族長が配下を率いて加わったり、というやりかたで組まれている。いまだ統一的な軍団組織や徴兵の制度によらず、貴族や族長たちがそれぞれの兵力をもち寄るという基本的な形は、五世紀までの倭軍と同じだ。ただし、これらの貴族や族長は、五世紀までのように、もっぱら文物や資源を目当てに寄り集まってきたというわけではない。おそらく、形成されつつあった、大王一族や中央大貴族と地方の貴族や族長とのあいだの系列関係をつてに、各地からたぐり寄せられてきたものだっただろう。こうした、中央諸勢力と地方とをつなぐコネクションあるいは閥ともいえるようなたくさんの系脈関係が、複雑にからみ合って内在していたことが、五世紀の倭軍と、この時期の倭軍とのあいだの大きな違いといえる。

興味深いのは、朝鮮半島への軍勢を準備して九州の筑紫まで進めながら渡海しなかったという、五九一年や六〇二年の『日本書紀』の記事だ。とくに額田部女王《ぬかたべ》(推古《すいこ》)が大王だった六〇二年には、二万五〇〇〇の大軍を発しながら、将軍来目皇子《くめのみこ》の病死を理由に渡海を中止している。このあと、六二三年にも大軍を動かしながら本格的な戦闘にはおよばなかった。

進軍はセレモニー

右のような状況をみると、磐井の戦争よりのちの倭軍は、朝鮮半島に渡って実際に戦うこと以上に、近畿から筑紫まで進軍し、その軍勢の威容を内外に見せつけることに、かくれた、しかし大きな目的があったのではないかと思いたくなる。いわば一種のデモンストレーション、あるいは軍事的セレモニーとして捉えられるのではないだろうか。

もちろん、朝鮮半島に向けて倭軍を進発することは、百済の軍事援護が表面上の目的で、それと引きかえに、知識人や技術者の派遣をそこから受けるという見返りもあった。しかし、知識や技術の獲得は、かならずしも軍事力を引きかえにする必要はない。この時期の倭軍の派遣は、五世紀までのように物質的な利をえることが第一義ではなく、百済との同盟という政治的外交上の動機によるものであり、その背後には、朝鮮半島にも影響力をもつ大国としての権威を保とうという強い意識があった。このような、国際社会での政治力学や権威やメンツといった、物質的な動機に密着しない要因で戦争がおこなわれるようになったことが、この時期以降の大きな特徴といえる。

このような、なかば威儀を見せつける目的で軍勢を整えたり送り出したりする、いうなれば一種の示威行動は、朝鮮半島諸国や中国王朝など外部に向けてのことにとどまらず、対内的にも大きな意味をもったと考えられる。大王が中央大貴族や王族を将軍に任じ、そこに数万の軍勢をつどわせることは、大王の権威を各地の貴族や族長たちに見せつけるための、絶好の機会になっただろう。また、そこにつどった地方の貴族や族長は、それぞれ結びつきをもつ中央大貴族や大王・王族のもとへはせ参じ、かれらと運命をともにする一軍のなかの自分を意識することによって、大きな誇りや精神的充足をおぼえたにちがいない。そして、こうした朝鮮半島派遣軍の結成や進軍というセレモニーは、大王や中央の大貴族が、地方の貴族や族長たちとのあいだの系列関係を確認し、新たな関係をとり結ぶ場になった可能性がある。あるいは、さきにみた飾り大刀などの授与は、このような軍事的セレモニーの機会になされたかもしれない。

以上のように、六世紀から七世紀にかけての倭軍は、中央が地方を軍事的に征服・統一していくためではなく、むしろ、大王を頂点とする支配思想の熟成をたすけ、それによりながら中央が地方勢力を徐々に系列化していくという、倭独特のスタイルで集権化が進められる際の有効な手段になった。いいかえれば、この時期の倭軍は、物質的な利得やあからさまな武力行使のためではなく、大王を核とする中央の支配層が軍事的な威信を生産し、その威信を、各地の系列勢力に分配するための装置としての意味が大きかったろう。

こうした軍事的な威信が、戦団での地位や姓《かばね》として、物質的には飾り大刀などの武器の下賜という形をとって各地の人びとに授与されることにより、大王中心の身分秩序が作られていったわけである。この時期の列島で、美麗な武器や武具の副葬がきわめてさかんになる現象は、右のような背景のもとで理解しなければならない。

6　内乱と国際戦争

騎馬の普及

みてきたように戦争や倭軍のありかたがしだいに変質していくいっぽう、武器の形態や技術にも若干の変化があった。それがもっともはっきりと考古資料から見てとれるのは、六世紀末から七世紀初め、額田部女王（推古）が大王の位にあった頃である。

この頃にまず目立つのは、馬具を副葬した古墳がいっきに増えることだ。その多くは比較的小さな古墳での出土例で、あまり飾りをもたない簡素なものが多い。きわめて実用的な馬具といえる。きらびやかな飾り馬具をもった貴族だけでなく、有力農民の一部にも馬具が行きわたり、列島内で馬に乗る人がにわかに増えたようすが見てとれるだろう。この頃の馬は小さく、武装した人を乗せて戦場をかけまわることはむずかしかった。しかし、荷物の運搬や兵士の移動など、馬の戦術的な役割は、この頃を境にかなり大きくなったと考えてよい。

もう一つ明確に見てとれる武器の変化は、鏃《やじり》の軽量化だ。長頸式鉄鏃の先端の刃が小さくなり、刃の後ろについた角棒状の軸も細くなって、全体にきゃしゃになる。重さも従来の六〜七割しかない。こうなると、矢の破壊力は減るけれども、射程距離は伸びる。馬の活用などによって戦団の機動力が増し、矢を射かけあう敵味方間の距離が遠くなるという戦術の変化に即した改良だろう。あくまでも遠距離から敵の動きを規制するという、弓矢独自の戦術的役割が、この段階で完全に定まったというわけだ。

あとで述べるように、この時期になってもまだ、鏃などのような一般兵士の実戦用武器は、中央や地方貴族の膝元の鉄器工房で、それぞれ作られていた。にもかかわらず、この時期の鏃の軽量化は、広い範囲でほぼいっせいにみられる現象である。このことは、各地の貴族が戦術の変化によほど敏感に対応して武器を作りかえていたか、中央の政権の強い指導によるものかの、どちらかだろう。後者だとすると、倭の中央政権による軍事的政策が一定の実効性をもって作用した、数少ない機会だったと思われる。

東国の騎馬兵力

この時期にもう一つ顕著にみられるのは、東日本を舞台とした兵力の形成である。それを物語る事象の一つが、東日本における飾り大刀の増加だ。「頭椎大刀《かぶつちのたち》」とよばれる、把《つか》の先を握りこぶしのような形に作った独特の飾り大刀が、中部、関東から遠くは東北地方南部の古墳からとくにたくさん出るようになる。

また、さきほど述べた実用的な馬具を出す古墳は、中部高地や北関東に多い。おそらくこの地方では、高原が広がるという地理的条件を生かして馬の生産が盛んになり、それを経営しながら有事には馬に乗って軍事活動に参加するというタイプの貴族や有力農民の族長たちが、西日本以上に目立つようになっていたと考えられる。六世紀以後に進む中央による地方の系列化は、東日本においてはこのようなタイプの実力者たちに地位を与えることによって進んだだろう。新納泉氏や岡安光彦《おかやすみつひこ》氏がいうように、この地方に多い、従卒《じゅうそつ》的な武人を意味する「舎人《とねり》」の姓は、頭椎大刀や馬具副葬古墳の主と何らかのかかわりをもつ可能性が高い。

これら東国の地方では、さきにみたように、大形の前方後円墳の築造が遅くまでおこなわれた。これは、そこに葬られた貴族が、古い英雄的な側面を西日本よりも長く残していたことを暗示している。馬上ゆたかな大貴族と、同じく馬に乗ってつき従う中小貴族や有力農民の族長たち。このような騎馬の主従からなる武装集団が、東国では西国よりも顕著に現れ、独自のきずなや精神的な伝統を作っていった可能性があるだろう。武士道のみなもとをさぐるうえで重要だ。

「官軍敗れぬ」――白村江の戦い

以上のように、額田部女王（推古）が大王位にあった七世紀の初めまでには、馬具のある程度の普及、それと連動した鏃の軽量化、東国騎馬兵力の成立といったような、古代から中世以降につながっていく日本の武器や軍事力の基本的な特質が、だいたいできあがっていた。そして、これと同じ頃、近畿の勢力による、各地の貴族や族長たちの系列化もほぼ完了し、大王を中心とする政治権力と身分秩序が完成しつつあった。

しかし、これまで述べてきたように、この中央政権は、一つの勢力が他の地域を軍事的に征服していくことによってではなく、中央の諸勢力が各地の諸勢力を系列化していくことによって形成された側面が強い。だから、その支配体制は、中国や朝鮮諸国から取りいれた公的・制度的な外皮をかぶせたとしても、内実はこのようなパーソナルな系列関係の集合体だったとみられる。とくに軍事体制にはこうした性格が色濃く残り、実際の兵力はまだ各貴族や族長たちの手に握られたままで、組織としてはきわめて脆弱《ぜいじゃく》だった。武器は多少革新されても、組織の面では、五～六世紀の倭軍とくらべてさほど大きな進歩は認めにくい。

しかし、こうした未熟な状況をよそに、倭をとりまく国際的な軍事関係は、七世紀の中頃からがぜん緊張の度を増していった。この頃、朝鮮半島では、高句麗・新羅・百済の三国が攻防をくり返していたが、高句麗と百済の侵入に悩んだ新羅が中国の唐王朝に出兵を求めたのである。六六〇年、唐軍一三万が朝鮮半島に現れ、新羅軍と連合して百済を攻めた。百済は滅亡した。

倭が、四世紀の後半以来、百済との同盟関係を基本的な外交路線としてきたことは、述べてきた通りだ。六世紀に朝鮮半島南部の外交拠点を失ったのちも、倭は、百済との関係をひたすら維持することで朝鮮半島での利権を残し、大国としての権威を保とうとしてきたのである。その百済が滅んだことが、倭の政権にどれほど大きな衝撃を与えたかは容易に推し測れるだろう。唐と新羅の連合軍が、百済と同盟していた倭に攻めよせる可能性も、おおいに考えられたにちがいない。

『日本書紀』によると、百済の遺臣・鬼室福信《きしつふくしん》が百済再興の援軍を求めてきたことを受けて、翌六六一年一月、大王の位にあった老女王・宝《たから》（斉明《さいめい》）は、船を仕立てて九州・

筑紫へ向かった。彼女はそこで病死したが、息子の中大兄《なかのおおえ》（のちの天智《てんじ》大王）があとを引きつぎ、この年から翌六六二年にかけて、援軍や救援物資・武器を百済に送りつつ準備を整えた。そして六六三年三月に二万七〇〇〇の兵力を新羅に向かわせ、八月、朝鮮半島西岸の白村江《はくそんこう》の海戦で、倭軍はついに唐軍と相まみえることになる。これまでにも、「百済をたすけて新羅を討つ」という名目で軍勢が進発されたことはいくたびもあった。しかし、さきにみたような危機が迫るなかで、今度ばかりはデモンストレーションだけの進軍に終わるわけにはいかず、筑紫で二年半の逡巡ののち、渡海に踏みきったのである。

白村江の戦いは二日間にわたったが、倭軍は、一日目の戦況を冷静に見きわめることなく、二日目に無計画な突撃を敢行して唐軍に挟み撃ちにされ、さんざんに敗れた。脚色をいとわぬあの『日本書紀』が、「官軍《みいくさ》敗れぬ」とあっさり認めるほどの惨敗だ。その状況を具体的に復元することはむずかしいが、武器・軍船の質の差には大きいものがあっただろう。また、先代の王朝・隋を武力で倒し、突厥《とっけつ》や吐谷渾《とよくこん》などの異民族との連戦で練りあげられた唐軍と、列島内部の進軍にとどまり本格的な国際戦をほとんど経験せずにきた倭軍とでは、装備のみならず、組織や用兵の点で雲泥の差があるのは当然だった。

「守り」のデモンストレーション——水城と山城

白村江の敗戦によって、倭の政権や支配層の危機感は最高潮に達した。唐・新羅軍が攻めよせてくる可能性がますます現実のものとなったのだ。

こうした情勢のもとで、対馬・九州北部から瀬戸内・近畿にかけ、要所の山頂や丘陵に山城を築いて防衛網を作る動きが急ピッチで進む。また、のちの大宰府《だざいふ》に当たる場所を第一次の防衛拠点と定め、博多湾からの敵軍の侵攻に備えて、「水城《みずき》」とよばれる土塁と堀の防御線が築かれる。これらの造営には亡命百済人の知識と技術とが投入されたようだ。

これらの山城や水城をみると、たしかに並々ならぬ緊張感が伝わってはくる。しかし、はたしてそれらがどこまで合理的な戦略にのっとり、実際上の効果が期待されるかということになると、腑《ふ》におちない点も多い。考古学の成果を中心に、この点に少し触れてみよう。

一つめは山城の分布だ。これまで知られているかぎりでは、唐や新羅の軍勢が上陸する可能性がもっとも高い日本海側で山城が築かれているのは、対馬と福岡平野だけである。山陰筋にはいまのところ一つとして見当たらないし、近畿中央部に攻め込むには最

図32　復元された鬼ノ城の西門（読売新聞社提供）

短距離となる丹後や若狭《わかさ》もがら空きだ。

二つめとして、山城の規模がいずれも大きいかわりに数が少ないことが注目される。岡山理科大学の亀田修一《かめだしゅういち》氏の研究によると、倭の山城は、百済の山城でいえば王都の城や地域の拠点の城に匹敵する、大規模なものばかりだ。百済では、それら大規模な城の周囲に中規模・小規模の城があって、それら全体が有機的に結びついて防衛網を作っている。ところが倭には中小の城がなく、とくに瀬戸内や近畿では、大きい城だけがそれぞれ孤立して点々と築かれている状況だ。防衛「網」としてはほとんど意味をなさない。

三つめに、これらの山城は大きいだけでなく、実戦よりも威儀を整えることを目的として作られたような施設をもつことがある。たとえば、近ごろ調査が進んだ岡山県総社《そうじゃ》市の鬼ノ城《きじょう》では、下部を石垣ではさみ込んだ太さ五〇センチメートルの角柱六本を並べ、背後に階段状の石積みをもった、「角楼《かくろう》」という特殊な建物が見つかった。また、城門は東西南北の各方向にいかめしく作られているが、そのうちの東門は、扉の外側はいきなり道もないような急斜面、内側は巨大な一枚岩の斜面になっている。攻める側にとって難攻であることは確かだが、守る側にも使えないような代物だ。ただし、下からはよく眺められるような位置にあることを思うと、「見せる」ことを目的とした門であった可能性があるだろう。

図33　右下から左上へ延び、土塁上に樹木が茂るのが水城跡。写真中央を横切るのは九州自動車道（読売新聞社提供）

さらに、水城もまた特異な存在だ。長さ一・二キロメートルにわたって、高さ一三メートルの土塁と幅六〇メートルの堀を延々とまっすぐに築いたものだが、中国や朝鮮半島の実戦的な防塞は、もっと城壁を屈曲させたり、馬面《ばめん》などとよばれる出っ張りをもつなど、攻めよせる敵兵への攻撃を考慮に入れた作りになっている。

そういう備えがいっさいみえない水城の外観は、実戦性よりも、むしろ構築物としての威厳を感じさせる。

山城と水城の整備は、倭国はじまって以来の、本格的な国土防衛網の構築だった。しかし、その実態は、いまみたように、唐・新羅軍のあらゆる侵攻ルートを予測した実戦対応の質実なものとは思えない。近畿の王宮（大和・近江）から瀬戸内海をへて筑紫へという、倭国がみずからの観念で設定した国土の「メインストリート」を、見せるための守りの施設で飾りたてた、といえば言いすぎかもしれないが、国としての体裁を整えて威厳をつくろうことが、山城・水城を築いた大きな目的だったことは確かだろう。

壬申の内乱

しかし、唐・新羅軍が実際に攻めよせてくることはなかった。おりしも、両者がたもとを分かってたがいに戦争を始めたからである。こういう状況のもと、六七一年、天智大王が死去し、弟の大海人《おおあま》と息子の大友《おおとも》とのあいだに、皇位継承をめぐる争いが起こった。壬申《じんしん》の内乱だ。

内乱の経過は『日本書紀』に詳しく書かれているが、用いられた武器や戦術は、具体的にはわからない。ただ、最後の激戦地となった近江・瀬田《せた》の唐橋《からはし》付近からしばしば出土する鉄の鏃《やじり》や刀のなかに、このときのものが含まれている可能性はある。戦隊の中心は歩兵で、まず弓矢で射かけ合い、そのあと接近戦に移って反りのない長い刀で突き合うという、基本的には磐井の戦いと同じようなスタイルの戦闘が展開されただろう。むろん、有力な貴族たちは挂甲の系譜をひく甲《よろい》を身に着けて馬にまたがっていたが、このほかに、大海人側についた東国の有力層は、推古大王の頃から育ててきた騎馬兵力を率いて参戦していたとみられる。その機動力が大海人側にダイナミックな行軍と戦略の展開を許したことが、勝利の大きな原因の一つになったとの見方もできるだろう。

この内乱でさらに興味深いことは、すでに指摘されているように、大海人軍と大友軍とのあいだにみられる兵力の徴発方法の違いだ。大友軍は、内乱直前の六七〇年にできた庚午年籍《こうごねんじゃく》という戸籍をもとにした徴兵の制度をはじめて運用するという、いうなれば新しい公的なシステムによって徴発した兵力が一定の割合を占めていたらしい。これに対して大海人側は、かれを見こんで味方についた有力貴族や、元来かれとゆかりが深かった貴族たちを通じて、それぞれと系列関係のある中小の有力者やその郎等たちを芋《いも》づる式に呼びこんでくるという、いわば古い私的なコネクションを通じて集まってきた兵力がほとんどだったようだ。

中央と地方の系列関係という旧来の結びつきを基礎とした大海人軍が勝利をおさめた

ことは、皮肉なことではある。しかし、この内乱の結果の一つとして整えられる律令的軍隊が本当はどのような内実をもっていたのかを見てとるうえで、たいへん示唆的だ。

7 律令的軍隊の完成

武器副葬の終わり

白村江の戦い、壬申の内乱という二つの大きな事件を軸にして七世紀の武器と戦いの移りかわりをみてきたが、考古資料がほとんど使えていないことにお気づきだろう。この時期になると、古墳そのものがしだいに作られなくなるし、作られたとしても武器や馬具の副葬がすたれ、戦いを物語る考古資料自体がなくなってくるのである。

このことには、どんな意味があるだろうか。根本的な理由としては、大がかりな墓を築いて副葬品を入れるという行為全般が、社会のなかで下火になっていったという事情があるだろう。ただし、武器や馬具の副葬は、古墳そのものや食器の副葬に先がけて、七世紀の中頃には急速にすたれてしまうので、これについてはやはり特別な背景を考えなければならない。

その一つとして、各個人の武威や軍事的地位を墓のまつりに反映させないような、新しい文化の段階に社会が進んだようすが想定される。人びとが武装することの意味が、宗教の世界から完全に独立して、世俗の事柄になったわけだ。つまり、このことによって、純粋に体制的・組織的な軍隊が成立する前提条件が整ったことになる。

壬申の内乱を制し、天皇位についた大海人（天武《てんむ》）は、名実ともに古代国家の盟主としての権限を握り、さまざまな面で天皇中心の支配体制の整備に乗り出した。内乱のとき、私的な兵力を動員して公的兵力を含む大友軍にうち勝った天武だったからこそ、自分以外の皇族や貴族たちが私的な兵力をもつ危なさを知りぬいていたにちがいない。こうした事情のもとでめざされたのが、古代律令国家の軍事制度としての軍団制だ。おそらく、その具体像には、これまでみてきた倭軍以来の体制的な因習と、中国由来の合理的制度をかぶせることによってそれを覆い隠そうとする律令的軍隊の理念とがせめぎ合う姿が映し出されているだろう。そして、そこにこそ、日本列島の中でつちかわれてきたシステムのもつ容易に脱しがたい個性が、浮き彫りになっていると思われる。

軍団制とその実像

軍団制は、壬申の乱の前後から八世紀の初めにかけて整えられていった。戸籍にもとづいて成人の男性を兵士として徴発し、各地に設けた軍団に組織して、地方や中央、辺境の警備に当て、有事には出征させるという体制だったらしい。一つの軍団の兵士数は最大一〇〇〇人で、中央から任じられた国司《こくし》の管轄下にあるが、実際の指揮にあたったのは軍毅《ぐんき》といわれる武官だ。この指揮官はふつう在地の貴族から選ばれ、軍団の経営には、かれらならではの伝統的な地域支配力が活《い》かされた。徴兵制にもとづく合理的・体系的な軍隊が完成したかのようにみえながら、その内実は、日本列島では、各地方の伝統的な貴族勢力が支えていたのである。

兵士の主たる武装は弓矢と刀だ。おもしろいことに、この頃の軍事関係の法令である『軍防令《ぐんぼうりょう》』によると、それらは軍団の各兵士が自弁することになっている。そして、前代までの古墳の副葬品などをみるかぎり、これらの武器も含めた鉄器生産の多くは、実質上やはり各地の有力貴族が握っていたとみられる。各地の兵士たちの弓矢や刀は、おそらくそこから何らかの対価と引きかえに供給されたものだろう。つまり、軍団を支える武器の生産もまた、律令政権は、その多くを在地貴族の支配力に頼っていたと考えられるのだ。

そのあたりの実態は、もはや考古資料では押さえられないが、正倉院《しょうそういん》に収められた弓矢その他の武器は貴重な資料で、なかでももっとも注目されるのは矢だ。細長い鏃《やじり》を着けた実戦用の征矢と、大きくて平たい鏃を着けた儀礼的な野矢とがあるが、野矢の鏃には、六世紀から七世紀前半にかけて九州北部、瀬戸内などの地方で作られていたものと、ほぼ同じ形の鉄鏃が認められる。これらは依然として、そういった各地方で生産されたものと考えていいだろう。正倉院の収蔵品リストともいえる『東大寺献物帳《とうだいじけんもつちょう》』にも、矢の種類の名前として「筑紫加理麻多箭《つくしのかりまたや》」「上野腋深箭《こうずけのわきぶかや》」といった地方の名前をかぶせたものがあることも、鉄鏃の自在な地方生産の可能性をしめす材料だ。それらの主導者は地方の有力貴族だったと考えられる。

もちろん、各地方で作られた武器の一部が中央政府に献納されたり、地方の役所で作られたりすることはあった。しかし、全体として、武器の供給という軍事的統制の根源となる活動に対して、徹底した中央の支配や管理がなされていた形跡はうすい。

このように、四世紀以来、少しずつ形を変えながら脈々と続いてきた「倭軍」の完成形態ともいえる軍団制の実態は、兵力の統制、武器の供給というもっとも根本的な軍隊の存立条件において、依然として各地方勢力の支配力を断ちきれない、中央集権国家の軍隊としては不徹底なものにとどまったのである。

私兵の世界へ

軍団の兵力が実際に用いられたのは、次の章で述べる東北地方への軍事進出のほかは、中央政府内部の政権争いにともなう衝突くらいで、全軍が出動して外部の強敵と戦うような事態はやってこなかった。いまみたように集権的な基盤がもとより弱いこともあって、その確立から一〇〇年もたたない七九二年、一部の地方を除いて、軍団制は廃止される。

これに代わるものとして現れたのは、地方では「健児《こんでい》」の制度だ。一種の募兵で、在地の貴族の子弟が少数精鋭の騎馬兵団を組んで、地方の役所などを警備するものだったようだ。また、中央には、各地の軍団から上京してくる農民出身の「衛士《えじ》」や、上京した地方貴族の子弟たちによって編成された「兵衛《ひょうえ》」があったが、これ以外に、特定の天皇・皇族や貴族の有力者を護るためとみられる「授刀舎人《じゅとうとねり》」など、私的な目的で兵力を設けることが、八世紀を通じて目立つようになる。中央の皇族や有力貴族がつかさどるこれらの兵力には、各地の貴族の子弟や有力農民がとりこまれた。

ここでくりひろげられる構図は、中央のさまざまな勢力が地方の勢力をそれぞれに傘下に置き、私的、系列的な支配関係の複合を作りあげていくという六世紀までのスタイルと、何ら変わるところがない。地方の力を温存して、むしろそれを頼り、利用するという傾向もまた、六世紀までと同様だ。結局、中国の兵制を手本とした軍団の制度は、中央と地方、人と人とのつながりにおける日本列島独自の伝統的な構図をくつがえすことができないうちに、それにのみこまれるように、一〇〇年足らずのうちに崩れてしまった。そしてそのままこの構図の上に、私的な兵力は武士団へと成長し、以後の歴史をつづっていくことになるのである。

変質する戦争――日本型軍事的原型の誕生

この章では、五世紀の文明開化を境として、人びとと英雄との伝統的な結びつきが、新しい気風を背景とした貴族と民衆との関係に変わっていったようすをみてきた。英雄が人びとに物質的利益を、人びとが英雄に威信をというそれまでの利得交換の関係がこれによって大きく変わり、人びとが英雄に物質的利益を、英雄が人びとに名誉や地位を与えるという、それまでとは正反対の関係が成立した。もっとも、右のように変質した英雄を、ここではすでにそうよばず、貴族ということにしたのである。

この逆転は、戦争の性格そのものが大きく変化したことと連動している。それまでの戦争が、不足した、あるいは地元ではとれない資源や文物をめぐる争奪が主だったのに対し、これ以後それは従となり、倭王や貴族たちがつかさどる国家間の政治力学や国際社会での威信といったものが戦争の大きな動因となった。そこでは、戦争という行為自体が、倭王や貴族たちの威信のよりどころとして演出された。また、それに参加する配下の有力農民や民衆たちに栄誉や地位を与えることによって、かれらからの物質的収奪に対する代価を生産するための場としての機能を、戦争がもつようになった。

このような性格を帯びた戦争においては、合理的な戦術よりもむしろ、さまざまな儀礼的慣習や威儀的な側面のほうが発達していく。また、戦争を主宰する倭王や貴族と、その傘下に加わった地方貴族や有力農民との結びつきを確かめる場としての色彩が強かったため、戦争をおこなうためのシステムにおいてもまた、組織的合理性よりも私的なコネクションが優先されることになる。

すでに英雄の時代から醸成されつつあった民族のアイデンティティと、こうした列島独自の戦争の特質が結びついて、日本独特の軍事的原型が作られていく。次の章では、こうした軍事的原型が古代から中世、あるいは近代へと受けつがれていったようすをたどると同時に、上記のような列島独自の戦争の特質が形成された要因について考えてみたい。

第六章　国の形、武力の形——古代から中世へ

1　古代日本の軍事力の特質

専制帝国に至らなかった古代日本の軍隊

前の章では、古代国家社会への歩みとともに整っていった軍事制度の完成形態である軍団制の成立を追い、その実態をみてきた。そこで述べたように、軍団制は、在地有力者の軍事的な地方支配力を完全に断ち切ることによって成立したものではなく、その力を残し、それに頼る側面すらもっていた。また、そうして温存された地域の軍事力を、中央の有力者たちがそれぞれ競ってとりこみ、私的な兵力を増やす動きが、軍団制の底流でますますエスカレートしていた。

このような日本古代国家の軍事体制のありかたを、前章の冒頭で整理した軍事力の配分パターンの図式に当てはめてみるとどうだろうか。

アジア的な専制国家の雄である中国帝国にならった古代日本の律令国家がめざしたものが、天皇を頂点とする中央政府に軍事力を集中させる形だったことはまちがいない。このスタイルは、強力な集権的軍隊でオリエントを席捲《せっけん》した、盛期のアッシリアやペルシアと同じだ。

だが、古代日本の軍事体制が、中央集権化という点において不徹底な部分を多く残していたことは、さきにみたとおりである。少なくとも、兵力の動員、武器の供給、戦略の決定、兵員の配属、兵站《へいたん》の確保などを中央政府が一元的に統制するような機会はなかったし、あったとしても実現はむずかしかっただろう。つまり、古代日本の律令国家は、専制帝国ふうの集権的な軍隊を理念としながら、現実には集権化が未熟で、軍事力の地方分立という方向性を抑えきるには至らなかったものと捉えられる。このことを、古代日本の軍事体制がもっていた第一の大きな特質として押さえておきたい。

公の軍事力、私の軍事力

古代日本の軍事体制にみられる第二の大きな特質は、有力者が私的な軍事力を増やしていく方向性に対し、それを押しとどめて公的な軍事力を充実させる力が弱かったことだろう。

王権や国家ができる前の軍事力は、そもそも私的なものだ。というより、公も私もない。社会の多くのメンバーの利害を代表する王権ができ、それがまず宗教的に、次には法的に正当化されて国家社会ができあがると、社会全体の利害や「正義」の側にたって動く公的な軍事力が生み出される。これに対し、社会を構成する特定の個人や集団が、みずからの利害のために動く軍事力をもてる場合もある。これが私的な軍事力だ。

この、軍事力における公と私の問題を、前章でおこなった「郎等タイプ」「徴兵タイプ」「募兵・傭兵タイプ」「疎外タイプ」の分類に当てはめて考えてみると、どうなるだろうか。まず、人びとが、主人とみなす有力者とのあいだの人間的きずなにより、かれにつき従って戦う郎等タイプは、その性格からして、私的な兵力の動員方法だ。これに対して徴兵タイプは、国家の制度によっておこなわれる兵力動員だから、公的な軍事力と結びつくのがふつうである。

右の視点から、これまでみてきた倭軍から軍団制へのプロセスをもう一度ながめてみると、まず、倭王を頭目とした英雄団だった四～五世紀の倭軍は、郎等タイプの武装集団がゆるやかにまとまったものだ。その後、六世紀の磐井の戦争を経て、倭王が大王として地位と力を高めたのちも、かれを旗印とする倭軍は、各有力貴族が配下の中小貴族や有力農民を率いて寄り集まるという、依然として郎等タイプの兵力動員を基礎とするものだった。

また、この頃から進む、大王や大貴族などの中央諸勢力による地方軍事力の組織化は、地方の貴族や有力農民などとのあいだに、おのおの支配関係をとり結んで系列化していくという形をとっていた。これはまさに、中央の諸勢力が、郎等タイプによる軍事力の系列化の末端に地方の諸兵力をつなぎとめ、中央から地方に及ぶ、大きな芋づる式の私的兵力動員網を作りあげたことにほかならない。壬申の乱で、大海人がこの動員網を最大限に活用して勝利をたぐりよせたことは、さきにみたとおりだ。

これと正面から対立する理念のもとで、徴兵タイプによる公的な兵力動員網として制度化されたのが軍団制だったと捉えられるだろう。しかし、四〜五世紀の倭軍よりこのかた長きにわたって培われてきた、郎等タイプの私的な兵力動員にもとづく軍事的基礎が、その採用によってくつがえることはなかった。都を警備する制度においてもまた、藤原《ふじわら》氏などの有力貴族がみずからの利害のために新たな兵力の組織を設けるなど、公的な軍事力を私的な兵力に置きかえていく動きが進む。

以上にみてきたように、古代日本の軍事力は、古代専制帝国を理念としつつも集権化が未熟で、郎等タイプというべき私的な兵力動員のありかたが根づよく残ったために、国家の軍事力としての公的側面がきわめて弱かったことを大きな特質としている。以下ではまず、こうした特質が中世以降の軍事組織や戦闘のありかたにどのように受けつがれたのか、あとづけてみよう。さらに、日本列島中央部に形づくられたそのような軍事的な特質が世界史的にみてどう位置づけられるか、あるいはその要因は何であるのか、考えてみよう。

2　武士の登場

古代騎兵から武士へ

律令体制の弱体化とともに、大刀をもつ歩兵を主体とした国家の公的軍事力は瓦解《がかい》した。いっぽう、騎馬を一種のステイタスシンボルとして私的兵力を形成していった各地貴族および有力農民出の武力集団は、古代国家衰退期の混乱に乗じて「群党」とよばれる反逆集団になったり、反対にかれらの襲撃から国司や役所を守る「諸国兵士」にとりたてられたりして、軍事力をみがいていった。かれらが、やがて武士に成長するのである。

いま歴史学界では、武士は都の貴族社会で生まれたものとみる意見が有力だ。だが私は、古墳時代、とくに六世紀末～七世紀初めの東国から九州にいたる各地方に、すでに騎馬武装に身をかためた貴族や有力農民がたくさんいたという考古学的事実と、その軍事力が律令体制下でも温存されたことを、武士の成立をみるときにもっと評価すべきだと思う。馬具はもちろんのこと、初期の武士がまとった大鎧《おおよろい》の祖型である挂甲《けいこう》、かれらが帯びた太刀《たち》の原型である長い刀、その矢にみられる征矢《そや》・野矢《のや》という儀仗《ぎじょう》の中身など、みな六世紀の古墳の副葬内容にみなもとがある。

このように、古墳時代の貴族や有力農民の騎馬戦士像と平安時代の武士像とは意外に近く、切り離して考えるほうがむずかしい。騎馬の習わしが東国に一つの中心をもつという地域性の点でもつながっている。都か地方か、という二元論自体を見なおしながら、武士の発生を考古学から検討してみる必要があるだろう。

考古学からみた武士の戦い

そのことはまた機会をあらためて論じるとして、ここでは平安時代後半の、初期の武士たちの戦いに注目してみよう。近年めざましく進んだ研究成果によると、この頃の武士のおもな戦法は「騎射《きしゃ》」、すなわち馬上から矢を射ち合うもので、しかも一騎討ちが基本だ。もちろん太刀や短刀も帯びるが、それらは騎射の一騎討ちの段階が終わって相手の首級《くび》をかきにかかったり、組み討ちになったり、何らかの事情で馬から降りての対決に移ったり、もっぱらそういう二次的な戦闘で使われたらしい。あるいは夜襲のときや、徒歩の従者たちが用いる副次的な存在で、主役はあくまで弓矢だったようだ。

もっとも、こうした見解は軍記物などの文学作品や絵画から導かれたものだから、そこで表現された戦いは、こうあるべきだというスタイリッシュな理想的戦闘だった可能性を考えなければならないだろう。しかし、絵や文学に表現されたほぼそのままの姿で葬られた一二世紀中頃の武士の墓が、京都市法住寺殿跡《ほうじゅうじいんどの》で発掘され、それらの表現が絵空事でなかったこともわかっている。

この墓の主はかなりハイクラスの武士で、一一八三年（寿永《じゅえい》二年）、源《みなもとの》義仲《よしなか》による院御所《いんのごしょ》襲撃のときの戦死者と考えられている。木棺の痕跡から検出された遺体は歯を残すのみだったが、大鎧五領、弓、矢筒に入った矢束、馬具（くつわと鞍）はほぼそのままの形で出土した。大鎧を着て弓矢をもった騎馬姿の武士そのものだ。矢は多数の征矢と少数の野矢からなり、これも伝えられる故実《こじつ》にひとしい。征矢の鏃《やじり》は古墳時代の長頸式鉄鏃をほとんどそのまま受けついだ形で、古代を通じて形が大きく変わっていないことがわかる。いっぽう野矢の鏃は、菱形の身に透かし孔をもつものと、切っ先が二股に分かれた「雁又《かりまた》」とよばれるものの二種類だ。雁又の矢は軍記物などの戦闘シーンによく登場するが、それを裏づけるように、これ以外の中世の遺跡からもしばしば出土する。なお、雁又の鉄鏃の最古例は五世紀にさかのぼり、六〜七世紀以降、類例がふえていく。

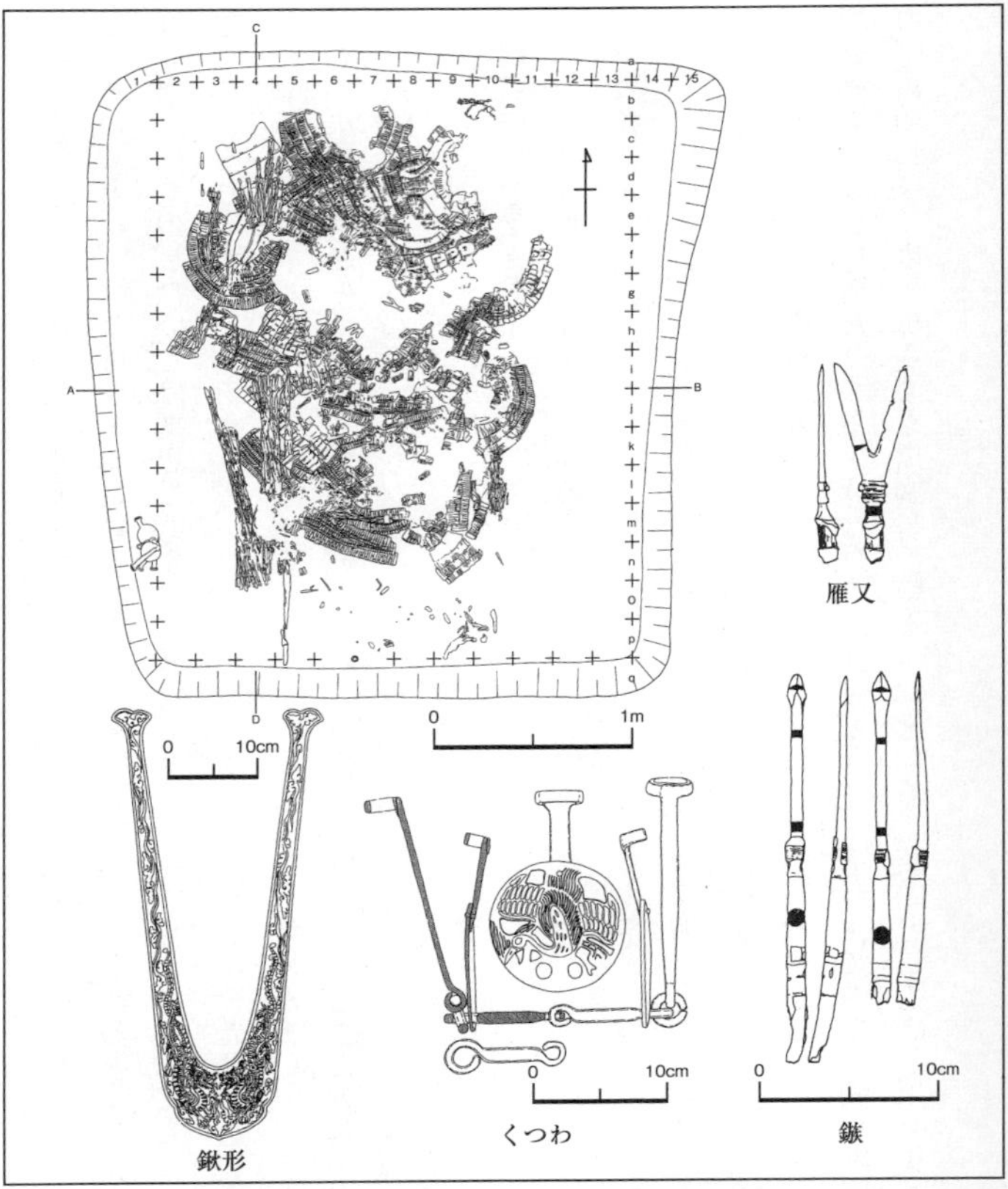

図34　法住寺院殿の武士（古代学協会『法住寺院殿』〔1984年〕、河野眞知郎「中世前期の戦争と考古学」『考古学による日本歴史９』〔雄山閣、2000年〕より、一部改変）

このような出土例からも、平安後期の武士の戦いが、騎射の一騎討ちを基本としていたらしいことは、ほぼ確かとみていいだろう。太刀や短刀などを武器とする徒歩の戦法は副次的なもの、ないしは騎馬の武士の従者たちが主人を援護するためにおこなうものとなり、それを専門とする歩兵隊、または弓隊・ヤリ隊などといった隊列分化を前提とした戦術的集団戦は、この頃にはほとんどなくなっていた可能性が高い。いうなれば、個人的決闘の集合の域をこえていないことが、古代から中世に入る頃の列島中央部における戦闘の大きな特性だったとみることができる。

格闘戦から集団戦へ

右のような戦いに変化が生じる最初のきざしが出てくるのは、一二世紀の末に繰り広げられた治承《じしょう》・寿永《じゅえい》の内乱、すなわち源平合戦の時期だと考えられている。中世史の川合康《かわいやすし》氏は、戦場への動員人数がにわかに増え、やぐらや柵などの防御施設を用いていたこの段階の戦いを、集団戦あるいは攻城戦といった性格をもつものと捉えた。また、それにともなって、騎馬の武士どうしが弓矢もそこそこにたやすく組み討ちをしたり、意識的に敵の馬を射たりするような行為が通例となり、それまでの理念的な戦闘像がこの頃に崩れはじめたようすも指摘している。おそらく、傾向としては、川合氏が説くような方向に進みだしていたと思われる。

ただし、近藤好和《こんどうよしかず》氏が説くように、武士どうしの騎射戦から民衆兵士の集団戦へと戦いのしかたが本格的に変わるのは、一四世紀の南北朝内乱期だったとみる考えも根づよい。また、考古学の見地からすると、地形の改変や造成をともなう本格的な防御施設が普遍化したことを考古学からつかめるのは、この時期以降である。千田嘉博《せんだよしひろ》氏によると、この頃から一五世紀前半にかけて、おもに切岸《きりぎし》とよばれる人工の急斜面で防御を固めた山城や館が現れる。さらに一五世紀後半には、切岸と堀切《ほりきり》を組み合わせた、戦国期の山城に近いものが出る。まもなく、平地にあった領主の館も、平城《ひらじろ》として要塞化していく。次の一六世紀は、まさに城の世紀ともいうべき時代で、列島中央部の主要交通路沿いはもちろんのこと、津々浦々にいたるまで、いろいろな防御の工夫をこらした大小さまざまの山城や平城が築かれる。それらが激しい戦闘の舞台となったことはいうまでもない。

本格的な攻城戦は、騎馬の武士の一騎討ちによってではなく、山上の城に攻め登る、またそれを追い落とすという歩兵どうしの戦闘によって、はじめて成りたつ。『太平記《たいへいき》』などの軍記物の分析によっても、この時代から歩兵戦力の比重が高まり、かれら相互の集団戦が戦いの帰趨を決めるようになったようすが見てとれる。

武器については、近藤氏が興味深い指摘をしている。武士が馬上であつかう武器は、

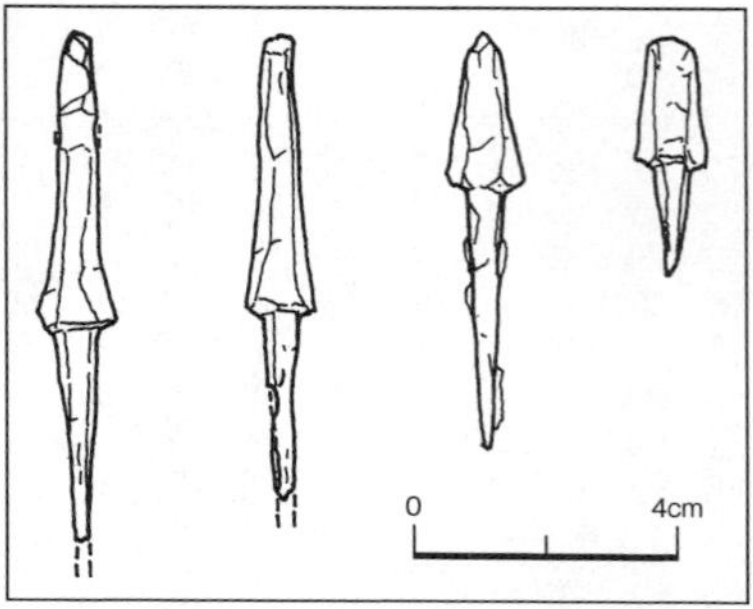

図35　丸根の鉄鏃。福井県一乗谷朝倉氏館跡出土（福井県教育委員会朝倉氏遺跡調査研究所編『特別史跡 一乗谷朝倉氏遺跡XII 昭和55年度整備事業概報』〔1981年〕より再トレース）

それまでは弓矢だったが、この頃から太刀が主流になり、逆に弓矢はもっぱら歩兵が用いるようになるというのだ。この現象を、近藤氏は「武器の下剋上《げこくじょう》」とよぶ。つまり、この頃を境に、弓矢は騎馬武士第一の武器という地位から、集団戦用の歩兵武器へと転じていくのである。

　このことは、考古学の資料からもうなずける。さきに触れた法住寺院殿跡の武士の墓に副葬されていた鏃《やじり》は、古墳時代以来の端正な形をのこし、征矢・野矢の故実にのっとって矢筒に納められた美しいものだった。ところが、鎌倉時代に入ると、「丸根《まるね》」という、長頸式鉄鏃の断面が丸くなったものが目立つようになり、続く戦国時代には、それがさらに短く粗末な作りの量産品へと変化していく。これは、鏃という道具が、武士の戦いのイデアを体現する高貴な武器から、実用一点ばりの雑兵《ぞうひょう》の武器に転じたことの反映だろう。なお、弓矢が武道となった江戸時代には、中世以前の姿をとどめた復古調の鏃がふたたび目立つようになる。

集団戦成立の背景

以上のように、南北朝の内乱期を境に、騎馬武士による格闘の集合という形から、多数の歩兵部隊どうしの攻城戦も含めた集団戦へという方向に戦争のスタイルは大きく変質していったと考えられる。

この変質には、一三世紀後半の元寇《げんこう》の際、火器をまじえた集団戦術をとるモンゴル軍と交戦した経験も、一つの要因として影響しているかもしれない。しかし、もっと根本的には、南北朝の内乱や応仁の戦乱を経て政治統合の秩序が弱まり、各地勢力の政治的割拠が進んで抗争が恒常化したことに、最大の理由があるだろう。さらにくわしくいうと、商品流通の発達など経済構造の変化が、各地方勢力の自立化や新興勢力の台頭をひきおこし、それら相互の競争を助長して、それまでの戦いをさらに大規模で恒常的なものにした。その結果、民衆を含む膨大な数の兵の動員が必要になったとみられるのである。南北朝期に軍事的な変質をもたらしたものは、基本的にはこのような、列島内部に形成された社会的要因だったと私はみなしている。

なお、その後の戦国合戦に兵として加わっていた多数の民衆が、かならずしも領主の強制によって戦場にかり出されたわけでなく、戦いにともなう略奪や戦利品の獲得を目あてとして、なかば自発的に集まる側面があったことを、中世史の藤木久志《ふじきひさし》氏が明らかにしている。そうだとすれば、戦争への参加と引きかえに、支配者が民衆に物質的利得をもたらすという意味で、戦国合戦は、五世紀以前の英雄時代の戦争に回帰したような性格をもっているともいえるだろう。人びとが、かならずしも強制によってのみ戦場に動員されるわけではない側面を明らかにした藤木氏の所説は、戦争の本質を考えるうえで意義ぶかい。

3　日本列島の軍事革命と社会変化

第一次軍事革命――騎馬の受容

古代以降、中世、戦国時代にいたる武器と戦術の流れを以上のように追ってみた。これを、前章までにみた古墳時代までの流れの延長上に位置づける形で、日本列島中央部の武器と戦争の歴史をデッサンしてみよう。その視点として、武器や戦術に大きな変化がおこったときを画期としてとり出し、とくに重視する。そして、この画期の社会的な背景や意味を考えてみることによって、武器や戦争の変化が、社会全体の歴史的展開とどのようにかかわっていたかについて明らかにしてみたい。

さきの章でみたように、弥生時代から古墳時代に入る頃にかけての戦闘スタイルは、弓矢を射かけ、その後に短剣をふるって格闘するというものだった。この戦術や武装内容が、朝鮮半島勢力との交流や交戦を経て変わっていったのが四～五世紀のことだ。騎馬戦術や、そこで生み出された長柄の矛を用いる朝鮮半島の戦士たちに対抗するため、同じ長柄のヤリ戦団を生み出し、大刀の生産を軌道に乗せ、甲冑の量産体制を確立し、鏃《やじり》を改良し、馬具をとり入れ……、というようなめまぐるしい革新は、列島中央部でなされた最初の画期、すなわち第一次の軍事革命とよんでも過言ではないだろう。

ただし、それらが朝鮮半島の騎馬戦術に刺激されての軍備の改良であったことは確かなのに、その内実は短甲と大刀の量産に重点が置かれ、騎兵よりもむしろ、昔ながらの重装歩兵戦団を増強するような方向性をもっていたことは、前にみたとおりだ。馬具も、実戦用としてではなく、有力な貴族層によってハイカラな服飾文化として受け入れられる側面が強かった。列島の馬具のきらびやかな装飾性、すなわち実用性の低さは、東アジアでも目立った存在なのである。考古資料からみるかぎり、戦場で有効に使えるほどの数の実用的馬具がそろうのは、やっとのこと、朝鮮半島の勢力と実際に相まみえる機会が激減した六世紀末から七世紀初め頃だ。これはやはり、朝鮮半島勢力と衝突するのがもっぱら敵地でのことであり、列島にまで攻め込まれて騎馬戦団に蹂躙《じゅうりん》される危機感がほとんどもたれていなかったということだろう。

律令体制が確立して軍団制ができても、公的な軍事力として一般の人びとから徴発された兵士は、すべて大刀をもつ歩兵であり、騎兵ではない。当時騎兵となりえたのは、六世紀以前よりこのかた、大王や中央の大貴族とつながりつつ在地の支配力を保ってきた各地の貴族や、その郎等となった有力農民たちだった。かれらは、地方においては軍団の実質的な指揮権をもち、その廃止後も健児などの役職を握って武装を認められた。また、各地貴族の子弟たちは、都においても授刀舎人や兵衛の武人にとりたてられ、天皇や藤原氏などの支配勢力傘下の武力集団として、実力をたくわえていったのである。

右のように、四～五世紀にみられる列島最初の軍事革命は、騎兵の形成という方向性をもつものではあった。だがそれは、国家の公的な軍事力としてはほとんど成長させられず、むしろ一部の有力者が威儀を整え、身分を固めていく手助けとしての意味のほうが大きかったようだ。もとより、馬にまたがるという行為そのものが、仰ぎみる人にとって威厳に満ちた姿に映ることは、人間に共通した認知上の特性だ。その意味で、人類社会では、騎馬の風習自体が、身分の形成という現象と本源的かつ普遍的にかかわっているといえる。ただ、騎馬が、海の向こうの先進文化という特別な意味合いを併せもっていた日本列島では、そういう性格がほかのどこよりも、ひときわ強かっただろう。

このように、四〜五世紀に始まった第一次の軍事革命、すなわち騎兵戦術の受容は、国家的軍事力を強化するよりも、一種のステイタスシンボルとして各地有力者の軍事的身分形成につながり、さらにそこで生み出された騎馬姿の戦士貴族像が、来たる時代の支配者となる武士の原型を準備した。大づかみに捉えれば、この第一次軍事革命が長期的にもたらしたものは、表面上構築された古代律令国家の体制ではなく、その地盤に根深くひそみ、次の時代へ向けて律令的枠組を内側からこわしていった、各地有力者の地域支配にもとづく封建的構造だったとみることができる。

第二次軍事革命——戦国集団戦の成立

次に、一四世紀に始まる第二次の軍事革命は、こうした武士像の原型のうえに作られた騎馬と弓矢の格闘戦というスタイルが、中世に入って急激に進んだ社会や経済の変化を背景として、民衆兵士を大量に動員する集団戦へと転換したことだ。さらに、そのことはまた逆に、兵士の大量動員やその経済的保持を可能とするシステムを各領主層に開発させるきっかけとなり、それが実現される過程をてことして、近世的な統治につながる戦国大名の領国支配体制が作られていった。

日本列島中央部の二度の軍事革命は、このように、武装や戦術の内容を変えただけではなく、そのときどきの支配体制の形成に対して重要なかかわりをもったといえる。しかしながら、それは、既存の枠組に反するまったく新しい価値体系をもたらしたり、それまでのシステムを破壊して新しい軍事秩序や支配組織を作ったりするような方向では働かなかった。むしろ、作られつつある秩序や体制をあと押しする方向に作用した側面が強かったように思われる。

このことは、あとでみるように、日本列島が四周の海によって外敵から護られていたことと関係が深いだろう。つまり、列島中央部の軍事革命は、世界の多くの地域のように、外からの強制や伝播による部分がきわめて少なかったということだ。具体的にいうと、第二次のそれのように社会の内部から生み出された必要性にもとづくものだったり、第一次のそれのように、外来であっても列島内の人びとが自発的に選択したものだったりしたゆえに、既存の枠組を大幅に変えうる力や方向性をもたなかったと理解できる。列島の武装や戦術の変化が、世界のほかの地域とくらべてかなり緩慢で連続したプロセスにみえるのは、そのためだろう。

なお、これらに加えて第三次の軍事革命を想定するとすれば、ヨーロッパ諸国の制度にならって西欧流の武装や軍隊組織を導入しはじめた幕末から明治初期がそれに当たる。

ただし、これらについては、現在まだほとんど考古学の守備範囲外だ。

4　日本の軍事的特質

飾られた武器の系譜

日本列島中央部における戦いの展開を、二つの画期をはさんだ変化のプロセスとして概述した。では、このような日本列島の戦いやその歴史的展開のしかたは、世界的にみてどのような特性をもっているのだろうか。武器と戦略という二つの側面から見てみたい。

まず日本列島中央部の武器の特性だ。一般論として、武器には高い殺傷力にもとづく機能性が追求される局面と、華美に飾られて威儀や呪術性が強調される局面とがある。一つの武器にこの双方の性格がともに現れることも多い。また、研ぎすまされた機能性をもつ武器に強い呪術性が認識されたり、武器の威儀的な飾りの部分に敵を打ちたおす力が信じられたりすることはごくふつうなので、この武器を実用、あの武器を威儀用などとはっきり分けてしまうのは、ある意味ではナンセンスだ。

ただし、武器や防御施設など戦争関係の物質文化に、高い実用性が強く求められる時代や社会と、華美に飾りたてることが好まれる時代や社会とがあることは事実である。日本列島中央部の場合、弥生時代後半の武器形青銅製祭器、三～四世紀の飾り矢、六世紀の馬具や飾り大刀、七世紀の山城、古代末期から中世のきらびやかな大鎧と兜《かぶと》、戦国末期から江戸初期の城郭建築など、いずれかといえば実用性よりも装飾性が重んじられた戦争関係遺物が並ぶ。

むろん、飾られた武器や城は世界のどこにもみられる。しかし、古墳時代以降の列島中央部において、実戦本位の方向で武器が発達するのは、四～五世紀の短甲や鉄鏃の革新期、六世紀末から七世紀初めにかけての実用馬具の普及期、一四～一六世紀の山城と集団戦武器の発達期くらいであり、きわめて限られている。日本列島では、武器がその機能性を研ぎすませる方向で発達する期間より、それが停滞したり、華美な装飾性を贅《ぜい》肉《にく》のように付加したりする期間のほうが長かったということだろう。

変化に乏しい実用武器

このように次々と出てくる、飾られた武器や城のラインナップの根底には、比較的シンプルな実戦用武器の流れがある。列島中央部の武器の基本形が定まりつつあった四～

五世紀以来、弓矢と刀を基本とし、ハイクラスの者は馬にまたがるという基本形は、戦国時代まで変わらなかった。

戦国時代後半の一六世紀には鉄砲が現れ、それを扱う鉄砲隊のほかに弓隊、ヤリ隊、騎馬隊などの専門分化した戦隊を目標に沿って配置し、動かす組織的な集団戦術が、あるていど成熟していたようだ。しかし、弓矢と大刀をもった騎馬の高級戦士に、大刀・弓矢などを手にした徒歩の郎等たちが従い、そのようなグループが一つの戦闘単位となるという戦場の構図は、武器副葬を通じてそのようすが復元できる古墳時代から、上記のような集団戦術が現れてくる南北朝期頃まで、ほとんど根本的には変わっていない。

こうした状況は、異民族との戦いをてこに次々と新しい武器や戦闘組織を創りだしていったアレキサンドロス大王のマケドニアやローマ帝国とは対照的だ。その後、さまざまな民族が登場しては、いろいろな創意工夫を含んだ新しい軍事力を駆使して国家をうち立てていったヨーロッパ、中央アジア、中国などの大陸の状況を見くらべても、列島中央部の実用武器と戦術の流れは、モノトーンで変化に乏しい。どこからの影響もあまり受けない代わりに、どこにも影響を与えない、タコ壺の中のような感がある。

右のような特性は、一つには、外敵や異民族との軍事的な衝突をほとんど経験しなかったという歴史的事情によるものだろう。未知の敵と出あい、かれらがもつ未知の武器や戦術と自らのそれとを戦いの場でくらべ、そこから導き出された結果を次の武器や戦術に活かしていくことによって、合理的な武器の変革がおこなわれる。反対に、外敵や異民族と戦場で相まみえることが乏しい社会では、一つの武器や戦術体系を守りつづける強固な保守性が生まれやすい。つまり、日本列島のような社会では、戦術的合理性よりも、それまでに醸成されている戦士のイデアにいかにかなった武器であるか、といった観念的な価値判断により、次の武器や戦術が選ばれていく傾向が強いと考えられる。

その実例の一つが弩《ど》だ。前にも述べたように、弩は発射台と引き金のついた強力な弓で、弥生時代の終わり頃に、いちど中国から列島に入った形跡がある。その後、列島ではながらくとだえたが、八世紀に律令の軍制が整えられる過程で、常備すべき武器として各地に配備されたことが、文献に出てくる。九世紀にも用いられた記録がある。事実、蝦夷攻撃の拠点だった宮城県栗原市の伊治城《いじじょう》《これはるじょう》跡では、弩の引き金の金具が一九九九年に見つかり、謎につつまれていた日本古代の弩の実態に迫るはじめての材料を提供した。

しかしその後、弩についての遺物も記録も、日本列島から姿を消してしまう。武士が主導した一〇世紀から中世までの戦いでは、弩はまったく用いられなかったと考えてよい。技術的な問題もあるだろうが、武士の戦いのイデアに沿わなかったということが、その最大の理由だろう。

城のない古墳時代

次に、攻めと守りのバランスという大きな戦略的視点からながめたときに目をひくのが、日本列島では防御施設があまり発達しないという事実だ。まず、古墳時代は、以前の章でみたように、朝鮮半島の諸勢力と交戦する機会が増え、鏃《やじり》や甲冑などの形や製作技術は、たえずそこからの影響を受けて大きく変化していった。当時の朝鮮半島では、すでに山城をめぐる攻防戦がおこなわれており、そこで傭兵的な軍事活動をしていた倭人がそういう戦闘に加わっていたことが、『日本書紀』などから読みとれる。山城や攻城戦の知識を、倭人がもっていたのはほぼ確かだ。にもかかわらず、古墳時代の列島内に山城は築かれない。

その理由はおそらく、古墳時代の列島内で、山城を必要とするような本格的な戦闘がおこなわれなかったか、予測されていなかったからだろう。つまり、当時の列島内は、朝鮮半島のような、互いに攻めあう国や政治勢力が割拠する状態でなかった可能性が高いのである。このことは、あとで述べるように、早くから醸成された観念的な統合をもとに、列島の各地勢力が倭王を旗印としてほぼまとまっていたことをしめす。またそれは、その領域をおびやかすような外敵が存在せず、想定もされていなかったことを意味するものでもあるだろう。

古墳時代には、首長居館または豪族居館とよばれる、周囲を堀や石垣で囲った有力者の屋敷地がある。これを古墳時代の防御施設とみるむきもあるが、その多くは小規模で、山城にくらべると防御力もきわめて弱く、開放的な平地に作られている場合が多い。これらはむしろ、南北朝期以降にみられる、領主が日常生活を営む場所としての居館に似たものだ。

人間を盾に

結局のところ、古墳時代から古代国家の確立期にかけての守りの施設といえば、白村江の敗戦直後の七世紀後半に、唐・新羅による侵略の危機に備えて築かれた山城くらいしかない。それでさえ、実効的な防御の機能よりも、守りの姿勢を視覚的に内外に見せつけるという観念的な権威誇示の方向に傾いていたことは、前の章でみたとおりだ。

それからまもなく、古代天皇制の政治支配を体現する都城が現れる。その手本とされた中国では、都城のまわりは大きくて高い城壁がめぐらされ、「城」というにふさわしい造りになっている。朝鮮半島諸国の王都も同じだ。しかし、藤原京、平城京、平安京といった日本の都城には城壁がなく、それよりもはるかにきゃしゃな築地がめぐらされ

ている にすぎない。

同じことは、蝦夷を討つために築かれた東北の城柵《じょうさく》にもあてはまる。八世紀に鎮守府《ちんじゅふ》（政府軍の拠点）が置かれた宮城県の多賀城《たがじょう》などの発掘成果をみると、それらはやはり築地で囲まれた、城というよりも政庁としての色彩が強い施設だったようだ。中国の帝国が北方の騎馬民族に対して築いた長城や、ローマ帝国がブリタニア（ブリテン島）を攻略するときに築いた「ハドリアヌス帝の城壁」のような、外敵むけの猛々しい軍事施設は、日本列島にはほとんど見あたらない。

日本列島の都城に城壁がないのは、それをおびやかす外敵がいなかったからだというのが通説だ。機能的な解釈としてはそれでいいだろう。ただし、しばしば蝦夷の襲撃を受け、被害もこうむっていた東北の城柵が、ついに本格的な防御施設として確立しなかったことなどは、それだけでは説明できない。

奈良時代から平安時代初期にかけての軍事的投資は、平城京や平安京に城壁をめぐらしたり、博多湾周辺をもっと実戦的に要塞化したりといった施設面の充実よりも、東国の民衆を防人《さきもり》としておびただしく動員するなどの人的資源の投入に大きく傾いていた。東北への軍事進出もまた、施設より兵士の派遣が中心だ。このような、物よりもまず人を投入するというのが、日本古代国家の国防思想の大きな一つの柱をなしていたといえるだろう。こうした思想のもとでの戦いは、おのずと、物質的合理性よりも人格的精神性が重視されるようになる。すでにこの時期、『万葉集』のいわゆる防人歌に「大君《おおきみ》(天皇)の命《みこと》恐《かしこ》み」「大君の醜《しこ》の御楯《みたて》」といった語句が出てくるのは、天皇崇拝を軸とした精神主義が、当時の兵士たちの心にしみ込みつつあったことの反映として注目される。

外敵の不在という所与の歴史的条件が、実戦的な防御施設へのコスト投入という合理的・物質的な軍事的発展のコースをなおざりにさせた結果として、本来ならそれに抑制されるべき精神的・人的な要素が表面化して膨張した姿に、日本古代国家の軍事面での特質をみることができる。

政治的割拠と中世の城

列島中央部で、実用的な防御施設が、弥生時代以来の長い空白の後ふたたびみられるようになるのは、さきにみたように一四世紀、南北朝の内乱期のことだ。

この時期から一六世紀にかけての城の出現と発達は、南北朝の動乱や応仁《おうにん》の内乱などをステップとして、地方の有力者が領主として自立性を強め、相争うようになっていくプロセスと合致している。すなわち、この時代を特徴づける、城という実用的防御施設の発達は、中央の政治統合の秩序がいちじるしく弱まり、各地の勢力が政治的・社会的に割拠するようになったことが直接の背景と捉えられる。単純化を恐れずに言いかえれば、列島全体を脅かす外敵が登場したからではなく、列島の各勢力がたがいに「外敵」と化したことが、防御施設をいっきに顕在化させたと理解できるだろう。

一六世紀の終わりから一七世紀に入る頃、織豊《しょくほう》政権をへて江戸幕府が成立し、新たな政治秩序が作られた。それとともに、無数にあった城は、領主が住む拠点的なものだけに淘汰《とうた》され、それらが、領主の居住や統治の機能をもあわせもったスタイルへと充実していく。また、そのような機能がより重んじられた結果、低い丘の上や平野部に立地する平山城や平城がふえる。こうして、政治的割拠の時代が終わりをつげるとともに、実戦的な防御施設はふたたびその性格を薄め、数も減っていった。残った城は、天守の出現に見てとれるように、土木・建築技術の粋を集めた美と権力の象徴として、機能性よりもビジュアルな性格を強めて今日にいたっている。

以上のようにみてくると、列島外からの敵の侵入を防ぐ実戦的機能をもった施設は、本格的な戦いがはじまった弥生時代以来、列島中央部ではほとんど発達しなかったということになる。一三世紀の元寇のときに築かれた博多湾の防塁や、一九世紀に北方からの侵攻に備えて幕府が設けた北海道函館市の五稜郭《ごりょうかく》などの要塞が、わずかな例としてあげられるにすぎない。このことは、実戦的な対外防衛を起案して運営することのできる、合理的な国土防衛の思想やノウハウもまた、歴史的にほとんど育たなかった可能性を暗示しているとみていいだろう。

5　与えられた統一——征服戦争の欠如、外敵の不在

島国という条件

日本列島の大きな軍事的特質として、第一に、実用的な武器や戦術がなかなか合理的に革新されず、保守的な精神性がほかの地域以上に長く残る傾向があることを指摘した。第二として、防御施設の発達が低調で、その代わりとして人的資源の投入や、それにまつわる精神主義の発露が比較的よくみえることを述べた。そして、その根本的な要因として、敵や異民族との軍事的な接触が少なかったからではないかという可能性を、すでに何ヵ所かでほのめかしておいた。

いきおい、そのことは、日本は島国だからという陳腐な運命論にいきつくことにもなりかねないだろう。しかし、陳腐であるがゆえに、そこで思考停止のままとなり、真剣

に考えられるべくして放置されている重要な論点はいくつもある。日本が島国であることは地政学上の事実なのだから、そうした条件が日本列島の歴史や国家の形成にどのような具体的な影響を与え、個性をかもし出したかを客観的に分析することは、偏狭で情緒的なナショナリズムに対しても、また頑固で教条的な発展史観に対しても、それらを克服する基地となるはずだ。

陳腐な運命論としての日本島国史観や教条的な発展史論に対して、網野善彦《あみのよしひこ》氏は、人と人、地域と地域とを結びつける媒体としての海の役割を最大限に評価し、けっして周囲から孤立していない、東アジアにむけてそれぞれ開かれた、地域ごとに多様な日本列島の姿を描きだす。

だが海は、陸とは違う。人間の生をこばむ海は、しばしば命を呑みこむ地獄だ。それを道として用いるには、特別な技術体系と、それ相応のコストと、勇気とを必要とする。机上の地図で見れば小さな内海でも、実際に岸に立てば茫漠たる大海原が広がっている。その向こう側の世界とこちら側の世界とを、意識のうえで区別して捉えてしまうのは自然なことだ。余談になるが、四国生まれで野球好きの私は、高校野球観戦のとき、故郷の愛媛のチームと同じほどの熱意をもって、四国のほかの三県のチームも応援する。九州の野球ファンも同じことをいうが、いま私が住んでいる中国地方の人びとは、そういう思いはたがいに強くないらしい。瀬戸内海や関門海峡のようなひとまたぎの海でさえ、それに囲まれた同じ世界という意識を導くのだ。

日本列島の人びとは、縄文時代以来、朝鮮半島や沿海州《えんかいしゅう》などとの交流をもってきた。だが、列島内の人びとどうしの陸つながりの相互交流は、それよりももっと頻繁で深いものだっただろう。そうした内外の交流を通じて地理的知識も養われ、同じ陸地に住む人びと、海の向こうに住む人びとという区別の意識も生まれていたにちがいない。

弥生時代になると、紀元前四～前三世紀の遠賀川《おんががわ》系土器と大陸系石器、紀元前一世紀の凹線文《おうせんもん》土器と初期鉄器のように、九州から中部、ときには関東にまで、ほぼ同じような生活道具のセットが共有されるときがある。紀元後二世紀後半から三世紀に入る頃には、九州から関東まで、簡単な木棺や石棺に遺骸を仰向けにし、しばしば鉄器や玉を供えるという同じ内容の葬儀が広がり、まもなくこの広がりのうえに前方後円墳や前方後方墳が作られる。同時に、ほぼこの範囲で、布留式《ふるしき》土器という、それまで以上に斉一《せいいつ》的な煮炊き具と食器のセットが共有される。

さらに五世紀には須恵器が現れるが、その形は、それが広まった九州から東北南部までほとんど同一といってよく、朝鮮半島各地の須恵器とはきわめて明瞭に区分できる。南西諸島や東北北部・北海道には別の世界が現れていたことは見のがせないが、朝鮮半島や沿海州から海で隔てられた日本列島中央部の広い範囲に、独自の同じ食器を使い、同じ墓を作る人びとのグループが形成されていた事実は重要だ。

六世紀に入って、古代律令国家への直接の歩み、すなわち中央諸勢力が地方諸勢力を制度的に従えていくプロセスに先だって、すでに両者のあいだに、まつりや葬儀のしかたから煮炊き具や食器の形にまでおよぶ共通性が生み出されていたことは、十分に評価しなければならない。

一体性の共有

というのは、こういうことだ。アッシリア、ペルシアなどの古代専制国家、マケドニア、ローマ、隋、唐、サラセン、モンゴル、インカなどの帝国は、社会の組織やしきたり、宗教などがまったく異なる人びとや集団、すなわち異民族を力で抑えつけることによって成立している。どんな軍勢や戦術にも対応できる、規模と合理性とを兼ねそなえた集権的な軍事力は、まさにそのために必要だ。

さらに、異民族の自立性をある程度認めるにせよ、抑圧するにせよ、それに対する支配を永続化するためには、やはり集権的な軍事力がなくてはならない。その場合、いろいろな社会組織や統合のスタイルをもつ人びとや集団を支配秩序に取りこむための確固たる地方制度は、そのままこの集権的な軍隊に兵力を供給する制度にもつながり、そこからは、徴兵や傭兵という、公的な性格の強い軍事力が生産される。

このように、真に集権的な軍事力やそれによる政治支配は、社会や宗教が違う異民族や外地を征服するという行為をてことして成立するのだが、日本列島ではどうだろうか。いまみたように、中央が地方を従えていく過程が本格化する前に、列島中央部各地の人びとや集団は、すでに生活様式から宗教におよぶ広い幅での一体性を共有していた。その意味で、征服すべき異民族や外地は存在していなかったといえる。

国土統一戦争はなかった

具体的な問題を一つとりあげると、そういう意味で、日本列島に真の「国土統一戦争」や「征服戦争」があったのかどうかは、重要な問題だ。武力による国土統一戦争あるいは征服戦争というようなものは、国家形成への重要なプロセスとみなされてきたにもかかわらず、最近の考古学の成果や、それを踏まえたここでの検討によるかぎり、日本列島ではほとんど存在しなかった可能性が高い。弥生時代末期の「倭国乱」も全面戦争でなく、英雄たちの調停と卑弥呼の擁立という形で終わったし、古墳時代を通じて進んだ中央政権の確立も、磐井の戦争以外は、大王や中央貴族が地方の貴族や有力者を系列化する、あるいは地方の側から中央につながっていくという無血の統合プロセスが主体だったと考えてよいようだ。

征服戦争による強制的な統合がなく、それを通じて生みだされるはずの制度的な地方支配のしくみが目に見える形でしっかりと発達しなかったことの引きかえとして、その統合を宗教的なまつりやその建造物の形に託して表現する手法が、列島中央部では異常に発達した。それが、前方後円墳を代表格とする古墳だ。同時に、征服戦争による真の軍事統合がなされなかった代償として、軍事的な支配と服属の関係を、こうした古墳のまつりのなかに象徴的に表現する行為も、いちじるしく流行した。これが、世界的にもまれにみるほどさかんといえる、古墳時代の武器副葬行為だ。

このように、日本古代国家の形成は、むき出しの武力をほとんど経ることなく、もっぱら中央諸勢力による地方諸勢力の系列化という無血路線をたどって進行しえた。真の征服戦争を経ることなく、その統合の内実の多くを、海に囲まれた島という所与の地理条件のもと、古くから交流を重ねることによってできた生活や心性の同一性に依存していたことが、日本律令国家の個性であり、古代専制帝国としての「欠陥」でもあった。完結した小平野や盆地が山塊を背にして並ぶという列島の分節的な地勢に加え、寒暑、降水の多少、積雪の有無といった風土の多様さもまた、実質上の広域集権支配の貫徹に足かせをはめるものだっただろう。

島なるがゆえに早くから醸成された観念的な統合、それがための「征服戦争」の不在、その結果として貫徹しにくかった物質的・組織的な統合、そこからくる多様性の残存。日本の古代国家の特性は、こうした「島国」ゆえの分裂性というパラドックスのうえに成り立っていたといえる。

防壁に囲まれた平穏な世界

島という条件が日本の古代国家にもたらした影響は、もう一つある。それは、外敵の侵入がほとんどなかったことだ。典型的な古代専制帝国が成立したエジプトやメソポタミア、インダス平原、華北平原などは、古くから人びとが集まり、さまざまな民族集団を作ってひしめき合い、ときには混交し、また別の民族が入り込んで先住者たちを追い出したり支配したりするなど、まさに民族のるつぼとしての活況をみせてきた場所である。さらに、ヨーロッパとアジア・アフリカとを結ぶ大回廊といえる地中海世界、その南北に広がる北アフリカやガリアなどの平原、あるいは東西ユーラシアを結ぶ中央アジアの大平原なども、人びとのさかんな往来や衝突によって、さまざまな民族、国家、宗教勢力の盛衰や交替がくり返される十字路だった。

これらにくらべると、四周を海という防壁で囲まれ、しかもユーラシアの東の果てにある日本列島では、民族や国家の興亡の波が、まことに弱くて穏やかなものだったといえるだろう。縄文時代までの相互交流によって日本列島人の原型が作られ、その後、朝鮮半島からの渡来者が米づくりの文化をもたらして列島中央部の弥生文化ができ、それに呑みこまれなかった南部と北部とが別の文化をはぐくんでいった。その後、この三者の鼎立《ていりつ》という基本的な構図はほとんど変わらないまま、中央部は古墳社会から律令体制を経て中世・近世の日本国家を、南部は琉球国家を、北部は蝦夷やアイヌの首長制社会を生み出すという、そこまでは平穏なプロセスをたどっている。

ここで平穏というのは、外部からの異民族の侵入や支配、民族や人間集団の交替などの劇的な変化がなかったという意味だ。たしかに、網野氏が説くように、日本列島は孤立していたわけではなく、東アジアなどの周辺世界とのあいだに密接な交流を保っているのが常だった。しかし、多くは経済的な交渉や文化的な接触で、外から入り込んだ異民族が列島内を蹂躙《じゅうりん》したり、新たな国家を立てたりしたことはない。日本列島の開放性を説くのは意義あることだが、民族や宗教勢力どうしがその土地をめぐってぶつかりあう東欧やパレスティナにみるような厳しい現実とは、まったく質が異なることを認識しなければ、その正しい評価はできないだろう。

外敵なき国家軍

列島中央部に関していうと、そうした平穏さは、まず、さきに述べた生活文化や心性における住民の観念的統合が作られる培養基《ばいようき》を守る役割をはたしたと考えられる。さらに、この平穏さ、すなわち、侵入をもくろむ外敵の脅威にほとんどさらされないという環境は、列島中央部の軍事のスタイルまでも決定した可能性が高い。

国家の軍事力には、二つの機能がある。一つは、さきにみた征服と支配の原動力としての機能。すなわち、国家を作り、その体制を保つための力。そしてもう一つが、自国の領域や支配の枠組みを外部の敵から守るという役割だ。

国家の支配は、支配する側からの強制力によってのみ成り立つのではない。この本でとくに強調しているように、支配される側が支配者の権威を認め、それに帰依し、支配されている状態を甘んじて受け入れる状況が作りだされることが必要だ。古代国家の場合、ふつう宗教が、こうした状況を作りだす役割をひき受ける。こうなると、その宗教でおおわれた聖なる世界を損なおうとする外敵に対し、それを守る国家の公的な軍事力は、宗教的な支持を受け、聖性をおびてくるのが通例だ。「聖戦」「神軍」といった観念が、ここに生じることになるのである。これは、もっと古い時代、人びとが英雄の武装を容認し、歓迎することによって、その武力による支配が正当化されていったことと本質は同じだ。いうなれば、それが国家支配の規模にまで拡大し、制度化されたものといえるだろう。

したがって、国家の公的な軍事力は、たえざる外敵の存在によってこそ正当化され、その拡充を保証されるといえる。漢帝国に対する匈奴《きょうど》、隋・唐帝国に対する突厥やウイグルはそのような外敵だったし、ギリシアに対するペルシアの脅威も、デロス同盟の存立を支えるものだった。

外敵の脅威が少ないところでは、公的な軍事力を生み出し、保つことはむずかしい。日本列島中央部の古代国家は、この点で大きな弱点をかかえていたといえるだろう。この弱点をカバーするためには、外敵をみずから創りださなければならない。大王政権が国家権力へ向けての歩みをはじめる六世紀から、律令国家が最終的に確立する八世紀にかけて、創られた外敵、すなわち仮想敵国の役割をほぼ一貫して演じさせられたのが、朝鮮半島の新羅だ。前章でみたように、六～七世紀に何度か組まれ、近畿から筑紫へと下った大軍勢は、新羅と戦うという名目で準備されたものだった。八世紀中頃にも、当時政権を握っていた藤原仲麻呂《ふじわらのなかまろ》が、新羅へ攻め入ることを目的として、いっとき廃止されていた軍団制を復活させ、戦備を増強している。

さらに、律令体制下の八世紀には、九州南部や東北北部の人びとが、それぞれ「熊襲（隼人《はやと》）」「蝦夷」という、国家の支配に服さない「化外《けがい》」の民として征討の対象となった。これも同じように、国家による外敵の創出と捉えられるだろう。東北への派兵にしても、新羅に対する軍事発動にしても、古い時代の戦いに顕著に見てとれた経済的・生産的な側面はほとんどない。むしろ、そうした外敵をあえて創りだし、それへの攻撃的姿勢を見せつけること自体に、律令国家軍存立の意味があったとみられる。そのような「幻想」を支柱としてしつらえられた日本古代国家の軍事制度がたぶんに皮相的でもろかったのは、当然のことだろう。

このような特性が、中世以降の日本国家にどのように引きつがれるのか、あるいは引きつがれないのかについては、今後の研究が必要だ。だが、少なくとも、民族集団としての日本人の心性が確立されていく古代国家の形成期に、なかば架構のものとして「敵」が創りだされ、支配者によって喧伝されたことは、その後の日本人の対外観や、それとかかわる戦争観に、いくばくかの影響を及ぼしたと考えられる。

日本的軍事の基調

この章では、文献と考古の資料をとりまぜながら、弥生時代から中世までの日本列島の軍事の歩みを概観し、その特質と要因をみてきた。最後に整理しておこう。

日本列島は、おもに島国という地理的条件によって、いくつかの特徴ある性質を、その軍事的歩みのなかに刻んできた。第一は、軍事的征服によってではなく、各地域勢力の支配関係がそのまま系列化されることで古代国家が作られたために、その軍事力もまた、各地兵力の系列化によって中央に集められた形を根深く保っていた点だ。すなわち、章のはじめでみたように、そうしたタテ割りの系閥関係がヨコ割りの機能的軍事システムに隠然と優先し、その定着を妨げるという組織的特性が強かったようだ。

第二は、古代国家の形成が、それを脅かす外敵なしに進んだことだ。その結果、外敵を有効に防ぐための実戦的な施設や体制を合理的に発達させるより、精神主義を背景とする人的資源の投入という方策が異常に突出した国防の形が生み出されることになった。

第三として、古代以降もまたほとんど外敵の脅威がなく、別の戦術をもった異民族と戦場で相まみえる機会もきわめて少なかったため、武器や戦術の変化はきわめて緩慢かつ内部発展的だった。武装や戦術の内容はそのときどきの戦士のイデアと直結しており、さらにそれは支配イデオロギーの根幹と結びついて人びとの精神を規定するところが大きい。したがって、右のような軍事面での変革の乏しさは、いきおい、イデオロギーやそれを背景とした社会関係の連続性や保守性ともつながるところがあるだろう。

頑迷なまでに理念先行

右のような特質は、戦争だけではなく、日本列島に住む人びとの思想や行動様式全般に、ひいては社会の形そのものに影響を与えていった可能性があるだろう。ただし、そのことが、近代以降の日本の歩みにどのような影を落としたかという問題ははるかに遠大で、先史時代を専門とする考古学研究者の私が、軽々しく口をさしはさめるものではない。

ただ、戦争のことに限っていえば、およそ半世紀前のアジア太平洋戦争でみせた日本軍の武器の扱いや戦術のありようは、日本列島の武器の歴史にもっとも古いところから光を当てている私にとって、興味つきない問題であることは確かだ。

たとえば、よく知られているように、一九三九年のノモンハン事件で、日本軍はソ連軍の機械化部隊と交戦してその威力を痛感したにもかかわらず、その後も日露戦争時さながらの白兵《はくへい》突撃戦法を容易に改めようとせず、大戦末期の沖縄戦に至るまで基本的にこの戦術をとり続けた。また、大艦巨砲主義を遅くまで奉じ、「大和」「武蔵」のような大型戦艦を用いての砲戦を、あるべき海戦の姿として求めつづけた。白兵突撃や艦隊による砲戦が、戦いの理念型として当時の戦争遂行者たちに墨守《ぼくしゅ》されつづけた背後には、それを刷新して改善できるだけのたくさんの火器や航空機を作る資力がないという経済的な要因もあっただろう。しかしまた、「戦いはこうあるべきだ」という、当時の戦争指導者たちの頑迷《がんめい》な思い入れや、それを声高に主張することによって組織内での地歩や威信を得るという軍人としての「生存戦略」が、これらの古い武器や戦術を長く温存していく大きな力になったことも無視できない。

こうしたことの裏返しとして、日本軍はレーダーや暗号解読といった情報技術の開発を怠ったが、その背後にも、戦いをテクノロジーに頼ることを潔しとせぬという、戦争指導者たちの非合理的な思い入れや主張があったといわれる。機械的合理性よりも、精神力や、それによって「武装」した人的資源をつぎこむことを優先する姿勢は、いわゆる特攻や、日本独特とも思える特攻専用兵器の開発・使用というもっとも悲劇的な形をとって、戦争末期に顕著に表れた。

保守性は日本軍の「伝統」

このような近代日本軍の武器や戦術の特性は、合理的発展性よりも保守的精神性が目立つという点で、これまで述べてきた古墳時代から中世の戦争の特質と触れあうところが多い。もちろん、そのすべてを、古墳時代以来の歴史の産物と捉えてしまうことは乱暴だろう。しかし、日本軍の運営や教育において、「義は山嶽よりも重く死は鴻毛《こうもう》よりも軽しと覚悟せよ」（一八八二年、『軍人勅諭《ぐんじんちょくゆ》』）、「作戦初動ノ威力ヲ強大ナラシメ速戦速決ヲ主義トス」（一九〇七年、『用兵綱領《ようへいこうりょう》』）、「生きて虜囚《りょしゅう》の辱《はずかしめ》を受けず」（一九四一年、『戦陣訓《せんじんくん》』）など、攻撃偏重や生命の軽視を内容とする精神主義が兵士や指揮官のイデアとして鼓舞されていたことはよく知られている。そこに、中世から近世にかけて、武器や戦術の日本的風土のなかで確立していった武士道の影響や、意図的な活用があるのは明らかだ。こうした点からみても、歴史的に形成されたさまざまな特性が、近代日本の軍隊の体質や戦争のありかたを大きく左右した可能性は高いといえるだろう。

歴史が培った日本人の戦争特性

この章では、古墳時代にほの見えつつあった日本列島の軍事的原型、すなわち、戦争にかかわるさまざまな地域的・民族的特質が、古代から中世にかけてますますあざやかになるようすをあとづけ、それが近代戦争にまで影を落としたのではないかと予見した。また、このような特質が、海に囲まれた辺境の島という地理的条件によって歴史的にかもし出された可能性を説いた。日本列島という一つの風土で生み出され、時間をこえて長く保たれる、武器や戦いについての歴史的個性というものを想定してみたのである。

戦争に関する右のような歴史的個性は、第一章で述べたように、その民族ないしは社会や国家がどのようなメカニズムで戦争を発動するか、あるいはそれが戦争へとなだれこみやすい社会や国家なのか否かという問題に、深く関連している。戦争の発動をよびおこす経済的な矛盾や閉塞の度合いは同じであっても、そこで戦争に踏みきるかどうかという最後のポイントは、その民族や国家が歴史的にはぐくんできた戦争についての思考形態や、戦争をめぐる社会関係——支配者と民衆、ないしは国家と市民の相互のかかわりかた——に大きくかかっている。

次はいよいよ最後の章だ。右のような視角から、どのようにすれば戦争を抑制し、ひいてはなくすことができるのかという問いについて考えてみよう。

第七章　戦争はなくせるか——考古・歴史学からの提言

1　戦争抑止の二つの鍵

人口増加と資源・環境——戦争抑止の第一の鍵

第一章では、戦争の発生メカニズムやその抑止の方策を考えるとき、二つの視点があることを述べておいた。その第一は、戦争を生存競争と捉え、人口に対する資源の枯渇《こかつ》という、その経済的な根本要因に照準を合わせる視点だ。この本でも、弥生時代前半の土地争いや、五世紀頃まで続く鉄資源の争奪が、戦いが発生し、激化する経済的な動因となったことを説いた。人口と資源との関係が、戦争という現象の大もとに横たわる根幹の問題であることはまちがいない。

二〇〇〇年現在、地球上の人口は推計で約六〇億人。これが、さらに今世紀の後半には、一〇〇億人に達すると予測されている。ところが、これに見合うだけの長期的な食糧増産の見こみがあるかというと、ほとんど希望がもてないのが実情だ。発展途上国などの一部はすでに深刻な食糧危機にあり、やがては同じ状況が先進国も含めた全世界に広がる危険性は低くない。そうしたとき、食糧をめぐる国家間の競争が新たな戦争を次々と誘発させるというシナリオも、現実味をおびてくる恐れがあるだろう。

しかし、ふえすぎる人口を抑える努力は多くの国でおこなわれており、中国の「一人っ子政策」のように、一定の成果をあげつつある場所もある。日本の「少子化現象」も、さまざまな波紋をよびおこす点では幸か不幸かわからないところがあるが、地球規模での人口と資源の深刻な拮抗《きっこう》という現実に目をむければ、あながち悪いことばかりでもないだろう。前世紀の終わり頃から高まってきたこのようなうねりによって、近年の地球人口の未来予測においては、以前の予測結果が下方修正される場合が少なくないらしい。

資源を支える環境の問題についての意識もまた、先進国を中心に、いちじるしい国際的高まりをみせている。最近なにかとやかましいゴミの分別収集、汚染物質の投棄に対する厳しい目、リサイクル意識や動物愛護精神の普及などは、いずれも地球環境を守っていくための取り組みの一環といえるだろう。こうした行為や意見をごく身近なところに、しかもひんぱんに目にすることは、環境への取り組みが、口先だけではない、市民生活に根ざした本格的な実践の段階に入った現状を物語っている。

右のような状況を目にして、私は、資源と人口との関係についてひところいだいていた悲観的な気持ちを、やや薄めつつある。まだまだ課題は多いが、こうした取り組みの一つ一つが、いますぐには効き目は見えないとしても、一〇〇年先、二〇〇年先の戦争の可能性を着実に低減させていることは、まちがいないだろう。環境保全や食糧生産についての科学技術の発達が、それを大いに助けることはいうまでもない。

戦争についての意識と思想——戦争抑止の第二の鍵

だが、楽観するのはまだ早い。考古学や歴史学によって実際の戦争の一つ一つをくわしく見てみると、人口と資源との矛盾や閉塞《へいそく》といった状況とは無関係に、あるいは少なくともそういう経済的要因が表面に出ることなく戦争が発生している例は、無数にある。たとえば日本列島でも、さきの章でみたとおり、鉄の獲得という経済的理由がほとんどなくなった六世紀よりのちも朝鮮半島への軍事行動が続いたし、蝦夷の支配をめざした律令国家の東北侵攻も、その経済的要因は明らかでない。

結局のところ、経済の側面のみを捉える古い唯物論的見方では、個々の戦争の発動理由やそのメカニズムが十分に説明できないのだ。そこで第二の視点として、個々の戦争が、その社会や国家のどのような思想や意識の結果として発動されたのか、その思想や意識はどのような歴史的過程を通じて形成されてきたのかといった問題こそが、これからの考古学や歴史学による戦争の研究に不可欠になるだろう。

この本で、日本列島中央部の戦争の歴史を語るにあたって意識や思想の側面をとくに重視して思いきった復元をしてみたのは、そういう意図があってのことだ。以下、わずかな紙数ではあるが、こうした側面からの洞察を通じて、考古学や歴史学から戦争抑止への可能性の一つをしめしてみたい。

2　遠いけれど着実な足どりで――戦争抑止への道

利得交換システムとしての戦争

従来の考古学や歴史学による戦争の研究には、二つの特徴があった。一つは、いま述べたように、大きな歴史的評価としては戦争を経済的もしくは唯物的に捉えること、もう一つは、有力者ないしは支配階級が戦争の主体だと考えることだ。

こうした思考方法に対して本書では、まったく異なった視点をしめしてみた。まず、有力者の武装や戦争の主導が、人びとに対するあからさまな強制や抑圧によってではなく、むしろ、それを歓迎する人びとの、いわば下からのコンセンサスによって支えられている面を直視した。そして、このコンセンサスに対する代償として、戦争を主導する有力者からそれを支持する人びとに対して、有形無形の、広い意味での利得が与えられる側面を強調したのである。戦争には、社会の上層と下層とのあいだで展開される、このような利得交換のシステムとしての側面があるだろう。ある社会が、経済的な要因などによって矛盾や行きづまりをみせたとき、それを打ちやぶるべく、上層または下層のいずれかから、あるいは双方の連動によって、このシステムが急激に作動しはじめる。この新しいシステムのなかで、それまでに利得をえていた支配層がますますそれを増やすだけでなく、利得の少なさに不満をもっていた多くの人びとにも新たな利得が行きわたることが自覚されることによって、社会のなかで階級の違いをこえた「利害の上での多数派」が形成されたとき、戦争は発動される。

古い時代には、戦争への支持に対して人びとに与えられる利得は、一般に物質的なものだ。弥生時代から古墳時代のはじめ頃までは、物質的な利得によって人びとが戦争を支持し、それに参与する段階だった。また、のちの時代でも、藤木久志氏が明らかにした戦国合戦のように、きわめて物質的な利益が人びとへの代償として与えられる場合もみられる。しかし、いずれかといえば、社会が複雑化するほど非物質的な利得がコンセンサスの代償となる場合が多くなる。非物質的な利得には、物理的な限界がないからだ。

ここでいう非物質的な利得は、きわめて多様だ。地位や名誉といった社会的なものもあれば、「神のために」「国のために」あるいは「王のために」「天皇のために」戦う自分を意識することによる精神的充足や自己誇示、みずからのアイデンティティの確認といった心理的なものもある。ただし、こうした非物質的なものが生命をかけた動員と引きかえの利得として働くには、それが十分に利得たりうるための価値体系が、社会のなかに作られていなければならない。宗教やナショナリズムは、こうした価値体系を支える役割を典型的にはたしているといえるだろう。

以上のように考えてみると、下からの視点でみたとき、利得交換システムとしての戦争のなかでどんな質の非物質的利得が大きな価値をもちうるかという点が、その国家や民族集団における戦争のありかたの個性を表すとみることができるだろう。さらに、測るのは困難だが、どれだけの量の非物質的利得が民衆や市民に提供されれば戦争を発動しうるかという程度もまた、その国家や民族集団における戦争発生のメカニズムを分析するうえでは重要だ。

アジア太平洋戦争における「国民的利得」

右のような視点から、私たちが直面する近現代社会の戦争を理解するとどうなるだろうか。日本人が経験した直近の戦争であるアジア太平洋戦争に、こうした見方をあてはめてみよう。

この戦争が、帝国主義の国際競争のなかで資本家を中心とした支配層が資源や富を求め、アジアや太平洋の各地を統制下に置こうとした侵略戦争だったことは明らかだ。ただ、唯物的な戦争論からすると、この戦争は、一部の支配階級がみずからの利益のため、民衆を「強制的」に徴発しておこなった戦いと一面的に評価されてしまう。民衆は無力な被害者で、戦争に巻きこまれて生命や財産や肉親を失ったのは、運命だったというわけだ。

しかし、いま考えてきたように、民衆の動員が実現されるとき、代償として何らかの利得が提供され、それによって一定のコンセンサスが獲得される過程がつねにある。「大日本帝国」においても、植民地への移民機会など、物質的利得に結びつくものも民衆に提供された。しかし、多くの利得は、天皇制イデオロギーという価値体系のうえで「高価」な値打ちを発揮する非物質的なものだったといえるだろう。出征の名誉、戦死の名誉。特別な戦死者に与えられた「軍神」の称号も高価な利得だ。戦死者の母になることも、家族から戦死者を出すことも名誉だ。さらに、市民として声高に「聖戦」を賛美すること、教育者として「小国民」の育成に邁進《まいしん》すること、女性として「銃後の守り」を固めること、子どもとして軍国主義教育のもとで優秀な学業成績をあげること、そうした働きに対する賞賛の声、誇り、自己満足、高揚心。じかに動員された兵士だけではなく、戦争にコンセンサスを与えたすべての人びとに、年齢や性別をとわず、右のようなさまざまな形の非物質的利得が還元されることになる。

こうした利得交換のしくみがうまく働くためには、軍事動員の代償となるそれら非物質的利得が「高価」に保たれるよう、そのベースとなる天皇制イデオロギーの価値体系がつねに高揚させられていなければならない。戦争を遂行する支配者や国家は、その高揚のために、軍国主義教育、言論や思想の統制、各種のプロパガンダなど、さまざまな活動をおこなった。

そのような国家や支配者の活動に積極的に加担することによって職場や地域社会で有利な立場をえることを選んだ市民は、たくさんいたはずだ。その立場もまた、コンセンサスの代償に与えられた利得である。いっぽう、積極的に加担もしないが拒否もしないという態度を選んだ市民も多かっただろう。だがかれらもまた、当時の価値体系のなかで「非国民」として世間から非難・排斥される不利益を回避するという、別の利得を受けたともいえるのである。

階級史観から個人の視点へ

ただし、重要なことは、このような利得を受けつけず、戦争にコンセンサスを与えなかった人びともいたという事実だ。またいっぽうでは、支配者といわれる階層の人びとのなかにも、戦争に対して異なった姿勢を堅持した人は少なくなかったと思われる。そういう人びとの存在は、アジア太平洋戦争の発動や推移にも、何がしかの影響を与えたはずである。あるいは、そのときは表面に出ない微々たる影響であっても、次の戦争が発動されるかどうかという局面には、もっと重要な影響を及ぼすかもしれない。

戦争に対する意識や思考、それに根ざした人びとのコンセンサスといった側面から戦争の発動メカニズムを考えるとき、戦争に関するさまざまな考えをもった個人個人が、それぞれどのような社会的立場からどのような行動をとり、相互にどのような影響を与えあったかという点の分析が、きわめて重要な意味をもってくる。どのような立場をとる個人が多いか、そして、その個人たちがどこまで自己の信念にしたがった行動をつらぬくかによって、戦争が発動されるか抑止されるか、結果は大きく変わっていくからだ。

歴史の展開を社会階級どうしの力学的関係で説明してきたこれまでの歴史理論では、このような個人個人の思考や行動の集合が戦争の発動や抑止につながっていくメカニズムを説明することができない。そもそも、階級というものを認めるにしても、同じ階級に属する人がみな同じ考えかたをするわけではないだろう。かつては、経済的な位置づけとしての階級に属する人びとが、そのこと自体を共通して意識することが社会を動かす力になると信じられた時代もあった。しかし、いながらにして世界のさまざまな情報やいろいろな人びとの意見や主張に接することができ、価値観も多様化した現代社会では、このような考えはもう通用しない。多様な思想環境のなかで育ち、自在に情報を収集・管理する、それぞれ異なった意識主体としての個々人がたがいにどうかかわりあって社会を動かしていくのかという視点が、現実社会においても、歴史学のうえでも、より重視されるようになっていくだろう。戦争の抑止についても、このような観点から新しい取り組みにかからなければならない。

戦争は意識と思想の産物

このように、戦争は、支配階級とよばれるひとにぎりの人びとの自由意志によって発生するものではけっしてなく、その社会に生きるすべての個人個人がおこなう選択の集合とそれらの相互作用によって、はじめて成り立つものだ。

ここでいう選択とは、戦争を支持したり、それに参与したりすることへの引きかえとして提示される利得を受け入れるかどうかということだ。また相互作用とは、さらに具体的にいうと、個々人がした最初の選択が、ほかの個人やその人が所属する集団（家族、学校、職場、そして「世間」）との接触によって、どれだけ変更されたり放棄されたりすることがありうるか、ということだ。たとえば、戦争に参与しない姿勢を圧力に屈しないでどれほど堅持できるか、ということである。

まず、利得を受け入れるかどうかは、大きくは提示される利得の「質」にかかっている。「質」とは、単純にいうと、個々人にとって、自分の生活や財産、ひいては生命と引きかえにする価値が、そのしめされた利得にあるか否かということだ。そして、この価値基準の判断は、個々人の生活状況や地位など、社会的状況に対する満足度や安心度にも左右されるが、もっと根本的には、その個々人が、そのときに支持や参加を迫られた戦争に対してどのような意見をもつか、あるいはさらに、戦争一般についてどのような意識をいだいているか、といったことに強く影響される。

戦争が利得をもたらすという意識は、原始・古代や中世の――現代でもそういう国家はあるが――人びとの頭脳には、ほぼひとしくインプットされていただろう。この本で主としてとり扱った弥生時代から古墳時代の社会では、いずれかというと戦争を肯定し、それを主導する英雄をあがめる思想や社会規範が、そこで育つ人びとの意識にいちように刷りこまれていたものと考えられる。それだけに、そうした思想や規範から逸脱することは、きわめて大きな社会的不利益や身の危険につながる。こうした社会では、有形・無形にかかわらず、わずかな利得によって社会の多くの人びとが戦争を支持したり、それに参加したりという状況が生じやすいだろう。

戦争は本能によって起こるのではない

反対に、戦争に関する思想や社会規範がほとんど空白だった縄文時代の社会では、戦争という行為自体が人びとの意識に刻みこまれることはなかったし、戦争を軸とした社会規範が個人の心のなかに育つこともなかった。縄文社会が戦争の証拠をほとんど残さないのは、それにいたる経済的・社会的な条件が欠如していたということよりもむしろ、人びとの思想や行動規範そのものに戦争という現象が影を落としていなかったためだろう。戦争の抑止について考えるとき、こうした縄文社会の状況はおおいに参考になる。これはまた、人間の本能によって戦争が起こるものではないことの証拠でもある。

弥生時代以降、古代から戦国時代まで、戦争はほぼとぎれなく続いたが、続く江戸時代は、およそ二六〇年もの長いあいだ大規模な戦争が起こらなかった時代だ。幕府という権力の統制による「平和」ではあったが、戦争に関する人びとの意識や思想という側面では注目すべき状況がある。つまりこの社会では、武力のありかたが前に述べた「疎外タイプ」、すなわち支配階級の武士のみが武装や戦闘を独占するという形だったため、大多数をしめる庶民クラスの人びとは、戦争とは比較的縁の遠い思想や社会規範のもとで育ち、次の世代をになうことができた。このことが、江戸時代の「平和」の継続に一定の役割を果たした可能性も考えなければならないだろう。

武士もまた実際に戦争を経験することはほとんどなくなり、そのイデアとしての「武士道」は、あたかも使われなくなった武器が飾られていくのと似て、『葉隠《はがくれ》』にみられるような、原始の猛々しさを失った一種退廃的な哲学と化していく。武士道の一部は、『仮名手本忠臣蔵《かなでほんちゅうしんぐら》』などのようなドラマとして上演され、なまの戦争とは縁遠く育った庶民の娯楽となった点も興味ぶかい。戦争に関する思想や意識を右のような方向で化石化、ないしは劇場化していた江戸時代の社会は、戦争の抑止を考えるとき、ベストとはいえないまでも、注目すべきありかたをしめすものといえる。

アジア太平洋戦争後から現在にいたる半世紀あまりも、戦争がなかった時代として特筆される。この時代もまた、国際的な政治関係が、日本を巻きこむような戦争の勃発を結果として抑えることができたという面はあるかもしれないが、国内的には、アジア太平洋戦争の惨禍を通じて手にできた平和主義教育がはたした役割が、きわめて大きい。戦争という思想そのものがない、もしくはそれが形骸化しているような状況のもとでの、ネガティブな、ないしは結果的な戦争抑止ではなく、戦争を放棄して平和を築くという、意図的かつ積極的な戦争抑止の思想と意識にそって世間を啓発し、次の世代を育てるという意味で、人類史上でも傑出した試みといってよいだろう。

ボーダーレスと民族主義と

しかし、戦後半世紀の平和教育もまた、いろいろな意味で壁に突きあたっているようだ。この現象の背景には、さきに述べた価値観の多様化がある。すなわち、さまざまな思想や情報を内包した多様な意識主体としての個々人がたがいにかかわりあって社会を動かす時代に、たとえその内容が平和思想というすばらしいものであったとしても、一個の価値観や規範をすべての市民や次世代の人びとに画一的に刻みこむという社会的手法自体がふさわしいのかどうかという疑問が出てくるのである。またいっぽうで、誤解を恐れずにいえば、刻みこまれる内容がこれと正反対の偏屈なナショナリズムや好戦思想に入れかわったとしても、画一的に刻みこむという手法自体が同質であるかぎり、そうした動きをおしとどめることができないのではないかという危惧も感じる。

いま私たちは、ボーダーレスといわれる情報化社会の入り口に立ち、これまで自分たちをしばってきた国家や民族といった古い意識の枠組みを、相対化して捉えようとするところまで来ている。国家の歴史や民族の伝統のなかで形成された思想や規範——あるときはそれこそが戦争発動の主要因となる——が、そこで育ってくる人びとの頭脳や精神のなかでしめるウェイトは、じょじょに低くなっていくだろう。かわって、新しいメディアを通じて個人のレベルでおこなう情報交換や、そこでつちかわれる想像力や洞察力が、その個々人の意識主体としての内実を成長させ、それに根ざした行動を導くだろうと思われる。この章の冒頭で述べた環境や資源保護などについての、国境をこえた地球的視野の市民運動も、こうした新しいメディアを一つの有力な情報媒体として展開し、それに触れた人びとのなかに大きな共感や協力の環を広げている。

ただし、右のような動きのいっぽうで、ますます尖鋭化した民族主義政権や宗教勢力がたがいに牙をむいてぶつかりあう状況が激化していることもまた事実だ。ちょうどこの本を書いている途中、アフガニスタンのイスラム原理勢力・タリバンが、五世紀頃の作といわれる中部バーミヤンの石彫大仏を破壊した。民族や信仰の違いをこえ、すばらしい美術作品、貴重な歴史資料として多くの人びとの心に感銘を与えてきた人類共有の財産を、みずからが敵対する宗教の偶像としてしか受けとれない、狭くるしいとがった心性の持ち主たちがここにいる。文化や歴史にすぐに優劣をつけ、そうして他者を見下し、自分たちの利だけを主張することを生き方の基本とする人びとは、バーミヤンの破壊者だけでなく、世界のさまざまな場所で抜け目のないまなこを血走らせている。日本でも近年、そういう勢力と通じあう心根の持ち主たちが、あるときは徒党を組みながら猛々しく意見を主張し、次の世代の育成にまで関与しようとする状況になってきた。

私たちの前の二つの道

現在、このような人間観・世界観をもった人びとと、資源や環境・生態を保護したり、人種や性別による差別をなくしたりすることをめざす営みを通じて、できるかぎり多くの人びとがこの地球上で共存できる状況を求める人間観・世界観をもつ人びとと、二通りの大きな哲学的立場がある。この二つの立場が、国家や民族どうしの敵対とは別次元の、もっと本質的な深いところで対峙しようとしているかのようだ。そして、戦争やそれにまつわるさまざまな事象は、テロリズムや抑圧といった戦争と仲良しの事象とともに、つねに前者の立場につきまとっているのである。

これに対して、後者の立場がめざすものの中核は、人びとの生存を可能にする資源、それを生みだす環境という、もっとも根本的なところで戦争の発生を前提づけるメインスイッチのような部分を、人類の未来をつなぐ方向で守っていく試みといえる。また、この立場が撤廃をめざしている人種や民族による差別は、古代よりこのかた、つねに戦争を発動する思想や意識の根幹をなしてきたものだ。さらに、性による差別は、ふつう男性が主導する戦争という行為が、支配の組織や思想の形成に深くかかわっていく動きのなかから生みだされ、強化されたものである。このような意味で、後者の立場にのるさまざまな活動は、戦争を発生させる個々のサブスイッチともいえる多様な局面からそれを抑止していく方向性をもつものだといえるだろう。それら一つ一つの地道な努力が、遠いけれども着実な戦争廃絶への道につながっている。

人間は一個の生物種だ。種はつねに、みずからの保存と繁栄とを進化の目標とする。戦争と深く関連する環境破壊、資源浪費、差別、テロリズム、抑圧などに対して厳しい糾弾の目を向ける政治や市民運動が、世界的な情報交流の緊密化という科学技術の発展を背景として地球規模でまきおこり、国家や民族の利害を標榜する立場に対峙しつつあるこの時代の変わり目は、そういう生物学的な意味でも、人類の進化におけるきわめて大きなステップとみられることになるだろう。そして、人間が人間であるかぎり、共存と繁栄につながる道をさぐる立場が最終的な凱歌をあげ、そのときにはじめて戦争は廃絶されると思われる。遠い道のりだが、ひとりひとりの意識と行動が、そこへつながっていくのである。

以上のように考えたうえで現在の状況に立ちかえってみた場合、もし、民族や国家、あるいは特定の宗教の利害を標榜し、それを思想的なベースとした利得をちらつかせて戦争への支持や参加を求められたときに、その利得を受けとることがどれほど引き合い、人間としてどれほど誇らしいことといえるのだろうか。ひとりひとりが選んだ道が、地球の未来だ。

参考文献

スペースの都合上、言及した個々の遺跡の調査報告等および英書については省略させていただいた。ご寛恕願いたい。

第一章

大渕憲一『攻撃と暴力　なぜ人は傷つけるのか』丸善ライブラリー324、丸善、二〇〇〇年
小畑弘己「東シベリア新石器時代の埋葬習俗に関する基礎研究」『先史学・考古学論究』龍田考古学会、一九九四年
佐原　真「日本・世界の戦争の起源」福井勝義・春成秀爾編『人類にとって戦いとは1　戦いの進化と国家の形成』東洋書林、一九九九年
A・アインシュタイン、S・フロイト（浅見昇吾編訳・養老孟司解説）『ヒトはなぜ戦争をするのか？　アインシュタインとフロイトの往復書簡』花風社、二〇〇〇年
M・ハドソン「農耕を拒んだ縄文人」『日本人と日本文化　その起源をさぐる』（ニュースレター）No.2、国際日本文化研究センター、一九九七年
K・ローレンツ（日高敏隆・久保和彦訳）『攻撃　悪の自然誌』みすず書房、一九八五年

第二章

片山一道『縄文人と「弥生人」　古人骨の事件簿』昭和堂、一九九九年
栗本英世『未開の戦争、現代の戦争』岩波書店、一九九九年
髙倉洋彰「農耕の開始とクニの出現」下條信行ほか編『九州・沖縄』新版［古代の日本］③、角川書店、一九九一年
寺前直人「弥生時代の武器形石器」『考古学研究』第四五巻第二号、一九九八年
中橋孝博「墓の数で知る人口爆発」『原日本人』（朝日ワンテーマ・マガジン14）、朝日新聞社、一九九三年
橋口達也「聚落立地の変遷と土地開発」『東アジアの考古と歴史』同朋舎出版、一九八七年
橋口達也「弥生時代の戦い」『考古学研究』第四二巻第一号、一九九五年
春成秀爾『弥生時代の始まり』東京大学出版会、一九八九年
藤尾慎一郎「倭国乱に先立つ戦い」国立歴史民俗博物館編『倭国乱る』朝日新聞社、一九九六年
村田幸子「『打製石剣』―大形打製尖頭器―の成立をめぐる問題」『みずほ』第二五号、一九九八年

第三章

石母田正『古代貴族の英雄時代』石母田正著作集第一〇巻、岩波書店、一九八九年
岡村秀典「漢帝国の世界戦略と武器輸出」福井勝義・春成秀爾編『人類にとって戦いとは1　戦いの進化と国家の形成』東洋書林、一九九九年
春日市教育委員会「須玖坂本遺跡」『考古学研究』第四六巻第二号、一九九九年

高倉洋彰『金印国家群の時代』青木書店、一九九五年
高田浩司「弥生時代銅鏃の二つの性格とその特質」『考古学研究』第四七巻第四号、二〇〇一年
田中琢『倭人争乱』集英社、一九九一年
都出比呂志『日本農耕社会の成立過程』岩波書店、一九八九年
村上恭通『倭人と鉄の考古学』青木書店、一九九八年
山尾幸久『日本古代王権形成史論』岩波書店、一九八三年
山尾幸久『魏志倭人伝』講談社、一九七二年
吉田晶「東アジアの国際関係と倭王権」福井勝義・春成秀爾編『人類にとって戦いとは1　戦いの進化と国家の形成』東洋書林、一九九九年
L・モーガン（青山道夫訳）『古代社会』岩波書店、一九五八年

第四章

赤塚次郎「東海系のトレース」『古代文化』第四四巻第六号、一九九二年
東潮・田中俊明編『高句麗の歴史と遺跡』中央公論社、一九九五年
池淵俊一「鉄製武器に関する一考察」『古代文化研究』第一号、一九九三年
奥野正男『大和王権は広域統一国家ではなかった』宝島社、一九九二年
北野耕平「五世紀における甲冑出土古墳の諸問題」『考古学雑誌』第五四巻第四号、一九六九年
近藤義郎『前方後円墳の時代』岩波書店、一九九三年
坂元義種『古代東アジアの日本と朝鮮』吉川弘文館、一九七八年

菅谷文則「前期古墳の鉄製ヤリとその社会」『橿原考古学研究所論集　創立三十五周年記念』吉川弘文館、一九七五年
福永伸哉「銅鐸から銅鏡へ」都出比呂志編『古代国家はこうして生まれた』角川書店、一九九八年
藤田和尊「古墳時代における武器・武具保有形態の変遷」『橿原考古学研究所論集』第八、吉川弘文館、一九八八年
桃崎祐輔「日本列島における騎馬文化の受容と拡散」『渡来文化の受容と展開』埋蔵文化財研究会、一九九九年

第五章

岡安光彦「馬具副葬古墳と東国舎人騎兵」『考古学雑誌』第七一巻第四号、一九八六年
尾上元規「古墳時代鉄鏃の地域性」『考古学研究』第四〇巻第一号、一九九三年
亀田修一「日韓古代山城比較試論」『考古学研究』第四二巻第三号、一九九五年
鬼頭清明『白村江　東アジアの動乱と日本』教育社、二〇〇〇年
近藤好和『弓矢と刀剣　中世合戦の実像』吉川弘文館、一九九七年
近藤義郎『佐良山古墳群の研究』津山市、一九五二年
笹山晴生『古代国家と軍隊』中央公論社、一九七五年
鈴木靖民『古代対外関係史の研究』吉川弘文館、一九八五年
田中俊明『大加耶連盟の興亡と「任那」　加耶琴だけが残った』吉川弘文館、一九九二年
遠山美都男『壬申の乱』中央公論社、一九九六年

直木孝次郎『日本古代兵制史の研究』吉川弘文館、一九六八年
新納泉「装飾付大刀と古墳時代後期の兵制」『考古学研究』第三〇巻第三号、一九八三年
新納泉「巨大墳から巨石墳へ」稲田孝司・八木充編『中国・四国』新版［古代の日本］④、角川書店、一九九二年
花田勝広「倭政権と鍛冶工房」『考古学研究』第三六巻第三号、一九八九年
三品彰英『日本書紀朝鮮関係記事考証』上巻、吉川弘文館、一九六二年
山尾幸久『古代の日朝関係』塙書房、一九八九年
山尾幸久『筑紫君磐井の戦争』新日本出版社、一九九九年
R・カイヨワ（秋枝茂夫訳）『戦争論　われわれの内にひそむ女神ベローナ』法政大学出版局、一九八二年

第六章

網野善彦『「日本」とは何か』日本の歴史00、講談社、二〇〇〇年
川合康『源平合戦の虚像を剥ぐ　治承・寿永内乱史研究』講談社、一九九六年
千田嘉博『織豊期城郭の形成』東京大学出版会、二〇〇〇年
高橋昌明「騎兵と水軍」戸田芳実編『日本史』2、中世1、有斐閣、一九七八年
福田豊彦編『中世を考える　いくさ』吉川弘文館、一九九三年
藤井忠俊・新井勝紘編『戦いと民衆』東洋書林、二〇〇〇年
藤木久志『雑兵たちの戦場　中世の傭兵と奴隷狩り』朝日新聞社、一九九五年

松木武彦・宇田川武久編『戦いのシステムと対外戦略』東洋書林、一九九九年
A・フェリル（鈴木主税・石原正毅訳）『戦争の起源』河出書房新社、一九八八年

あとがき

考古学研究者の私が、よって立つ資料がほとんどなくなる古代や中世の戦争にまで口をはさみ、ひいてはアジア太平洋戦争のことや未来の戦争について無謀にも触れたのは、一つには、平和に対する強い願いのゆえだ。

平和を愛する考古学研究者のなかには、弥生時代や古墳時代の歴史叙述になるべく戦争を登場させず、平和と協調に満ちた過去の社会像を描きだそうとする人もいる。しかし私は、むしろ逆に、戦争が過去の社会にもたらした影響を大きく見積もることで、現代の戦争が社会や人びとに、あるいは次の世代に及ぼすさまざまな影響を察知し、それに対する備えを万全にしておきたいと考えている。この本もまた、そういう姿勢で執筆した。

この本で力およばず、書けなかったことがある。それは、戦争とジェンダー（社会的性差）との関係だ。戦争自体、きわめて大きな社会的性差を含み込んだ集団行為であり、それが支配の組織や思想の形成に大きな影響を及ぼしたとなると、その産物である国家や民族という概念自体の中にジェンダーの要素が組み込まれていると考えられるだろう。戦争の研究でもジェンダーは欠くことができないが、ジェンダーの研究でも戦争を避けて通ることはできない。ジェンダーとの関連は私の戦争研究における次の課題だ。

最後に、人類の平和のために、この本がわずかでも役に立てたなら幸いである。

二〇〇一年四月二日

松木武彦

文庫版へのあとがき

本書『人はなぜ戦うのか——考古学からみた戦争』は、まだ私がぎりぎり三十歳代だった二〇〇一年に書いた初めての本で、戦争の考古学というライフワークの出発点になった作品である。

卒業論文では、縄文時代から弥生時代までの弓の発達をテーマとした。大学院に入ってからは、弓とセットになる矢（鏃《やじり》）へと対象を移し、さらにそこから武器全般へと研究は広がっていった。そうなると、武器に反映された社会の動き、つまり戦争の歴史に考古学から迫りたいと決心するのに時間はかからなかった。その決心から十数年間の、武器と戦争に関する研究成果を一つの歴史ストーリーにまとめたものが本書である。

読み返してみると、いかにも若手研究者の手になるものらしく、単純な論理構成ながら独特の勢いに押される。変化球でタイミングを外すことばかり覚え込んでしまったベテラン投手には、もう戻ることのできない直球主体の配球だ。いま打席に立つと「お、速いな」と腰が引ける。それは、マウンド上の若い自分に対する羨望でもある。

当時いくつか載った新聞書評の中に、その直截《ちょくせつ》さに疑問を付したものがあった。とくに第七章「戦争はなくせるか」に凝縮した赤裸々なメッセージ性に対する違和感が、そこでは表明されていた。戦争は本能によって起こるのではない、経済的な理由のみによるものでもない、支配者だけがその引き金を引くわけでもない。さまざまな物質的・精神的利益のためにそれを求める人びとのコンセンサスで社会が満たされたとき、戦争は発動される。だからこそ、戦争をなくせるかどうかは、社会を構成する個人個人の知識や思考や感情にかかっている。そんなメッセージを並べた。

我ながら青臭いことを書いたものだと苦笑いを続けてきたが、このたびの文庫版刊行に当たって読み返してみると、一六年前よりもはるかに深刻かつ現実的に、このメッセージを響きわたらせねばならぬ社会へと後退していることに気づいて愕然《がくぜん》とする。「文化や歴史にすぐに優劣をつけ、そうして他者を見下し、自分たちの利だけを主張することを生き方の基本とする人びと」が社会を主導したときに戦争は起きるのだが、こういう傾向の人びとが、もはや社会の一部ではなく、場合によっては大国の政治を取りしきるまでの立場を得て、この本の望みとはまったく逆の方向に世界を引っ張る言説を繰り返している。それに迎合する無数の言説が、ますます多くの人びとに開かれた情報のネットワークに乗って、日本や世界を席捲《せっけん》しようとしている。
戦争が人間にとっての最大の愚行であることは自明だから、社会の上層から下層までが地球規模でそうした傾向に流れつつある昨今は、世界史上まれに見る衆愚の時代へと陥る寸前にあるといえるだろう。この本のメッセージは今こそ必要だと確信している。また、自画自賛めくが、実証的な過去の研究を現代への社会的なメッセージへと展開できたこのような考古学の営みを、初心に帰ってまためざしたいとも思う。

本書は、一部の語句の表現を少し改めた以外、初刊時の文章に手を加えていない。考古学は発見によって知見が変わりやすい学問で、とくに弥生時代前半の実年代観などには変転があるのだが、本書の内容や展開に大きくは関わらないので、当初のままとしている。ただし、遺跡のある行政単位の名称や、説を引用した研究者の所属は、初刊から一六年を経て少なからぬ変更があるので、前者は新しい行政単位名に改め、後者については所属機関名の後ろに「(当時)」と付けた。また、文中の写真図版は一部を差しかえたうえ、新たに七点を追加した。

カバーに用いたのは、熊本県マロ塚古墳(古墳時代中期、五世紀後半)から出土した武器・武具の写真である。もともと古く出土していたものを、私よりも若い世代の研究者たちが中心となって、高度な技術による復元と精緻な分析を進めた。古墳時代の戦争を反映する資料としては最高の遺存状態をとどめる第一級の資料で、国の重要文化財に指定されている。いま私が勤めている国立歴史民俗博物館で、皆さんにお披露目できる日を待っている。戦争の考古学が次世代の研究者によって新たに進められるときの、貴重な資料となるだろう。

最後に、平和と民主主義の未来に向けて重大な岐路に立っている今この時、本書の文庫化をお勧め下さり、刊行に向けてご尽力下さった中央公論新社の宇和川準一さんに、厚くお礼を申し上げたい。

二〇一七年八月一五日　七二年目の敗戦の日に

松木武彦

ら　行

わ　行

ま　行

や　行

な　行

は　行

た　行

さ　行

か 行

索 引

太数字は図版の説明文に出ていることを示す。

あ 行

『人はなぜ戦うのか　考古学からみた戦争』二〇〇一年五月　講談社刊

中公文庫

人《ひと》はなぜ戦《たたか》うのか
——考古学《こうこがく》からみた戦争《せんそう》

2017年9月25日　初版発行

著　者　松《まつ》木《ぎ》　武《たけ》彦《ひこ》

発行者　大橋　善光

発行所　中央公論新社
〒100-8152　東京都千代田区大手町1-7-1
電話　販売 03-5299-1730　編集 03-5299-1890
URL http://www.chuko.co.jp/

ＤＴＰ　今井明子
印　刷　三晃印刷
製　本　小泉製本

Published by CHUOKORON-SHINSHA, INC.
Printed in Japan　ISBN978-4-12-206458-4 C1121

し-6-33
空海の風景（下）
司馬遼太郎
大陸文明と日本文明の結びつきを達成した空海は哲学宗教文学教育、医療施薬、土木灌漑建築と八面六臂の活躍を続ける。その死の秘密もふくめ描く完結篇。
202077-1

し-6-34
歴史の世界から
司馬遼太郎
濃密な制作過程が生んだ、司馬文学の奥行きを堪能させるエッセイ集。日本を動かし、時代を支える人間の姿を活写しつつ、自在な発想で現代を考える。
202101-3

し-6-35
歴史の中の日本
司馬遼太郎
司馬文学の魅力を明かすエッセイ集。明晰な歴史観と豊かな創造力で、激動する歴史の流れと、多彩な人間像をとらえ、現代人の問題として解き明かす。
202103-7

し-6-36
風塵抄《ふうじんしょう》
司馬遼太郎
一九八六年から九一年まで、身近な話題とともに土地問題、解体したソ連の問題等、激しく動く現代世界と人間を省察。世間ばなしの中に「恒心」を語る珠玉随想集。
202111-2

し-6-38
ひとびとの跫音《あしおと》（上）
司馬遼太郎
正岡子規の詩心と情趣を受け継いだひとびとの豊饒にして清々しい人生を深い共感と愛惜をこめて刻む、司馬文学の核心をなす画期的長篇。読売文学賞受賞。
202242-3

し-6-39
ひとびとの跫音（下）
司馬遼太郎
正岡家の養子忠三郎ら、人生の達人といった風韻をもつひとびとの境涯を描く。「人間が生まれて死んでゆくという情趣」を織りなす名作。〈解説〉桶谷秀昭
202243-0

し-6-41
ある運命について
司馬遼太郎
広瀬武夫、長沖一、藤田大佐や北条早雲、高田屋嘉兵衛——人間を愛してやまない著者がその足跡を歴史の中から掘り起こす随筆集。
202440-3

し-6-42
世界のなかの日本
十六世紀まで遡って見る
司馬遼太郎
ドナルド・キーン
近松や勝海舟、夏目漱石たち江戸・明治人のことばと文学、モラルと思想、世界との関りから日本人の特質を説き、世界の一員としての日本を考えてゆく。
202510-3

各書目の下段の数字はISBNコードです。978−4−12が省略してあります。

番号	書名	著者	内容	ISBN
し-6-44	古往今来	司馬遼太郎	著者居住の地からはじまり、薩摩坊津や土佐艫磯原などのつやのある風土と人びとー「古」と「今」を自在に往来して、よき人に接しえた至福の将来を伝える。	202618-6
し-6-45	長安から北京へ	司馬遼太郎	万暦帝の地下宮殿から、延陽往還、洛陽の穴、北京の人々……。一九七五年、文化大革命直後の中国を訪ね、その巨大な過去と現在を見すえて文明の将来を思索。	202639-1
し-6-46	日本人と日本文化〈対談〉	司馬遼太郎 ドナルド・キーン	日本文化の誕生から日本人のモラルや美意識にいたる〈双方の体温で感じとった日本文化〉を縦横に語りあいながら、世界的視野で日本人の姿を見定める。	202664-3
し-6-49	歴史の舞台 文明のさまざま	司馬遼太郎	憧憬のユーラシアの大草原に立って、宿年の関心であった遊牧文明の地と人々、歴史を語り、中国・朝鮮・日本を地球規模で考察する雄大なエッセイ集。	202735-0
し-6-51	十六の話	司馬遼太郎	二十一世紀に生きる人びとに愛と思いをこめて遺す「歴史から学んだ人間の生き方の基本的なことども」。井筒俊彦氏との対談「二十世紀末の闇と光」を収録。	202775-6
し-6-57	日本人の内と外〈対談〉	山崎正和 司馬遼太郎	欧米はもちろん、アジアの他の国々とも異なる日本文化の独自性を歴史のなかに探り、「日本人」が国際社会で真に果たすべき役割について語り合う。	203806-6
ま-17-11	二十世紀を読む	丸谷才一 山崎正和	昭和史と日蓮主義から『ライフ』の女性写真家まで、皇女から匪賊まで、人類史上全く例外的な百年を、大知識人二人が語り合う。〈解説〉鹿島 茂	203552-2
ま-17-12	日本史を読む	丸谷才一 山崎正和	37冊の本を起点に、古代から近代までの流れをたどる。想像力を駆使して大胆な仮説をたてる、談論風発、実に面白い刺戟的な日本史および日本人論。	203771-7